KB155528

SHRD가 경쟁력이다

SHRD가 경쟁력이다

초판 1쇄 인쇄일_2016년 9월 30일
초판 1쇄 발행일_2016년 10월 06일

지은이_김문준, 김한준
펴낸이_최길주

펴낸곳_도서출판 BG북갤러리
등록일자_2003년 11월 5일(제318-2003-00130호)
주소_서울시 영등포구 국회대로 72길 6 아크로폴리스 405호
전화_02)761-7005(代) | 팩스_02)761-7995
홈페이지_http://www.bookgallery.co.kr
E-mail_cgjpower@hanmail.net

ISBN 978-89-6495-097-5 03320

이 도서의 국립중앙도서관 출판시도서목록(CIP)은 e-CIP홈페이지(http://www.nl.go.kr/ecip)
와 국가자료공동목록시스템(http://www.nl.go.kr/kolisnet)에서 이용하실 수 있습니다.
(CIP제어번호 : CIP2016022898)

전략적 인적자원개발 이론 학습서

SHRD가
경쟁력이다

김문준·김한준 지음

Development

Human

Strategic

Resource

Big Data

BG 북갤러리

SHRD의 기본 종합 학습서를 제시한다

'시작이 반'이라는 속담처럼 《HRD가 경쟁력이다》가 세상의 빛을 본 지 10년의 시간이 지난 시점에 《SHRD가 경쟁력이다》라는 책을 출간하게 됨을 기쁘게 생각합니다. 지난 20여 년간 기업현장에서의 실무 경험과 컨설팅 경험을 통해 새롭게 대두되고 있는 HRD에 대한 개념의 전환이란 측면에서 단순히 스킬적인 향성이 아닌 전문적인 개념을 기반으로 보다 내실 있는 이론적 재정립의 필요성이 절실히 대두되고 있습니다. 특히 인재육성전략 측면과 급변하는 글로벌 경영환경 속에서 조직의 생존과 지속적인 발전의 원천으로서, 조직 구성원들의 직무수행에 대한 전문성을 확보하고 향상하기 위해 다양하게 제공되는 HRD보다 질 높은 SHRD의 중요성이 새롭게 요구되는 시점입니다. 이는 HRD 담당자 역할의 변화이자 이들의 역할이 곧 조직의 생존에 직결되기 때문입니다.

그러나 현재 SHRD에 대한 체계적인 이론 정립과 활용이 미약한 것 또한 현실입니다. 이에 따라 10년 전 《HRD가 경쟁력이다》라는 책을 출간하는 마음과 같이 미약하나마 《SHRD가 경쟁력이다》라는 제목으로 SHRD(Strategies Human Resource Development ; 전략적 인적자원개발)에 대한 종합적인 기본 학습서를 제시하고자 합니다.

최근 글로벌 경영환경에서 HRD는 어느 특정 부서나 담당자의 전유물이 아닌 모든 조직 구성원들이 관심을 갖고 실행되어야 할 핵심직무란 측면에서 SHRD 중요성이 대두되고 있습니다. 즉, 조직의 성장과 발전을 위해 HRD는 단순히 교육계획과 운영이 아닌 전략적인 관점으로의 전환이 절실히 요구됩니다. HRD의 역할이 조직 생존에 직접적인 영향력을 미칠 수 있도록 조직문화와 핵심인재, 경력개발 등과 같은 전략적 관점의 전환이라는 측면에서 SHRD의 중요성이 더욱 더 강조되고 있습니다.

이와 같은 관점에서 비록 이 학습서가 SHRD에 대한 종합적인 내용을 나타낼 수는 없지만, SHRD에 대한 이론적 접근과 현업에 활용할 수 있는 부록을 통해 조직의 경영목표 달성과 전략적인 조직 구성원의 육성에 밑거름이 되었으면 합니다.

이와 함께 이 책의 필요성을 일깨워 주신 HRD 박사과정을 함께한 학우님들과 책을 완성하기까지 세심한 관심과 지원, 격려를 아끼지 않으신 모든 분들께 진심으로 감사인사를 올립니다. 먼저 학문을 할 수 있도록 지원해주신 장석인 교수님, 이창호 박사님, 김한준 박사님에게 진심으로 감사의 말씀을 올립니다. 그리고 이 책이 출판될 수 있도록 아낌없는 수고를 해주신 〈북갤러리〉의 최길주 대표님, 현명한 의사결정을 내릴 수 있도록 조정을 해주시는 이기훈 사부님, 언제나 변함없는 지원과 용기로 격려해 주신 '정다모' 식구들과 모든 분들에게 다시 한 번 더 머리 숙여 감사의 말씀을 올립니다.

또한 매순간 기도와 격려로 학문과 학습을 지속할 수 있도록 촉매역할을 한 아들 도영, 딸 윤아와 저희 가족들에게 고마움을 전합니다. 그리고 20여 년의 세월 동안 변함없이 제가 힘들고 지칠 때마다 따뜻한 격려와 지원으로 묵묵히 저를 믿고 힘을 실어준 인생의 동반자이자 친구인 아내 이도경 필로메나에게 특별히 진심어린 고마움을 전합니다.

더불어 언제나 저에게 힘과 용기로 학문의 길을 묵묵히 걸어갈 수 있도록 인도해주시는 영적 지도자이신 하느님과 성모님께 감사드립니다.

끝으로 하늘나라에서 아들의 모습을 지켜보고 계시는 아버님께 10년과 같은 초심으로 이 책을 바칩니다.

2016년 9월

김문준 이냐시오

차례

제3장 HRD(Human Resource Development) 담당자의 역할과 역량

제4장 인재경영(Talent Management)

제5장 인재육성전략 실행방안(Human Resources Development Strategy Implementation Plan)

제1장

HRD(Human Resource Development ; 인적자원개발)란?

1. HRD(Human Resource Development)의 개념

　인적자원(Human Resource)이란 일정한 조직에 소속되거나 고용된 구성원들을 일반적으로 의미하는데, 이는 조직을 구성하고 있는 물적 자원이나 재무적 자원 이상으로 중요한 요소이다. 인적자원은 무형자산으로서 교육과 훈련이 잘되고 차별적 전문기술력(역량)이 있는 지식 구성원이 그렇지 않은 구성원에 비해 생산성과 효율성 면에서 현격하게 차이를 나타내며, 나아가 조직에 더 높은 성과 가치를 창출한다. 조직성과 가치에 중요한 역할을 수행하고 있는 인적자원(Human Resource)을 개발(Development)한다는 의미이다. 조직 구성원의 개인적인 측면에서 볼 때는 조직 내에서 성과를 지속적으로 향상하기 위한 목적으로 개개인들의 지식·기술·능력을 증진시키는 것이다. 조직적 측면에서 볼 때는 변화하는 조직 환경과 동기부여 체제를 조직 구성원 개개인의 업무수행, 성과 향상과 조직개발 활동 지원을 활용할 수 있도록 재구성하는 제도를 말한다.

　이러한 조직적인 노력은 궁극적으로 업무수행 성과 개선과 조직으로 이어져 조직의 경영 효율성과 대내·외 경쟁력을 제고시키는 데 도움이 되는 것이다.[1] 특히 산업혁명 이후 대량생산 체제가 도입되고 효율적으로 인적자원을 개발하고 관리하면서 대두되기 시작한 HR(Human Resource ; 인적자원)은 조직의 자산목록에서 제외되어 조직의 리더나 관리자들에게 인적자원(Human Resource ; HR)과 개발(Development)의 중요성을 간과하고 있었다. 그러나 급격한 산업 발달과 국경 없는 치열한 생존경영 환경 속에 조직 내 인적자원의 중요성이 더욱 더 강조되고 있다. 리더들은 조직 구성원의 지식·능력·기술을 발전시키는 것은 조직의 효율성과 효과성을 높이는 데 필수적인 활동이란 사실을 직시하면서 인적자원개발(Human Resource Development ; HRD)의 중요성에 대한 새로운 전환점을 맞고 있다.

학자에 따라 다양하게 정의되고 있는 인적자원개발(HRD)은 개인, 조직, 사회의 목표 실현에 기여하는 인간의 훈련, 교육, 개발의 오랜 역사와 전통 가운데 가장 발전된 단계이다. 따라서 이는 인간 발달과 조직 성장의 적극적인 개입 활동으로 조직의 생존과 성공을 좌우하는 분야로 간주되고 있다.

HRD는 훈련 및 개발(Training & Development)을 근원으로 조직에서 학습과 성과에 중점을 두는 것으로[2], HRD의 개념과 영역의 용어가 내포하고 있는 추상성과 확장성 접근 시각의 다양성, HRD의 주요 수혜자에 대한 인식의 차이, 시공간의 차이 등으로 인하여 각기 매우 다르게 인식되고 있다.[3]

이와 같이 개인과 조직 관점에 따라 인적자원개발을 한마디로 정의한 것을 찾아보기가 어렵다. 일반적으로 조직 구성원 개개인들의 지식과 기술 습득을 위한 교육훈련, 평생 직무능력 고양을 위한 경력개발, 조직의 지속적인 변화와 혁신을 추구하기 위한 조직개발 등 세 가지 측면으로 인적자원개발을 일반화할 수 있다.

1960년 후반 나들러(Nadler, 1969) 등에 의해 미국훈련개발협회(Ameri-can Society for Training and Development : ASTD) 전국연례대회에서 처음 소개된 인적자원개발이란 용어는 '직무나 과업을 처음 수행하거나 현재의 직무나 과업의 성과를 향상시키는 데 필요한 기술과 지식, 태도를 학습하는 데 초점을 맞춘 기법'이라고 정의했었다. 그러나 그로부터 수십 년이 지난 후 인적자원개발을 둘러싼 외부환경이 변화하고, 인적자원개발 관행에 영향을 주는 지식기반사회로 이행됨에 따라 그 개념을 확장하여 '주어진 시간의 범위에서 행동 변화의 가능성을 가져오는 조직화한 학습 경험'이라고 다시 정의하였다.[4] 특히 맥라건(McLagan)과 ASTD는 1989년에 세계적인 수준의 전문가들이 참여한 특별위원회에서 실제 조사를 시행하고 그 결과를 바탕으로 인적자원개발의 개념을 '개인, 집단, 조직의 효과성을 높이기 위한 조직 구성원 개인들의 훈련 및 개발, 조직개발, 경력개발의 통합적인 활용'이라고 정의함으로써 인적자원관리의 개념과 구별시켜 정립하였다. 이와 같이 인적자원개발의 개념은 나들러(Nadler, 1970)에 의해 처음 도입되어 급변하는 경영환경에서 역동적으로 발전하고 있는 분야 중 하나로 개인 차원의 교육훈련을 인적자원개발이라고 하였다. 이러한 훈련과 교육, 개발의 개념을 통합한 인적자원개발이라는 용어는 우리들에게 다양한 시사점을 제공한다.

한편, HRD에 대한 시대별 주요 개념을 살펴보면 먼저 1970년대는 HRD를 교육 관점에서 접근하였다. 1980년대는 실제적인 교육프로그램의 개발과 이를 통한 학습활동에 중점을 두었다. 이는 프로그램 개발과 학습활동이 개인과 조직에 있어 긍정적인 영향을 준다는 점을 강조함으로써 HRD를 행동 변화와 능력 개발을 위한 시스템적인 관점으로 개념을 확대시켰다.[5] 1980년대 들어서면서 HRD에 대한 정의는 조직 시각으로 전환되어 논의되면서 인적자원개발은 조직과 개인의 목적을 동시에 이루게 하는 데 초점을 두고 개인들이 직무관련 능력을 체계적으로 향상시키는 것이라고 하였다. 이 범주는 훈련과 교육, 조직개발, 시스템 변화, 인사제도로 나누었다.[6] 1990년 이후 HRD에 대한 개념이 점차 확대되어 개인·경력·조직개발의 종합 또는 개인·조직의 개발과 이를 위한 총체적인 관련 활동으로 개념을 정의하면서 HRD에 대한 접근 방법이 경영환경 변화와 발맞춰 조직의 특성에 따라 다양화되어 나타나게 되었다. 이와 함께 개인개발, 조직개발, 경력개발과 같은 표현들이 HRD의 중요한 요소로 강조되면서 조직과 개인의 목적을 동시에 추구하고 있다는 점이 강조되었다. 그리고 2000년 이후 인적자원개발은 조직화된 활동을 위한 '훈련'이라는 패러다임을 기반으로 시작하였다. 인재육성을 위한 '학습(Learning)', 지식기반 사회, 정보화 사회, 글로벌 사회의 돌입에 따라 조직은 영속적인 성장과 발전에 중요한 역할로서 강조되면서 경영성과 향상에 기여하는 전략적 파트너로서의 역할 수행이 요구되는 '성과 패러다임'으로 HRD의 개념이 전환되었다.

'HRD란 무엇인가'를 규정하기 위해 HRD의 3가지 기본 가정을 제시하면 다음과 같다.[7]

첫째, 성인 학습과 환경 변화에 필요한 적절한 여건을 조성하는 활동을 중시하는 성인교육 분야의 연구와 이론에 기초한다. 둘째, 개인적인 건강이나 인간관계 개선의 초점이 아닌 일터 현장에서 업무수행의 증진을 목적으로 한다. 셋째, 개인과 집단의 변화는 궁극적으로 조직의 변화를 추구한다.

이를 통해 HRD 분야의 실천 범위와 관련 학문의 영역이나 범위는 〈표 1-1〉과 같이 HRD에 관한 다양한 학자들의 정의를 살펴볼 수 있다.

〈표 1-1〉 인적자원개발(HRD)에 대한 학자들의 정의

학자	정의	핵심요소
L. Nadler (1970)	행동의 변화를 위해 설계되었으며 주어진 기간 내에 이루어지는 일련의 조직화한 활동	행동의 변화, 성인교육
McLagan(1983)	T&D는 (계획된 학습을 통해) 개인이 현재 또는 미래 직무를 수행할 수 있는 주요 역량을 인식하고 평가하고 개발하는 것	훈련, 개발
L. Nadler & Wiggs(1986)	포괄적인 학습시스템	공식/비공식적 성인학습 성과
Swanson (1987)	개인능력을 통해 조직성과를 향상시키는 프로세스. 직무설계, 적성, 전문기술, 동기를 다루는 활동	조직성과
R. Smith(1988)	개인의 개발과 조직의 이익, 생산성에 긍정적으로 영향을 미치는 직접/간접적으로 제도화한 개인의 프로그램과 활동	훈련 및 개발 조직성과
McLagan (1989)	개인과 조직의 효과성을 위해 훈련개발, 조직개발 및 경력개발을 통합함.	훈련/조직/ 경력 개발
Watkins (1989)	조직에서의 개인, 집단, 조직 수준에서 업무와 관련 있는 학습 능력을 높이기 위한 실천 분야	학습능력
Smith(1990)	조직의 인적자원을 개발하고, 조직과 개인목표의 상호달성을 위해 훈련, 교육, 개발 그리고 리더십을 통해 종업원 생산성과 성과를 체계적으로 향상시키는 최적의 방법을 결정하는 과정	성과 향상
Chalofsky (1992)	인간과 조직의 성장, 효과성을 높이기 위한 목적으로 학습 중심 활동을 개발, 적용해 개인, 집단, 조직의 학습 능력을 신장시키는 연구 분야	학습 중심, 학습능력
Marquardt & Engel(1993)	기술은 학습풍토 개발, 훈련 프로그램 개발 및 설계, 정보와 경험공유, 결과 평가, 카운슬링 제공, 조직 변화 창출, 그리고 학습 양 조절	학습풍토 성과 향상
Swanson(1995)	성과 향상을 목적으로 조직개발과 개인훈련 개발을 통해 인적 전문가를 개발하는 프로세스	T&D, OD 조직 프로세스. 개인 수준에서의 성과 향상
Srewart & McGoldrick (1996)	조직·개인학습에 영향을 미치도록 의도화된 활동 과정	개인학습, 조직학습
Swanson & Holton(2001)	성과를 목적으로 개인의 훈련 및 개발과 조직개발을 통하여 인적자원의 역량을 개발하는 과정	T&D, OD
McLean & McLean (2001)	개인, 조직, 지역사회, 국가, 인류를 위해 단기적, 장기적 관점에서 성인의 일에 관련된 지식, 전문성, 생산성, 만족도를 향상시키기 위한 잠재력을 지닌 과정	지식, 전문성
Gilley, Eggland & Gilley (2002)	지식, 기술, 역량을 증진시키고 행동을 개선하기 위한 자기주도적이거나 조직적인 활동을 의미함. 즉, 조직의 효과성을 높이는 학습, 수행, 변화 활동	개인개발 경력개발 수행관리 조직개발

권대봉 (2003)	한 조직 내에서 직무성과의 향상 가능성 및 조직과 개인의 성장 가능성을 증대시키기 위해 개인개발, 조직개발, 경력개발을 통합한 의도적이고 개인적이며 조직적인 학습활동	직무성과 향상, 조직과 개인의 성장, 조직적 학습활동
정상범 (2010)	조직, 팀, 개인의 문제를 파악하고 이를 해결하기 위해 구성원들의 전문성을 개발하여 조직의 성과 향상을 이루기 위한 전략적이고 체계적인 일련의 활동	조직·팀·개인문제 파악, 성과 향상, 전략적, 체계적

출처 : Swanson, R, A., & Holton, III., E. F.(2001). Foundations of human resource development.
San Francisco,CA: Berrett – Koehler Publishers. 및 Gilley, Eggland,& Gilley(2002); 장
창원 외(2006); Swanson(2010)에서 발췌하여 재정리

〈표 1-1〉과 같이 인적자원개발에 대한 정의는 하나의 통일된 정의가 없고 매우 다양하게 나타난다. 인적자원개발이라는 학문 자체의 역사가 길지 않고, 교육학이나 사회학·경영학·경제학·심리학 등의 많은 학문적 근원지에서 출발하였고, 그 영역이 시간이 지나면서 점차 확대되었기 때문이라고 할 수 있다.[8] 즉, HRD의 정의를 보면 학자들에 따라 서로 다른 관점과 강조점이 나타나지만, 서로 공통된 요소들을 찾아 보면 다음과 같다. 첫째, HRD 개념에는 '학습'이 중요시 되고 있다는 점이다. '학습'을 규정하는 데는 많은 논란은 있으나 앞서 제시한 정의에 학습이 암묵적으로 표현되거나 명시되고 언급되어 있다. 즉, HRD는 궁극적으로 학습을 활성화하는 데 초점을 두고 있음을 의미한다. 둘째, HRD는 개인과 조직의 성과와 효과성 창출을 위한 중요한 촉진자로서 개인, 집단, 팀, 조직 수준의 성과와 효과에 직·간접적인 영향을 미친다고 보는 입장이다. 셋째, HRD는 개인과 조직의 수행 개선에 영향을 미치므로 선발, 충원, 평가, 보상과 같은 전통적인 인적자원관리 기능과 조직의 다른 중요한 활동 영역과 기능들까지도 관계가 있음을 추측할 수 있다. 즉, 조직의 다른 기능들과 밀접한 연관을 갖고 조직의 다른 기능들에 결정적인 영향을 미친다는 것이다. 넷째, HRD는 개인이 '훈련'에만 초점을 맞춘 과거와는 다르게 개인과 조직 학습, 개인과 조직 수행, 개인과 조직 개발

등 보다 장기적이며 포괄적인 활동을 담당하는 것이다. 즉, 조직의 다양한 수준(개인, 집단, 팀, 조직 전체)의 학습과 수행개선 활동등과 관계가 있음을 의미한다. 다섯째, HRD는 개인이나 집단, 조직에 국한된 미시적인 접근을 벗어나 지역사회, 국가, 인류를 향한 거시적인 접근을 지향하고 있음을 알 수 있다. 인적자원개발의 영역이 개인의 성장과 발전을 지원하기 위한 '훈련 및 개발' 측면, 조직 내에서 동기부여 요인의 직무전문가로 성장과 발전하도록 지원하는 '경력개발' 측면, 조직의 지속적인 성장과 발전의 동력인 조직관리의 효율성과 수익성을 증진시키고 조직의 변화와 혁신을 목적으로 하는 '조직개발'의 범주까지 영역으로 확대되고 있다. 인적자원개발이란 자연물이 아닌 일정한 목적성을 보유한 사회적 구성개념이기 때문에 언어 자체의 한계에 따라 정의하기가 어렵고 모호하여 때로는 개인별과 조직이 바라보는 시각에 따라서 다르게 인식되기도 한다. 대체로 인적자원개발은 교육에 포함되는 일부라는 시각이 지배적인 반면에 기존의 교육이나 훈련과는 다르게 개인뿐만 아니라 조직 학습과 개발에도 초점을 맞춘다는 견해도 있다.[3]

궁극적으로 HRD에 대한 개념을 종합하여 살펴보면 첫째, 초기에는 개인 차원의 교육훈련이 인적발달로 생각되었으나 점차 인적자원을 양성, 배분 및 활용 등을 통해 인적자원의 가치와 효용을 증대시키기 위한 여러 제반 활동을 통틀어 나타낸 개념이다. 둘째, 인적자원개발 활동을 교육훈련으로 한정하지 않고 조직 구성원들이 신체적·정신적·감정적·지적 측면에서 전반적인 잠재력을 신장시킬 수 있는 활동까지를 포함하였다. 더불어 국가적 개발의 과정에서 구성원들의 충분한 참여를 보장받기 위해 그들의 기술적·생산적인 기능을 신장시키는 것까지 포함하는 광범위한 것으로 보고 있다. 인적자원개발은 더 이상 개인 능력 및 역량 향상을 넘어 조직적이고 사회와 국가적인 차원에서 논의되고 있는 인적자원에 대한 개발 활동을 의미한다.[9] 셋째, HRD 개념에는 '학습'이 중요시되고 있다. HRD는 훈련이나 체계적인 수준의 개입, 개인과 집단, 팀 조직 수준의 활동, 전략적인 수준의 수행 혹은 직무 수준의 수행 등 궁극적으로 학습을 활성화하는 데 초점을 두고 있다. 넷째, HRD는 개인과 집단, 팀, 조직 수준의 수행 증진에 직간접적인 영향을 미친다. 따라서 HRD는 개인과 조직성과와 효과성 창출을 위한 중요한 촉진자이다. 다섯째, HRD는 조직의 다른 기능들과 밀접한 관계를 갖고 있고, 조직의 다른 기능들에 결정적인 영향을 미친다. HRD는 개인과 조직의 수행 개선에 영향을 미치므로 선발, 충원, 평가, 보상과 같은 전통적인 인적자원관리 기능과 밀접한 관계를 가질 뿐만 아니라, 조직의 다른 중요한 활동 영역과 기능들과도 관계가 있다. 여섯째, HRD는 조직의 다양한 수준(개인과 집단, 팀, 조직 전체)의 학습과 수행 개선 활동과 관계가 있다. 과거 HRD는 개인의 '훈련'에만 초점을 맞추었으나, 오늘날에는 개인과 조직의 학습, 개인과 조직의 수행, 개인과 조직의 개발 등 보다 장기적이고 포괄적인 활동을 담당한다는 것이다. 일곱째, HRD는 개인이나 집단, 조직에 국한된 미시적인 접근을 넘어서 지역사회, 국가, 인류를 향한 거시적인 접근을 지향하고 있다. 이와 같은 공통적인 요소를 바탕으로 HRD는 개인과 집단, 팀, 조직, 지역사회, 국가, 나아가 인류 전체를 위해 개인개발, 경력개발, 조직개발과 같은 다양한 학습과 수행 개선 활동을 통해 일과 전문성을 신장하고 발전시키는 활동으로 정의할 수 있다. 조직의 효과성을 높이는 학습, 수행, 변화 활동을 일컫는 의미로서 조직의 수행역량, 능력, 경쟁력과 변화가능성을 강화가기 위해 수행되는 조직적(공식적, 비공식적)인 조치들과 활동들 및 경영관리 행위들을 통해 조직의 학습, 수행, 변화를 촉진하는 과정이다.

한편, 국가 차원에서 교육인적자원부(2005)는 경제적인 성장을 위한 인력 수급뿐만 아니라 사회적인 신뢰 구축과 문화발전 등 사회적인 자본 형성을 위한 정책의 광의의 개념으로 인적자원개발을 설명하였다.

인적자원개발(HRD)의 궁극적인 목적은 조직에서 다양하게 요구되는 주요 현상으로 현재 수행 수준(What is)과 기대 수행 수준(What should be) 간의 차이에서 발생한다. 이러한 수행 수준의 차이에 따라 HRD 목적은 달리 설정될 수 있으나, 일반적으로 HRD가 추구해야 할 가치인 목적은 다음의 6가지로 제시할 수 있다. 첫째, HRD 전략을 세부적인 HRD 프로그램이 아니라 조직 혹은 사업 전략에 근거해야 한다. HRD는 조직과 사업의 전략을 이해해야 하고, 그 전략이 추구하는 조직의 비전과 사명을 실현하는 데 초점을 맞춰야 한다. 둘째, HRD는 프로그램이 아닌 '관계'에 관심을 가져야 한다. HRD의 가장 기본적인 역할은 개인들이 조직의 성공에 헌신하고 몰입하도록 하는 환경을 조성하는 데 있다. 셋째, HRD는 변화를 주도하는 '전문 분야'로 인정받아야 한다. 넷째, HRD 실천가는 조직 구성원의 적극적인 지지자가 되어야 하고, 동시에 조직 관리자의 목적과 상충되는 요인들을 해결해야 한다. 다섯째, HRD는 '인간'이 아니라 '이슈'에 초점을 맞춰야 한다. 이슈에 관심을 기울일 때 갈등 관리가 가능하고 건전한 의사소통이 이루어지며, 나아가 타인의 의견에 귀를 기울임으로써 상호 존중이 가능하게 된다. 여섯째, HRD 실천가는 스스로 지속적으로 학습하고 능력을 개선해 나가야 한다. 급변하는 경영환경에서 평생학습과 능력개발은 생존의 필수조건이기 때문에 HRD 전문가로서의 역량을 배양해야 한다.

이와 함께 HRD의 목적 달성을 기반으로 '왜 HRD가 필요한지'에 대한 필요성은 개인의 자아실현 도모를 위한 능력개발과 역량 향상, 생산성 향상, 경영환경 급변에 대한 대응능력 제고(신기술, 국제화시대 경쟁력 제고), 조직문화 형성의 유용한 수단, 조직의 핵심인재 이탈 방지와 조직의 안정화에 기여하는 점 등을 들 수 있다.

2. HRD(Human Resource Development)의 변화

인적자원개발에 대한 지식과 실천에 대한 경계는 지속적인 논쟁대상이 되고 있고, 끊임없이 변화·발전하고 있다. 이는 전통적인 기업 중심의 HRD 내부에서뿐만 아니라 기업의 수준을 벗어나 다양한 변화를 나타내고 있다. 인적자원개발에 대한 실질적인 논의는 1970년대에 시작했다고 볼 수 있으며, 초기에는 조직 구성원들의 행동 변화를 위한 성인교육과 개인 잠재력을 개발하는 인적 성과가 주요 요인으로 단순히 개인의 교육에 대한 관점에서 접근되었다. 이후 1980년대에는 인적자원개발을 '실제적인 교육프로그램의 개발과 이를 통한 학습활동'에 중점을 두면서, 프로그램 개발과 학습활동이 개인이나 조직에 긍정적인 영향을 미침을 강조함으로써 인적자원개발이 조직 구성원들의 행동 변화나 능력 개발을 시스템적 관점에서 진행되도록 개념을 확대시켰다. 즉, 미래 역량에 대한 고민, 포괄적인 학습 등과 연계하여 개인뿐만 아니라 조직의 성과까지 다루게 되었다. 1990년대 이후 인적자원개발의 개념이 점차 확대되어 개인·경력·조직 개발의 종합 또는 개인·조직의 개발과 이를

위한 총체적인 관련 활동으로 변화되었다.[10]

인적자원개발의 변화는 〈표 1-2〉의 HRD 변화 동향 5단계와 〈표 1-3〉의 HRD 변화 양상을 6단계로 나누어 설명할 수 있으며, 훈련과 교육, 개발의 활동 영역으로 구분된다. 현재와 미래, 개인과 조직 차원의 초점에 의한 관점은 〈표 1-4〉와 같이 구분되어진다.

〈표 1-2〉 인적자원개발 동향 5단계

구분	주요 내용
Training	- Training Within Training - ASTD - 양 중심, 공급자 중심 훈련 - 조직 요구훈련
Training & Development	- 행동목표 - Tyler, Bloom - 평가체계 - Kakpatrick - 개인 / 조직 요구 고려 훈련 및 개발
ID & OD & CD	- HR Wheel - McLagan - 개인과 조직의 장기 및 단기적 개발
Workplace Learning, Performance & Change	- 학습조직, 지식경영, CoP - BSC / LSC - ROI분석 - 일터 중심의 학습, 성과, 변화 촉진
Strategic HRD Synchronized HRD	- Learning Alliance - HR Champion HRD

출처 : 배을규(2010)[29]. '조직의 HRDer로서 관리자 역할' 내용 재정리

〈표 1-3〉 HRD 패러다임의 변화 과정

요인 단계	HRD부서의 형태	교육형태 및 목적	HRD 담당자의 주요 역할	기업의 파트너 역활
HRD 부재기	HRD 가치가 없음. HRD 실행이 없음.			
1인 HRD	조직 밖의 매우 작은 부서	HRD 담당자 경험에 기반을 둔 직무상 형식 없는 교육	비전문가로서의 1인 만능교육 제공자	전략뿐만 아니라 성과와의 파트너십도 없음.
공급자 중심 HRD	HR로부터의 독립 매우 미약함	구성원의 지식, 기술증 대를 목적으로 하는 형식적 교육활동 공급	프로그램 중개인	경영층이 파트너로 인정 안 함. 전략적 경영목적 / 목표 달성에 관심 없음.

공급자 중심의 공급자형 HRD	기업조직의 본사에 위치	공급에서 효과성 전략으로 초점 이동. 경영성과 개선, 조직 변 화를 위한 조직적 문제해결에 초점	교육설계자	기업경영 이해능력 없음.
성과 향상 을 위한 객 체지향적 HRD	더 작은, 기능적 단위로 조직 전체에 분산	지식, 기술 증대보다 성 과 극대화, 조직효과성 개선이 목적	조직성과 극대화를 위한 수행 컨설턴트	교육자가 아닌 전략적인 파트너십 수립 요구, 그러나 형식적 관계
전략적으로 통합된 HRD	조직 내에서 전략적으로 통합된 형태	조직효과성 개선이 목적, 경영 및 경쟁력 승대, 전략적 방향수립, 리더십 개발의 교육	조직, 정책, 문화, 경영, 산업 등에 대한 완벽한 이해와 조직 개발 기술자로서의 수행 컨설턴트	전략적 파트너십이 상당히 중요. 타부서와의 정보교류, 협력적 네트워크 필수

출처 : 김영길, 'HRD 패러다임에 따른 기업 내 HRD 담당자의 역할과 역량에 대한 성찰적 연구.' 〈산업교육연구〉 제15호

〈표1-4〉 인적자원개발의 개념 변화

활동 영역	초점	경제적 분류	평가	위험수준
훈련	개인이 맡은 현재의 직무	비용	현재의 직무	낮음
교육	개인이 준비하는 미래의 직무	단기투자	미래의 직무	중간
개발	미래의 조직활동	장기투자	불가능	높음

출처 : Nadler(1979)

한편, 관점 중심적 변화 측면에서 [그림 1-1]과 같이 HRD의 패러다임은 크게 훈련 중심 인적자원개발(Training-Centered HRD), 학습 중심 인적자원개발(Learning-Centered HRD), 성과 중심 인적자원개발(Performance-centered HRD), 역량 중심 인적자원개발(Competence-Centered HRD)로 발전되어 왔다. 특히 성과 중심의 HRD는 HRD 분야에 매우 중요한 패러다임의 변화가 되면서 교육방법에서 실무 중심의 경험과 적용 등이 강조(예를 들어, Action Learning, Experiential Learning, Blended Learning 등)되었으며, 평가에서는 훈련 전이, 투자수익률과 같은 실무와 성과 중심의 평가준거 활용, 수행공학 적용, 역량 중심의 HRD 활동 등의 모습이 나타났다.

인적자원개발에 대한 구분이 보다 명확해지면서 개인과 조직의 체계적인 대응과 노력으로 HRD 패러다임이 변화되면서 현재는 개인 차원의 능력개발은 물론 기업과 조직, 지역사회와 국가 수준의 인력양성을 포함하는 개념으로 확장하여 국제인적자원개발(International Human Resource Development ; IHRD)의 개념이 등장하고 있다. 이는 국가 간 인적자원의 교류가 커지면서 인적자원 능력에 대한 상호인증체제 구축, 인적자원개발의 국가 간 차별화 등의 주제를 중심으로 국제인적자원개발에 대한 논의와 정책이 이루어지고 있다.

HRD 패러다임은 스킬, 지식 향상의 개인 측면인 교육에서 조직과 성과 향상에 초점을 맞추는 성과 중심 인적자원개발(Performance Centered HRD) 단계로, 발전 단계를 [그림 1-2]와 같이 나타낼 수 있다.

[그림 1-2]와 같이 HRD 발전(Evolution of HRD)의 6단계를 기준으로 보면 국내에 많은 HRD 기관들이 3번째와 4번째 단계에 머물고 있다. 지식과 기술 향상 중심의 HRD를 운영하고 있지만 조직의 전략과 연계하기 위한 관심과 활동을 시작하는 단계에 대한 주요 내용은 [그림 1-3]과 같이 나타낼 수 있다.

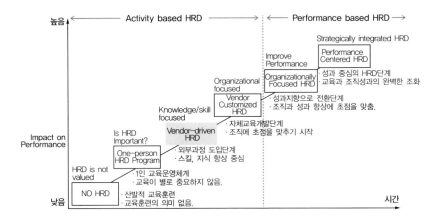

출처 : Gilley,J.W.,& Gilley,A.M(2003). Strategically integrated HRD : A six approach in cre ating results-driven Programs(3rd ed.). New York : Basic Books.

[그림 1-2] HRD 패러다임 발전단계

단계	NO HRD	One-person HRD	Vendor-driven HRD	Vendor Customized HRD	Organizationally Focused HRD	Performance Centered HRD
HRD 부서형태	·HRD 가치 없음. ·HRD 실행 없음.	·조직 밖의 매우 작은 부서	·HR로부터의 독립이 매우 미약함.	·조직의 본사에 위치	·더 작은, 기능적 단위로 조직 전체에 분산	·조직 내 전략적으로 통합된 HRD
HRD 목적		·HRD 담당자 경험에 기반을 둔 직무상 무형식 교육	·구성원의 지식, 기술 증대를 목적으로 하는 형식적 교육훈련 공급	·교육훈련 공급에서 교육효과성으로 조정 이동 ·경영성과 개선, 조직 변화를 위한 조직문제해결에 초점	·지식, 기술증대보다는 성과 극대화, 조직 효과성 개선이 목적	·조직 효과성 개선이 목적 ·경영 및 경쟁력 증대 ·전략적 방향수립 ·리더십 개발 교육
HRD 담당자 역할		·비전문가로서의 1인 만능 교육제공자	·프로그램 중개인	·교수 설계자	·조직성과 극대화를 위한 수행 컨설턴트	·조직, 조직정책, 문화, 경영, 산업 등에 대한 완벽한 이해와 조직개발기술로서 수행 컨설턴트
전략적 HRD		·전략뿐만 아니라 성과와의 파트너십도 없음.	·경영층이 파트너로 인정 안 함. ·전략적 경영목표 달성에 관심 없음.	·경영이해 능력 없음.	·교육자가 아닌 전략적 파트너십 수립 요구, 그러나 형식적 관계	·전략적 파트너십이 상당히 중요 ·타부서, 타사람과의 정보교류, 협력적 네트워크 필수

[그림 1-3] HRD 패러다임 변화과정

3. HRD(Human Resource Development)의 구성요소

 인적자원개발이란 '조직 내 인력자원을 다른 자원(재무자원, 정보자원, 물리적 자원 등과 마찬가지로 기 하루에서 1년까지)과 장기적인 관점(1년 이상)으로 구분하였다. 조직 내 HRD 실행의 주안점은 조직의 장·단기적 경영 전략과 목표를 달성하는 데 중요한 수단으로 간주하여 조직의 전략과 경영목표에 맞게 개발되어지고 있다. 이는 다른 인사기능과 효과적인 연관관계를 맺으며 궁극적으로 인적자원의 효율적인 활동을 통해 조직 유효성을 증진하는 기능'으로 정의된다.

 J. W. Gilley and S. A. Eggland(1989)[11]의 내용을 수정하여 Gilley, Eggland & Gilley(2002)[1]는 인적자원개발의 목적이란 조직을 개선하기 위해 인적자원의 업무능력을 향상시키는 촉매 역할을 하게끔 하는 것이라고 하였다.

 인적자원개발에 대한 기본적인 요소는 [그림 1-4]와 같이 '개인개발(Individual Development)', '경력개발(Career Development)', '조직개발(Organizational Development), 수행관리(Performance Management)'로 구성되었다.

[그림 1-4]와 같이 HRD 구성요소의 구분은 그 시기에 따라 단기적인 관점으로 개인과 조직으로 나누어 설명하였으며, 수직과 수평으로 구분하여 각각 네 가지 구성요소로 구분하였다. 개인개발과 수행관리는 즉각적인 결과를 산출하도록 계획되었기 때문에 단기적이며, 경력개발과 조직개발은 개인의 경력개발 또는 조직의 변화와 혁신을 위한 조직구조와 체제 변화를 위해 필요한 활동을 통해서 개인과 조직에 영향을 미치므로 장기적으로 보고 있다.

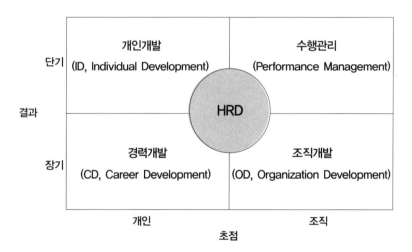

출처 : Gilley, Eggland & Gilley(2002), 장원섭 역(2005)

[그림 1-4] 인적자원개발 구성요소

1) 개인개발

개인개발(Individual Development ; ID)이란 현재 종사하고 있는 직무

와 관련하여 개인에 초점을 맞추며, 공식적 또는 비공식적인 학습활동을 통해 개인의 성장과 발전에 역점을 두어 현재 직무에 적절한 개인의 지식과 기술, 태도, 역량 등을 향상시키기 위한 제반의 학습활동이다. 조직 구성원들이 직무에 필요한 새로운 지식과 기술 등이 개인의 행동양상을 변화시키거나 향상시키는 것에 중점을 둔다. 즉, 조직 구성원들에게 특정 업무 및 직무에 필요한 지식과 기술을 제공하는 것과 행동 변화를 유도하는 것이 포함된다.[12]

개인개발의 목적은 조직 내 개개인으로 하여금 조직 경영목표를 효과적으로 달성하고 효율적으로 향상시키기 위한 제도로 조직 구성원들 개인의 지식, 기술, 역량을 향상시킨다. 또한 현재 업무에서 행동을 개선하여 구성원과 조직의 요구에 부합할 수 있도록 하여 궁극적으로 이들이 수행하는 직무에 대한 만족도 향상과 조직 몰입을 통해 업무성과를 높일 수 있는 새로운 지식과 스킬을 제공하는 총체적인 활동이다.

개인개발 향상을 위한 학습방법은 자기주도 학습, 온라인 학습, 교수자 중심의 강의 학습과 훈련, OA를 활용한 학습 등을 포함하고 있다. 이를 위한 촉진전략으로 조직 구성원 개인의 긍정적인 요인을 강점으로 강화하고 약점을 효과적으로 보완 및 관리하는 방향으로 지원활동을 강화하는 인본주의 중심의 교육관련 기본철학이 요구된다. 조직 내에서는 개인개발 활동을 위해 체계적인 학습조직을 구축하여 효과적인 지식관리를 위한 끊임없는 개선과 변화를 추구할 뿐만 아니라, 전략적인 과정으로 학습을 직무와 통합, 병행함으로써 체계적인 사고능력을 신장시켜야 한다. 다음으로는 실천학습(Action-learning)으로 문제제기와 반성과정을 통해 경험과 지식을 축적하고, 새로운 질문을 통한 창조적인 지식을 창출하는 것이며, 마지막으로는 학습을 직무에 적용하여 학습전이를 통한 개인개발을 촉진해야 한다.[13]

이와 같이 조직 구성원의 개인개발 제도는 직무수행에 대한 조직 구성원의 인식을 변화시켜 자신의 직무를 원활히 수행하게 하며, 직무 만족을 높이고 이직 의도를 줄이는 등 조직의 경영목표 달성에 긍정적으로 영향을 미친다.

2) 경력개발(Career Development ; CD)

경력개발(Career Development ; CD)이란 조직 구성원과 조직이 상호 공동의 노력으로 경력을 조직화하고 계획함으로써 만들어지는 구조적인 활동이나 과정으로 개개인이 갖는 특별한 관심과 주제와 직무들이 관련 있는 일련의 단계들을 거쳐 성장하는 지속적인 과정이다.[14] 조직이 경력개발을 구성원 개개인의 경력을 조직 내에서 개발하도록 노력하며, 그 과정에서 조직의 목표 달성에 필요한 능력을 개발하기 위한 제도로 조직 내에서 개인의 경력목표를 설정한다. 이를 달성하기 위한 진로계획을 수립하여 조직의 요구와 개인의 요구가 서로 일치될 수 있도록 각 개인의 능력을 개발해 주고 지원해 주는 것을 말한다.

Alpin and Darlene(1978)[15] 경력개발 프로그램은 부하직원과 관리자를 위해 업무능력 문제를 해결하는 보다 체계적인 방법을 제공하기 때문에 상업과 산업에 매우 중요한 요인으로 적용된다. 즉, 교육 및 개발 관리인과 인사 담당자 그리고 조직적인 상담자들 사이에 하나의 HRD 전략으로서 받아들인 시스템이다. 이는 개인이 경력목표를 설정하고 이를 달성하기 위한 경력계획을 수립하며, 이러한 개인의 경력 요구와 조직의 요구가 합치될 수 있도록 조직이 경력을 개발하는 활동이다.[16] 경력개발은 넓은 의미에서는 개인이 조직 내에서 정년퇴직 동안 밟게 되는 일련의 직급 달성에 따른 순서라고 할 수 있으며, 조직 차원에서는 조직 구성원들이 성장하고 변화함에 따라 효율적인 업무수행을 위해 조직원들의 요구를 파악하고 이를 활용하여 조직의 계획을 수립하는 과정으로, 경력계획과 경력관리라는 두 가지로 구분할 수 있다.

경력계획이란 조직 구성원 개인 각자의 기술력을 바탕으로 현실적인 경력계획을 세우는 개개인들이 수행하는 활동이다. 경력관리는 개인이 그 계획을 달성하는 데 필요한 단계들을 채택해 가는 것으로 개인이 그의 현재 또는 계획된 역할과 관련하여 그들 스스로를 발전시키고자 하는 참여적인 활동이다.[13]

이와 같이 조직 구성원들에 대한 효과적인 경력개발 프로그램은 생산성과 효율성을 제고함은 물론 구성원들의 일에 대한 직무 태도를 증진하고 직무수행 만족도를 높이며, 경력개발과정을 통해 수행 문제를 줄이고 인적자원 배치의 효율성과 직원의 충성심을 높인다고 하겠다. 또한 리더와 관리자는 효과적인 경력개발 프로그램을 통해 생산성과 직무수행 만족도 향상을 통하여 구성원들과 조직 간의 진로설정 계획을 위한 체계화된 활동 및 과정으로 구성된 조직적이고 계획적인 노력으로, 조직 구성원은 진로계획을 책임지고 조직은 진로경영의 책임을 맡는다.[1]

한편, 효과적인 경력개발 활동은 장기적인 결과에 초점을 두고 조직 구성원의 다양성을 고려하며 전통적인 강의실 교육 접근방법 외에 다른 방법도 사용할 수 있어야 한다. 이를 위해 요구되는 방법은 경험 위주의 교육과 감시활동, 자체 지향적인 교육과정, 전문조직과 단체에서의 참여 등을 포함한다. 최고의 효과를 위해 HRD 전문가는 조직 구성원들의 필요사항과 진로목표를 규정하여 경력개발 활동을 맞추어 계획한다.

경력개발의 성공적인 결과를 보장하기 위해 HRD 실무자를 위한 몇 가지

지침을 다음과 같이 제시한다.

첫째, 특정한 요구사항에 근거한 구체적인 프로그램을 작은 규모부터 시작하고 계획한다. 둘째, 해당 프로그램을 다른 진행 중인 개인적인 활동이나 프로그램에 혼합시킨다. 셋째, 상급경영단의 지원을 얻는다. 넷째, 조직 구성원들의 시간 관리와 보다 높은 지지율을 유도한다. 다섯째, 평가 제도를 개발하고 이에 대한 결과를 전달한다. 여섯째, 다른 접근방법을 계속 모색하고 융통성을 유지한다. 이를 종합하면 경력개발은 개인적인 활동 및 관심에 관련되어야 하고, 융통성이 있어야 하며, 적합한 평가절차의 개발이 있어야 하고, 상급경영단의 지원이 있어야 한다.[13]

3) 조직개발(Organizational Development ; OD)

조직개발(Organizational Development ; OD)은 조직의 내·외부 측면에서의 하나의 경영기능으로 등장한 것이다. 이는 인적자원 분야에서 조직 구조와 조직문화, 절차와 과정, 전략의 일치성과 적합성을 고양함으로써 조직의 문제를 새롭고도 창조적으로 해결하는 대책을 개발하는 데 힘쓰는 것이다. 조직개발(OD)은 급변하는 경영환경적인 이유에서뿐만 아니라 생존과 성장에 대한 발전지향적인 조직 자체의 요구에 대응하기 위해서 필요하고, 조직 변화와 조직의 효율성 제고를 이룩하는 데에도 필요하다.[17] 조직개발(OD)은 조직 변화를 체계적으로 도모함으로써 조직의 유효성과 조직 구성원의 태도 및 가치관을 개선하는 것으로 조직의 효율성을 증대시킴과 함께 개인과 소규모 단체·팀의 직접적인 변화를 촉진하는 것이다.

이처럼 조직개발은 수정하거나 변경하는 전략이 아닌 하나의 계속적인 과정으로 조직의 변화 과정을 관리하기 위한 지속적인 과정이다. 그리고 시간의 흐름에 따라 하나의 조직이 운영되는 방식이다. 그러므로 조직개발이란 첫째, 조직의 체계와 과정, 전략, 요원 그리고 조직문화의 공통성을 높이고, 둘째, 새롭고 창조적인 조직적 해결책의 개발, 셋째, 조직의 자체 활성화 능력의 개발 등을 목적으로 하는 데이터 수집과 진단, 활동계획, 변화 개입, 평가 등의 전반적인 시스템 과정이다.[18]

결과적으로 조직개발이란 조직 전체를 발전시키기 위한 데이터 수집과 진단, 계획, 변화 개입, 평가 활동의 공동참여를 강조하는 것을 포함한 특징조직 전반이나 일부의 조직문화와 기술, 경영에 대한 장기적인 변화와 관련된다.[19]

조직개발의 목표는 개인적, 직업적, 조직적인 성장에 있다. 이러한 성장을 위한 조직개발의 역동적인 과정에 촉매역할을 하는 것은 주로 교육 프로그램 운영자들이며, 관리는 리더와 관리자에 의해 관리된다. 조직개발은 하나의 계획된 과정으로 조직 내에 오랜 시간을 거쳐 이루어지는 것이다. 특히 조직개발을 통해 조직 변화를 수행할 때에 그 조직의 지속성과 안정성을 해쳐서는 안 된다. 무엇보다 현재의 경영목표 달성을 용이하게 할 수 있는 충분한 안정성의 유지목표와 수단의 변화를 질서 있게 행할 수 있는 지속성의 보장과 내부조건의 변화, 외부환경의 기회나 요구에도 부응할 수 있는 적응능력 및 조직의 변화를 주도할 수 있는 충분한 혁신성 등이 갖추어져야 할 것이다.[20]

조직개발은 조직의 전체 구성원들이 모두 참여하기 전엔 효과가 매우 미흡하다. 이는 경영자와 관리자들뿐만 아니라 최고경영진의 지지도 포함한다. 조직개발은 조직을 재정과 물질, 인적자원의 투입을 통해 상품과 서비스를 생산하는 하나의 시스템이다. 조직적인 효율성은 향상된 생산성을 위한 조직자원(투입)의 적합한 사용과 관련된 것으로 이에 대한 특성들은 다음과 같다. ① 조직개발은 조직의 시스템 전반에 관련된다. ② 조직개발은 조직을 시스템 접근방법으로 본다. ③ 조직개발은 상급경영단에 의해 지원된다. ④ 조직개발은 제3자 변화관리자를 고용한다. ⑤ 조직개발은 계획된 노력이다. ⑥ 조직개발은 행동과학적 지식을 사용한다. ⑦ 조직개발은 조직의 능력과 건강을 향상시키기 위한 것이다. ⑧ 조직개발은 비교적 장기적인 과정이다. ⑨ 조직개발은 계속적인 과정이다. ⑩ 조직개발은 교훈 위주보다 경험적인 교육에 의존한다. ⑪ 조직개발은 활동연구 변화 개입 모형을 사용한다. ⑫ 조직개발은 목표설정과 활동계획을 중요시한다. ⑬ 조직개발은 개개인보다 조직적인 단체의 태도와 행동 및 능률을 변화시키는 데 중점을 둔다.

4) 수행관리(Performance Management ; PM)

수행관리(Performance Management ; PM)란 단기적인 결과로 조직에 초점을 두고 있으며, 최근 HRD 구성요소에 대두되었다. 수행관리는 수행공학(Human Performance Technology)의 핵심 구성요소로 선행적으로 수행공학에 대한 개념의 이해를 통하여 접근이 용이하다. 수행공학은 조직 체제를 개선함으로써 수행증진과 성과 향상을 위한 체계적인 접근이라고 할 수 있다. 수행공학의 대상은 첫째, 조직 구성원으로 훈련과 보상, 대체, 전직 등에 관한 것. 둘째, 현장에서의 환경개선 및 자원체제 개선 등에 관한 것. 셋째, 업무수행으로 업무절차의 간소화 및 전체 품질관리 등에 대한 체계적인 접근이다. 즉, 그 대상이 조직 구성원에서 개인으로, 일터에서 환경으로, 업무에서 조직으로 발전하는 것이 수행공학의 발전 형태이다. 수행공학의 모델은 결국 조직이 결핍된 것을 진단하고 개선하려는 활동이다.

수행관리의 핵심 3요소는 직무분석과 직무설계, 과업분석이다. 수행관리를 통하여 조직의 업무수행 활동 개선을 위한 체제적인 접근방법이다. 이는 업무를 효과적이고 효율적으로 수행할 수 있도록 해당 업무에 적합한 조직 구성원의 지식과 기술, 동기, 환경적 지원을 받을 수 있도록 보장하는 것을 목적으로 한다.[21] 궁극적으로 수행관리는 현재의 수행과 바람직한 수행을 파악하기 위해 수행분석과 인과분석, 근본원인분석 방법 등을 활용한다. 또한 수행관리는 동기부여체제, 조직과 업무환경, 수행평가체제, 조직 구성원의 역량 그리고 자원들이 수행에 어떻게 영향을 미치는지를 설명한다. 따라서 조직의 수행 문제를 규명하고 바람직한 수행결과를 창출하는 데 유용한 해결책을 제시하기 위한 접근법이다.

4. HRD의 모형

HRD 모형은 맥라건(McLagan)의 HRD 휠(Wheel) 모형과 윌슨(Wilson)의 HR 컴퍼스(Compass) 모형, 일터학습 성과 모형으로 구분하여 알아보기로 한다.

1) McLagan의 HRD Wheel 모형

1983년 ASTD(American Society for Training and Development)에서 McLagan[22]을 중심으로 '탁월성을 위한 모델(Model for Excellence)' 프로젝트를 수행하면서 개발된 '인직자원바퀴(Human Resource Wheel)' 모델이다.

이 모델은 HRD에서 다루는 영역을 보다 명확히 할 수 있는 초석으로 [그림 1-5]에서 보는 바와 같이 '인적자원바퀴'에서는 인적자원개발의 개념을 '교육훈련(Training & Development)', '경력개발(Career Development)',

'조직개발(Organization Development)'의 3가지 요소로 분류하고 있다. '인적자원바퀴(Human Resource Wheel)' 모델에서는 인적자원 영역을 인적자원개발(HRD)의 영역과 인적자원관리(Human Resource Management ; HRM)의 영역으로 구분되어 제시되고 있다. 여기에서 HRD 영역으로는 훈련과 개발, 조직개발, 개인과 조직의 효율성을 높이기 위한 경력개발이 포함되어 사용된다. 이러한 3가지 분야는 중요한 활동 영역이며, 조직화된 학습활동에 의해 개발된다.[22]

인적자원관리(HRM) 영역으로는 직무설계, 인적자원계획, 성과시스템, 선발과 채용, 보상과 복리후생, 근로자 지원, 노동조합 관계, 인적자원 조사 및 정보시스템 등이 포함된다. 인적자원개발이란 개인과 조직의 효과성 향상을 위하여 훈련 및 개발, 경력개발, 조직개발을 통합적으로 활용하는 것이다(M-

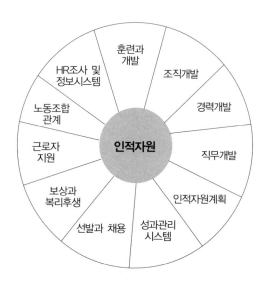

출처 : McLagan(1989)

[그림 1-5] 인적자원구조도_Human Resource Wheel

cLagan(1989).[23] 훈련과 개발이란 HRD에서 가장 오랜 역사를 지닌 영역으로 계획된 학습을 통해 현재 혹은 미래 직무를 수행하기 위해 필요한 핵심 역량을 규명, 진단, 개발할 수 있도록 하는 행위이다. 또한 경력개발은 개인과 조직의 요구가 합치될 수 있도록 개인의 경력계획과 조직의 경력관리 과정을 일치시켜가는 행위이다. 마지막으로 조직개발은 조직 내·외부의 건강한 관계를 유지하고 조직의 변화를 주도·관리하는 행위를 의미한다.[24]

2) Wilson의 HR Compass 모형

윌슨(Wilson, 2001)[25]은 [그림 1-6]에서와 같이 McLagan(1989)의 인적자원바퀴(HRD Wheel)를 바탕으로 인적자원컴퍼스 모형(The Human Resource Compass)을 제안하였다. 이 모형은 인적자원개발 영역(HRD Sector)과 인적자원관리 영역(HRM Sector) 그리고 인적자원개발과 인적자원관리의 공동 영역(HRD / HRM Sector)으로 구성되는데 각 영역별로 상호관계에 있는 요소들에게 방향성을 제시해주고 있다.

먼저 인적자원개발(HRD) 영역은 개인개발과 직업 및 집단개발, 조직개발이 포함되어 있다. 이들은 인적자원개발의 주요 영역으로 훈련 및 개발과 함께 경력과 조직을 포함하고 있다. 두 번째는 인적자원관리(HRM) 부분으로 보상시스템과 조직 구성원 지원, 노사관계, 연고조사 및 성보시스템이 포함되어 있다. 인적자원관리의 전형적인 프로세스로서 인적자원을 확보하여 효율적으로 유지하는 부분으로 볼 수 있다. 세 번째는 인적자원개발과 인적자원관리의 공통된 부분으로 인적자원개발과 인적자원 관리의 요소들이 통합되고 상당 부분 중첩되는 부분이다. 이 부분에는 조직설계와 직무설계, 인적자원 계획성과 관리, 모집과 선발이라는 다섯 가지 요소들이 있다.

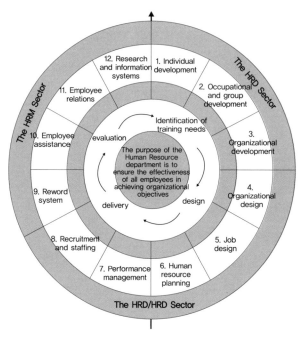

출처 : Wilson(2001)

[그림1-6] The Human Resource Compass(인적자원컴퍼스모형)

3) ASTD의 WLP 모형

ASTD(American Society for Training and Development)는 맥라건(McLagan)의 HRD Wheel 모델 이후 1999년부터 교육과 훈련(T&D)을 대신하여 WLP(Workplace Learning & Performance)를 사용하였다. 이는 직장 내 학습 및 성과라는 뜻의 WLP에 대해 일터란 학습과 성과가 발생하는 맥락을 구체화한 개념이다. 학습의 초점은 외적 활동이 아닌 교육받는 개인이고, 성과도 학습의 결과로 개인과 집단, 조직의 성과에 미치는 수많은 상호 작용적 변인이라고 하였다.[26]

　교육훈련 활동은 조직이 지원하는 학습뿐만 아니라 그 이외의 모든 활동을 개인과 집단, 조직성과 향상과 연계한다는 것이다. 이러한 WLP의 강점은 학습뿐만 아니라 학습을 지원하는 모든 활동을 개인과 집단, 조직성과 향상과 연계하였다는 것으로 [그림 1-7]을 살펴보면 일터의 많은 변수들이 학습을 요구하게 되며, 이러한 요구들을 통해 학습방법의 전략이 결정되고, 이것은 바로 조직의 성과를 향상시키는 요인으로 발전한다는 것이다.

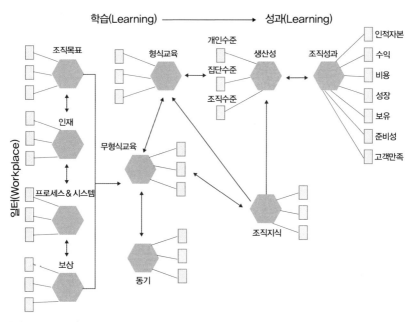

출처 : Sugrue, O'Driscoll, & Blair(2005)

[그림 1-7] ASTD의 WLP 가치사슬

WLP 가치사슬은 비록 기존의 HRD이론과 비슷하지만 다른 점은 공급자 중심의 훈련 및 개발의 개념 대신 수요자 중심의 학습개념을 채택하였다는 것이다. 훈련과 개발, 경력개발, 조직개발을 개념적으로 분류하지 않고 〈표 1-5〉와 같이 모든 요인들을 포함한다는 개방성에 있는 것으로 '개인과 조직의 성과를 향상시킬 목적으로 학습과 다른 해결책을 통합적으로 활용하는 것'이라고 정의하였다.[27]

〈표 1-5〉 WLP의 정의 및 내포된 가정과 가치

정의	요소	내포된 주요 가치
- 개인과 조직의 성과 향상을 목적으로 한 학습과 학습 이외의 다양한 인터벤션의 통합적 활용이다.	학습과 다른 인터벤션의 통합적 활용	통합적이라는 용어는 학습과 학습 이외의 인터벤션이 기대되는 결과를 달성할 수 있도록 시너지 효과를 낸다는 의미를 내포하고 있다는 점에서 중요하다.
	개인과 조직의 성과 향상을 목적으로 함.	WLP는 개인과 조직의 성과 향상의 균형을 지향한다.
	개인과 그룹, 조직의 요구를 분석하고 이에 대응하는 체계적인 프로세스를 활용	WLP는 성과 갭을 채우고, 조직 구성원들이 성공적인 결과를 달성하는 데 필요한 자원과 정보를 얻을 수 있도록 도움을 제공하는 체계적인 접근방법으로서 수행 개선 프로세스를 활용한다.
- 개인과 집단, 조직의 요구를 분석하고, 이에 대응하는 체계적인 프로세스를 활용한다. - WLP는 조직 내의 인간과 윤리, 기술 그리고 운영에 대한 다각적인 고려를 통해 긍정적이고 진보적인 변화를 창조하고자 한다.	긍정적이고 진보적인 변화를 창조	WLP는 개인이 자신의 업무를 성공적으로 수행할 수 있도록 도움을 주면서 동시에 생산성 향상을 달성하는 데 중점을 두고 있다. WLP는 조직의 맥락에서 이루어진다. 즉, 가정과 생활에 관련된 이슈들 또한 직원 개개인의 성과에 영향을 줄 수 있지만 WLP는 기본적으로 업무현장과 관련된 문제만 다룬다.
	인간과 윤리, 기술 그리고 운영에 대한 다각적인 고려	WLP의 원칙은 성과나 생산성의 향상을 추구하는 데 있어서 인간적이고 윤리적인 부분을 희생하는 것을 허용하지 않는다. WLP는 수행 및 생산성 향상과 동시에 인간적, 윤리적 부분 또한 고려할 것을 강조한다.

출처 : Rothwell, Sanders, & Soper(1999)

WLP는 개인과 집단, 조직의 요구를 분석하고 이에 대응하는 체계적인 프로세스를 활용하는 것이다. 조직 내에서 인간과 윤리, 테크놀로지 그리고 운영에 대한 균형적인 고려를 통해 긍정적이고 점진적인 변화를 창조한다는 정의에서 포함된 중요한 단어들을 살펴보면 다음과 같은 의미들을 내포하고 있다.

첫째, '통합적'이라는 것은 성과를 달성하기 위해 시너지 효과를 얻을 수 있도록 학습 해결책과 조직적 해결책이 함께 작용하고 있음을 의미한다. 둘째, 개인과 집단, 조직의 요구를 분석하고 이에 대응하는 체계적인 프로세스를 활용한다는 점이다. 교수 설계자가 ISD모델을 사용하고, OD전문가가 Action Research 모델을 사용하는 것처럼 WLP전문가는 수행 향상 HPI 프로세스를 사용한다. 셋째, WLP는 인간과 윤리, 테크놀로지 그리고 운영에 대한 다각적인 고려를 통해 긍정적이고 점진적인 변화를 추구한다는 점이다. WLP의 원칙은 성과 향상을 추구하는 데 있어 인간적이고 윤리적인 부분을 희생하는 것을 허용하지 않는다. 결국 WLP전문가는 인간적, 윤리적, 기술적, 운영적 측면을 균형 있게 추구할 중요한 책임이 있는 것이다.[28]

부록 1 : 인적자원개발에 대한 설문지 현황

이 설문은 조직 내 인적자원개발(Human Resource Development ; HRD) 현황에 대한 척도를 확인하고자 활용되는 지문으로 교육훈련과 경력개발, 조직개발의 항목으로 구분하여 제시하고자 한다. 첫째, 교육훈련(Training & Development)은 조직 내에서 조직 구성원에게 직무성과를 높일 수 있는 새로운 지식과 스킬을 제공하는 종합적인 활동으로 이를 측정하기 위해 최성욱(1986), 김소영 외(2007), 이영구(2012)의 연구문항을 참조하였다. 둘째, 경력개발(Career Development)은 미래의 업무를 위해 기술개발에 필요한 것을 분석하는 데 초점을 맞추는 개인과 조직의 총체적인 종합 활동으로 이를 측정하기 위해 Greenhausetal(1990), 심미영(2011), 이영구(2012)의 문항을 참조하였다. 셋째, 조직개발(Organization Development)은 조직 변화와 조직의 효율성 제고를 위해 이루어지는 장기적인 활동과 노력의 종합으로 이를 측정하기 위해 최성욱(1986), 이명호(1995), 이영구(2012) 등이 개발하고 사용한 문항을 수정, 측정하기 위해 리커트 5점 척도로 적용하였다.

Q1. 다음은 인적자원개발에 관한 내용입니다. 해당란에 체크(∨)해 주십시오.

NO	설문항목	전혀 그렇지 않다	별로 그렇지 않다	보통 이다	그런 편이다	매우 그렇다
1	우리 조직에서는 효과적인 직무수행을 위한 교육훈련을 하고 있다.					
2	우리 조직에서는 직무수행을 위한 직무별 교육을 하고 있다.					
3	우리 조직에서는 담당직무 수행을 위한 현장교육(OJT)을 실시하고 있다.					
4	우리 조직에서는 담당직무 수행을 위한 위탁교육을 실시하고 있다.					
5	나는 현재 직급과 경력에 맞는 업무를 하고 있다.					
6	경력개발을 위한 사내 교육시스템이 필요하다.					

7	경력에 따라 업무분장이 잘 이루어지고 있다.					
8	경력에 따라 직무순환이 잘 이루어지고 있다.					
9	우리 조직은 업무분장이 잘 되어 있다.					
10	우리 회사는 팀 간의 의사소통이 잘 이루어지고 있다.					
11	나는 현재 업무처리과정의 정보시스템에 만족한다.					
12	인적자원개발을 위한 조직시스템이 갖추어져 있다.					

부록 2 : 인적자원개발의 패러다임 변화 현황

◎ 기업 내 인적자원개발(HRD)의 변화 추세

구분	전통적 관점		최근 동향
주요 영역	• 교육훈련 (Training & Development ; T&D)		• 일터학습 및 성과 중심
	• 조직개발 (Organizational Development ; OD)		• 학습조직(Learning Organization) 구축 • 지식경영(Knowledge Management)
	• 경력개발 (Career Development ; CD)		• 인재경영(Talent Management)
HRD 부서의 역할	• 조직 구성원 개인 차원의 역량 개발 • 전통적 교육훈련부서		• 전략적 파트너(Strategic Partner) • 퍼포먼스 컨설턴트(Performance Consultant) • 차세대 리더양성(Succession Plan)
주요 고객	• 종업원 중심		• CEO, 경영자, 리더, 종업원, 고객
주요 현안	• 능력개발, 생산성 향상		• 미래 / 글로벌 인재(리더) 육성 • 한 방향 조직문화(핵심가치) • 조직 변화와 혁신
교육방법	• 전통적 방식위주(off-line 교육) • 이벤트적(간헐적) 요소		• 혼합학습(Blended-Learning) • 지속적인 과정(過程)

출처 : 송영수(2009b). 'ASTD 역량모델을 기반으로 한 국내 대기업 HRD 담당자의 필요역량 인식 및 수행수준에 관한 연구'

◎ HRD 패러다임의 변화

구분	학습 패러다임			성과 패러다임	
	개인학습	수행 기반 학습	전 체제 학습	개인 수행 향상	전 체제 수행 향상
결과	– 개인학습의 강화	– 학습을 통한 개 인의 수행 강화	– 학습을 통한 다양한 수준의 수행 강화	– 개인 수행 강화	– 다양한 수준의 수행 강화
해 결 책	– 개인학습	– 개인학습 – 개인학습을 지원 하는 조직시스템	– 개인, 팀, 조직 학습 – 다양한 수준의 학습을 지원하 는 조직시스템	– 비학습적 개인 수행시스템 개 입 – 적절한 학습	– 비학습적 다양 한 수준의 수행 시스템 개입 – 다양한 수준의 적절한 학습
연구 방법	– 성인학습이론 – 수업체제설계	– 수행기반수업 – 학습 전이	– 학습 조절	– 인간수행공학 (HPT)	– 성과 향상(PI)

출처 : Swanson, R & Holton, E(2009). Foundations of human resource development(2 ed.)

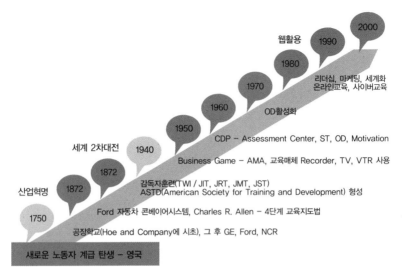

세계 2차대전

산업혁명

웹활용

2000
1990
1980
1970
1960
1950
1940
1872
1872
1750

리더십, 마케팅, 세계화
온라인교육, 사이버교육

OD활성화

CDP – Assessment Center, ST, OD, Motivation

Business Game – AMA, 교육매체 Recorder, TV, VTR 사용

감독자훈련(TWI / JIT, JRT, JMT, JST)
ASTD(American Society for Training and Development) 형성

Ford 자동차 콘베이어시스템, Charles R. Allen – 4단계 교육지도법

공장학교(Hoe and Company에 시초), 그 후 GE, Ford, NCR

새로운 노동자 계급 탄생 – 영국

출처 : 'HRD 이해와 미래의 교육' 자료

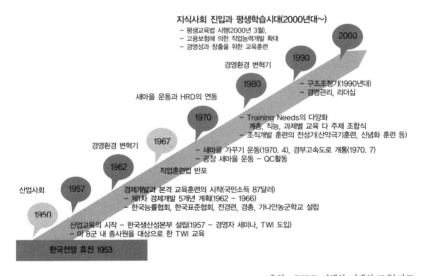

지식사회 진입과 평생학습시대(2000년대~)
　- 평생교육법 시행(2000년 3월),
　- 고용보험에 의한 직업능력개발 확대
　- 경영성과 창출을 위한 교육훈련

경영환경 변혁기

새마을 운동과 HRD의 연동

경영환경 변혁기

산업사회

2000
1990
1980
1970
1967
1962
1957
1950

- 구조조정기(1990년대)
- 경영관리, 리더십

- Training Needs의 다양화
　계층, 직능, 과제별 교육 다 주제 조합식
- 조직개발 훈련의 전성기(산악극기훈련, 신념화 훈련 등)

- 새마을 가꾸기 운동(1970. 4), 경부고속도로 개통(1970. 7)
- 공장 새마을 운동 – QC활동

직업훈련법 반포

경제개발과 본격 교육훈련의 시작(국민소득 87달러)
- 제1차 경제개발 5개년 계획(1962 – 1966)
- 한국능률협회, 한국표준협회, 전경련, 경총, 가나안농군학교 설립

산업교육의 시작 – 한국생산성본부 설립(1957 – 경영자 세미나, TWI 도입)
- 마 8군 내 종사원을 대상으로 한 TWI 교육

한국전쟁 휴전 1953

출처 : 'HRD 이해와 미래의 교육' 자료

제2장

SHRD(Strategic Human Resource Development)란?

1. 전략적 인적자원개발의 의미

　오늘날 조직은 글로벌 경영환경에서 끊임없는 생존과 성장을 위한 지속적인 변화와 혁신의 기로에 직면하고 있다. 따라서 구성원들이 경영환경의 변화에 가장 유연하게 대응하고 대체할 수 있는 인적자원의 확보와 유지의 중요성이 가중되고 있는 조직은 인적자원개발 측면에서 개인과 집단, 조직의 효율성 향상을 목적으로 조직에 제공되는 개인개발, 조직개발, 경력개발, 수행·성과관리 등과 같은 다양한 노력을 기울이고 있다.[1]

　최근 인적자원개발은 조직의 경영전략 목표 달성을 위해 학습과 성과를 넘어 보다 더 구체적인 전략적인 역할을 수행해야 한다는 패러다임으로 전환되고 있는데, 이에 인적사원개빌의 개넘은 힉습 결과로서 기인한 성과 창출에 집중하며 '훈련에서 학습'으로, '학습에서 성과'로 그 패러다임이 변화하였다. 즉, 조직에서 체계적으로 조직화된 인적자원개발 활동을 통하여 경영에서 현재보다 더 많은 기여를 할 수 있기 위한 보다 실천적이고 전략적인 접근방식으로의 전환이다. 따라서 인적자원개발 활동이 개인성과와 조직성과에 직접적인 영향력을 행사하는 전략적인 역할수행에 대한 가치와 잠재력이 강조되었다. 그러면서 1980년 말부터 대두된 전략적 인적자원개발은 조직 내 학습과 조직의 목표를 전략적으로 정합(Strategic Alignment)시키는 데 초점이 맞추어졌다.[2] 전략적 인적자원개발은 관점 전환에 의해 인적자원개발을 조직의 전략적 파트너로서 능숙한 자원 활용과 전술의 조화, 교묘한 계획과 운영을 의미하는 것이다. 또한 조직의 미션과 경영목표를 설정하는 과정을 포함하며 조직의 경영목표를 달성하기 위하여 자원을 어떻게 활용할 것인가에 대한 내용을 포함한다.[3]

전략적 인적자원개발에서 '전략적(Strategic)'이라는 수식어는 크게 세 가지 의미로 사용된다.[4] 첫째, 인적자원개발이 조직의 궁극적인 전략 목표인 경영성과에 영향을 미쳐 경영성과에 기여한다는 것이다. 따라서 인적자원개발의 결과는 성과의 측면, 학습의 측면, 일의 의미 측면 등에서와 같이 '전략적'이라는 용어는 인적자원개발이 경영성과에 기여한다는 가정에 역점을 두고 전개되고 있다. 둘째, 전략적 인적자원개발이란 조직의 전략과 한 방향으로 정렬되어 인적자원을 적절히 분배함으로써 통합된 해석과 추진이 가능할 때 조직의 전략이 목표로 하는 조직성과의 극대화에 기여할 수 있음을 의미한다. 이는 인적자원에 접근 가능한 이해관계자가 조직의 전략적인 목표를 지원 및 형성시키기 위해 인적자원개발을 추진하는 외적 적합성(External Fit)과 부존자원을 효과적으로 배분 및 활용하는 내적 적합성(Internal Fit)이 확보될 때 경영성과가 증대된다는 것으로, [그림 2-1]과 같다. 셋째, 인적자원이 지속적인 경쟁우위를 확보할 수 있는 원천으로 활용하는 전략적인 자산이 될 수 있다는 자원기반이론의 명제와 깊이 연계되어 있다는 점이다. SHRD(Strategic Human Resource Development)에서 전략은 조직의 전략과 HRD(Human Resource Development)의 전략을 연계시키고 제한된 자원을 효율적으로 분배하고 활용하는 것과 관련된다. 즉, 조직의 핵심역량 등 잠재력의 강화가 인적자원개발의 전략적 목표가 되어야 한다고 주장하고 있다.

출처 : Mankin, D. (2009). Human resource development. Oxford ; New York : Oxford University Press. p.72

[그림 2-1] 조직의 가치체계와 HRD 전략의 연계

이와 같은 개념 정립을 통해 향후 조직 내 전략적 인적자원개발의 개념이 충실히 이행되기 위해서는 조직 내 모든 계층에서 인적자원개발의 역할이 분명할 필요가 있다. 조직은 경영목표 달성을 통한 성과창출을 위해 학습이 조직 전반에 걸쳐 내재화되고 고도화되도록 일관성 있게 지속적으로 실행되는 정책 및 제도들이 전략적 인적자원개발의 창출물이 된다. 전략적 인적자원개발은 조직의 성장과 발전을 위해 조직 구성원과 팀들에게 현재 또는 미래에 요구되는 지식과 기술, 역량들을 습득할 수 있도록 하는 제반 모든 프로세스들을 포함한다. 따라서 성공적인 전략적 인적자원개발이란 인적자원의 개발이라는 측면과 학습을 지원하는 프로세스가 조직의 전략적인 특성과 결부되어 차별화된 역량으로 지속적으로 나타날 때를 말하며, 장기적인 조직성과의 창출을 위한 조직 내 학습의 총체적인 통합에 초점이 맞춰진다.[5]

2. 전략적 인적자원개발의 정의

전략적 인적자원개발이란 미래에 필요한 지식과 기술을 갖추기 위해 계획된 활동을 통해 조직과 조직 제집단, 구성원 및 조직 외부의 이해관계자들을 변화시키는 과정으로, 전략계획 및 문화적 변화와 연계된 선행적인 시스템 전반에 걸친 개입 활동이다.[6] 또한 전략적 인적자원개발이란 조직의 목표를 달성하면서 동시에 개인의 지식과 기술을 100% 활용할 수 있도록 훈련과 개발(T&D), 관리 및 전문적인 교육의 조정을 전략적으로 관리하는 것으로 조직의 전략목표 달성에 기여하는 수직·수평적으로 통합된 일련의 학습 및 개발 활동을 포함한다.[7]

이는 조직전략 및 목표에 맞게 인적자원을 개발힘으로써 다른 인사기능과 효과적인 연관관계를 맺으며 궁극적으로 인력자원의 효율적인 활동을 통해 조직의 유효성을 증진시키는 기능이다. 따라서 조직의 성과 향상, 역량강화, 차별적 경쟁우위 및 지속적인 변화와 혁신 활동을 통하여 조직의 경영목표를 달성하기 위해 계획된 개인과 조직 수준에서의 능동적이고 장기적이며 조직의 미션과 관련한 인적자원의 활동 리더십이다.[8] 전략적 인적자원개발의 개념은 인적자원의 이해관계자가 조직의 지속가능한 경쟁우위를 위한 방향으로 조직의 전략적인 목표를 지지하거나 형성하기 위하여 인적자원개발 사업의 영역을 선정하고, 자원을 효율적이고 효과적으로 활용한다. 그 결과를 평가하는 과정으로 조직의 사업목표 달성을 위해 인적자원개발 부서와 조직 내 주요 이해관계자간의 전략적 파트너십을 형성하며 인적자원개발의 기능과 역할을 조직의 전략과 연계하여 조직 구성원의 학습과 성과 및 변화를 촉진하는 활동이라고 정의하였다.[9]

이러한 개념과 추구하는 목적에 따라 조직적인 측면과 개인적인 측면, 과정적인 측면, 기능의 통합적인 측면으로 전략적 인적자원개발의 목적을 구분할 수 있다.[10]

첫째, 조직적인 측면에서의 전략적 인적자원개발의 목적은 조직의 경영목표 달성과 조직의 성과 향상, 조직의 변화, 목표 달성, 성과 향상, 변화 등의 요소를 포함한다. 둘째, 개인적인 측면에서의 전략적 인적자원개발의 목적은 개인의 성장과 미래에 필요한 지식과 스킬을 갖추는 것인데 인적 자본의 향상, 조직 구성원들의 직무수행능력 개발, 개인 발전, 조직원의 필요역량 개발 등을 포함하여 조직 구성원들의 역량 개발을 목적으로 하며, 이를 통해 개인의 성장과 발전이 이루어지도록 지원하는 데 강조점이 있다. 셋째, 과정의 측면에서의 전략적 인적자원개발의 주요 활동의 초점은 조직의 전략과의 연계, 전략 연계, 전략실행, 교육훈련과 학습 개발 및 HRD 프로그램의 다양한 용어로 HRD 활동을 포함하고 있다. 넷째, 기능의 통합적인 측면에서의 전략적 인적 자원개발의 주요 요소는 통합과 구성원의 변화 촉진, 수직적·수평적으로 통합되어진 일련의 학습 및 개발 활동, 조직과 조직 내 집단의 고용된 직원 및 조직 외부의 이해관계자들을 변화시키는 과정, 조직 내·외의 이해관계자들을 장기적인 학습을 통하여 변화시켜가는 과정 등을 강조하고 있다.

이를 종합하여 주요 연구자들이 제시하는 전략적 인적자원개발에 대한 정의는 〈표 2-1〉로 나타내며, 전략적 인적자원개발의 목적과 과정은 〈표 2-2〉로 정리하였다. 전략적 인적자원개발은 조직의 사업목표 달성을 위해 인적자원개발 부서와 조직 내 주요 이해관계자간의 전략적인 파트너십을 형성하고, 인적자원개발의 기능 및 역할을 조직의 전략과 연계하여 수행향상시스템 및 성과체계를 구축함으로써 조직 구성원의 학습과 수행성과, 변화를 촉진하는 총체적인 활동이라고 할 수 있다.

〈표 2-1〉 전략적 인적자원개발의 정의

학자	개념 정의
Rothwell & Kanzanas (1989)	미래에 필요한 지식·기술을 갖추기 위해서 계획된 활동을 통해 조직, 조직 제집단, 구성원 및 조직 외부의 이해관계자들을 변화시키는 과정
McLagan & Suhadolnik(1989)	개인과 조직의 효과성을 증진하기 위한 훈련·개발, 경력개발, 조직개발의 통합적 사용
Beer & Spector(1989)	전략계획 및 문화적 변화와 연계된 선행적이고 시스템 전반에 걸친 개입 활동
Gilley & Eggland (1989)	직무, 개인, 조직을 향상시킬 목적으로 성과 향상과 개인 성장을 위해 조직에서 실행되는 조직화된 학습활동
Watkins(1989)	조직의 개인, 집단, 조직 수준에서 장기적이고 직무와 연관된 학습능력을 육성하기 위한 책임을 지는 연구의 실천 분야
Garavan(1991)	조직 구성원 개인의 지식과 기술을 최대한 활용하는 동시에 조직의 목표를 달성하기 위한 훈련개발, 직무교육 개입에 대한 전략적 관리
Goldstein (1993)	조직 내 인력자원을 기업의 장기적, 단기적 전략 및 목표를 달성하는 데 중요한 수단으로 간주하여, 조직전략 및 목표에 맞게 개발하고 다른 인사 기능과 효과적으로 연계함으로써 궁극적으로 인력자원의 효율적 활동을 통해 조직의 유효성을 증진하는 기능
Garavan, Costine, & Heraty(1995)	경영성과 창출 및 조직 구성원의 이익을 위해 행하는 인적자원의 계획된 학습과 개발
Swanson(1995)	성과 향상을 위해서 조직개발과 개인훈련 및 개발을 통해 인적자원의 전문성을 개발하고 발전시키는 과정

Torraco & Swanson (1997)	조직의 경쟁우위를 지키기 위한 최선의 방책이며, 조직원의 역량을 조직의 성과요구에 맞춤으로써 전략적인 역할을 수행하는 활동
Edvinsson(1997)	조직의 인적 및 구조적 자본을 향상시키기 위해 학습을 촉진하는 기회를 제공하는 것
Wognum & Mulder (1999)	조직의 전략, 문제, 조직개발에 관련된 것을 분석하여 HRD 요구를 확인하고, 적절한 HRD 프로그램을 제공하는 과정
Walton(1999)	성공적인 전략적 인적자원개발은 인적자원의 개발이라는 측면과 학습을 지원하는 프로세스가 조직의 전략적인 특성과 연계되어 차별화된 역량을 구체화하는 과정
Gilley & Maycunich (2000)	조직의 수행역량, 능력, 경쟁력 강화 및 쇄신을 목적으로 계획된 처방이나 새로운 시도 및 경영활동을 통하여 조직의 학습, 수행성과 및 변화를 촉진시키는 과정
McCracken & Wallace(2000b)	조직의 전략에 부응하는 교육훈련 개발 및 학습전략인 동시에 전략을 구체화하고 전략실행에 영향을 행사함으로써 조직이 변화하고 발전하며 성장하도록 하는 학습문화를 만드는 창조적인 활동
Yorks(2005)	조직의 전략적인 요구와 조직 구성원들의 직무상 필요에 의하여 수행 능력개발과 경험이 가지는 의미 창출을 위하여 장기적인 전략적 수행성과와 좀 더 즉각적인 수행을 개선하기 위한 것
Garavan(2007)	조직의 전략목표 달성에 기여하는 수직, 수평적으로 통합된 일련의 학습·개발 활동
Peterson(2008)	지속가능한 경쟁우위를 점할 수 있는 조직의 수익목표를 달성하기 위해 계획된 개인 및 조직 수준에서의 능동적이고 장기적이며 조직의 미션과 관련한 인적자원 활동 리더십
Pandey & Chermack(2008)	조직과 개인, HRD 부서와 타 부서의 상호작용을 촉진하기 위한 해결책의 수립과 실천
권대봉·현영섭 (2003)	인적자원개발과 기업의 전략 관계를 강화하고 이를 통해서 기업의 목적을 달성하려고 하는 노력
송해덕(2007)	기업이 훈련개발 및 관리와 같이 인적자원개발 간의 관계를 전략적으로 관리함으로써 조직의 목표 달성을 촉진시키는 것과 함께 조직 구성원 개개인의 학습에 대한 요구를 충족시키는 것
이희수·조순옥 (2007)	전략적 방향으로의 학습문화의 창출과 촉진이며, HRD와 기업 및 조직 전략 간의 호혜적, 상호 우호적 관계
김세기·채명신 (2008)	조직의 경영목표 달성을 위해 인적자원을 어떻게 활용할 것인가에 대한 계획, 조직, 통제, 지휘하는 제반 활동
최용범	조직의 경영목표 달성에 필요한 조직 구성원의 필요 역량을 개발하기 위해 교육활동 및 자원의 전략적인 운영뿐만 아니라 경쟁우위를 지속하기 위해 조직 내·외의 이해 관계자들을 장기적 학습을 통하여 변화시켜가는 과정
주용국(2010)	인적자원의 이해관계자가 조직의 지속가능한 경쟁우위를 위한 방향으로서의 조직의 전략적 목표를 지지하거나 형성하기 위하여 인적자원개발의 사업 영역을 선정하고, 자원을 효율적, 효과적으로 활용하며, 그 결과를 평가하는 과정
김성환(2012)	조직의 미션과 경영목표 설정을 조직 내 HRD에 연계하여 개인의 발전과 조직의 성과를 동시에 증진하는 공동의 노력 과정

| 이찬 외(2012) | 조직의 사업목표 달성을 위해 인적자원개발 부서와 조직 내 주요 이해관계자 간의 전략적 파트너십을 형성하고, 인적자원개발의 기능 및 역할을 조직의 전략과 연계하여 조직 구성원의 학습, 성과, 변화를 촉진하는 활동 |

출처 : 이찬 외(2012), '전략적 인적자원개발 활동수준 진단준거 개발', 기업교육연구, 14(2), pp.155-178. p.158 수정 및 보완

<표 2-2> 전략적 인적자원개발의 목적과 과정 현황

학자	목적				과정				
	조직			개인	전략		통합	구성원 변화 촉진	HRD 활동
	목표 달성	성과 향상	변화	성장/ 역량 개발	전략 연계	전략 실행			
Rothwell & Kanzanas(1989)				○				○	○
Beer & Spector(1989)			○		○		○		○
Gilley & Eggland (1989)		○		○					○
Garavan(1991)	○			○					○
Edvinsson & Malone(1997)				○					○
Torraco & Swanson(1997)			○		○				○
Wongnum & Mulder(1999)					○				○
Gilley & Maycunich(2000)		○	○						○
McCracken & Wallace(2000b)			○		○	○			○
Yorks(2005)				○	○				○
Garavan(2007)	○						○		○
Pandey & Chermack(2008)							○		○
권대봉·현영섭(2003)					○				○
이희수·조순옥(2007)					○	○			○
김세기·채명신	○								○
최용범(2009)				○				○	○
김성환(2012)			○	○					○

출처 : 정은정(2012), '기업 내 전략적 인적자원개발의 측정도구 개발', 고려대학교 박사학위논문

3. 전략적 인적자원개발의 특성 및 구성요소

　전략적 인적자원개발은 궁극적으로 조직의 경영목표 달성과 성과 향상에 기여한다는 측면에서 SHRD(Strategic Human Resource Development)는 어떤 차별화된 특징을 가져야 하는가를 제시하고 있다는 점에서 의미가 있다.

　전략적 인적자원개발의 특징에 관한 구분은 제시 방식에 따라 기술적 모형(Prescriptive Model)과 해석적 모형(Explanatory Model)으로 구분하고 있다. 기술적 모형은 전략적 인적자원개발의 바람직한 모습을 선언적으로 제시함으로써 특징을 설명한다. 해석적 모형은 전략적 인적자원개발을 둘러싼 환경이나 요소 간 관계성에 대한 설명을 중심으로 특징을 설명하고자 한 모형이다.[2]

　또한 전략적 인적자원개발의 모형 제시 방식과 강조점에 대한 주요 연구자들의 구분 현황은 〈표 2-3〉과 같다.

〈표 2-3〉 전략적 인적자원개발 특성의 모형 제시 방식과 강조점

구분	주요 선행연구	강조점
기술적 모형 (Prescriptive Model)	Garavan(1991)	• SHRD의 규범적 측면 강조
	McCracken & Wallace (2000b)	• 경영전략과의 통합 강조 • HRD의 능동적 역할 강조
해석적 모형 (Explanatory Model)	Garavan(2007)	• SHRD가 경영의 동적인 맥락에 부합함 강조 • 이해관계자의 기대와 만족 강조 • HRD 담당자의 능력 강조
	Peterson(2008)	• SHRD의 시스템적 특징 강조 • HRD 담당자의 능력 강조

출처 : Wilson, J. P. (2012). International human resource development : Learning, educating and training for individuals and organizations(3rd ed.). PA : Kogan Page Publishers, pp.27-32. 재구성

한편, HRD 부서가 전략적인 역할을 수행하기 위해 지녀야 할 특성을 다음과 같은 7가지로 구분하였다.[11]

첫째, HRD의 목적 명시, 둘째, 현재 상태의 평가, 셋째, 외부 경영환경의 분석, 넷째, 현재의 강점과 약점을 미래의 위협 및 기회와 비교, 다섯째, HRD를 위한 장기적인 전략의 선택, 여섯째, HRD를 위한 전략의 실행, 일곱째, 평가이다. 이는 HRD가 외부·내부 환경을 분석하는 것과 같은 전략적인 활동을 포함하고 있다는 점과 함께 HRD 활동으로 전략적으로 수행하기 위해 어떠한 절차로 진행되어야 하는지를 잘 보여주고 있다. 그러나 HRD가 조직의 전략과 연계하여 조직의 목표 달성에 어떻게 기여할 수 있는지에 대한 특징을 제시하기 위해서는 향후 지속적인 논의가 필요하다.

그리고 전략적 인적자원개발의 역할 탐색을 목적으로 9가지 특징을 제시하였다.[7]

첫째, 조직 미션 및 목표와의 통합, 둘째, 최고경영층의 지원, 셋째, 기업의 내·외부 환경 분석, 넷째, HRD 계획 및 정책, 다섯째, 일선 관리자의 헌신 및 참여, 여섯째, 인적자원관리 활동 보완, 일곱째, 확대된 교육 담당자의 역할,

여덟째, 문화에 대한 인지, 아홉째, 평가에 대한 강조 등이다.

이후 전략적 인적자원개발의 주도적인 역할 수행에 따른 특징을 9가지로 구분하였다.[12]

첫째, HRD가 조직 미션 및 목적 형성에 기여함과 둘째, 최고경영층의 리더십, 셋째, HRD 관점에서 고위 경영진의 환경 분석, 넷째, HRD에 대한 전략 정책 계획, 다섯째, 일선 관리자와의 전략적 파트너십, 여섯째, 인적자원관리와의 전략적 파트너십, 일곱째, 교육 담당자의 조직 변화 컨설턴트로서의 역할, 여덟째, 기업문화에 영향을 미칠 수 있는 능력, 아홉째, 비용 효과성 평가 강조 등으로 [그림 2-2]와 같이 나타낸다.

특히 최근 SHRD의 특징은 첫째, HRD가 조직의 전략계획과 연계되어 야

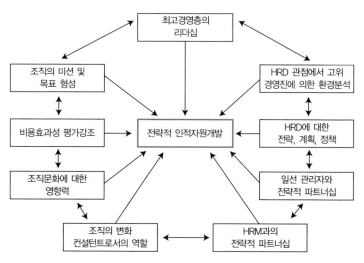

출처 : McCracken & Wallace(2000b : 433)

[그림 2-2] 개방적 시스템으로서의 전략적 인적자원개발 특성

한다. 둘째, 경쟁우위의 원천으로 인식되어야 하며, 셋째, 일선 관리자가 HRD에 책임을 져야 한다. 넷째, 형식과 비형식의 개인학습 영역에 초점을 맞추어야 한다. 다섯째, 개인학습이 조직학습 적응 변화와 명확하게 연계되어야 한다 등으로 구분하였다.[13]

이를 통해 나타낸 전략적 인적자원개발의 특징은 〈표 2-4〉와 같다.

〈표 2-4〉 전략적 인적자원개발 특성

구분	Rothwell & Kanzanas(1989)	Garavan(1991)	McCracken & Wallace(2000)	Greives(2003)
조직의 목표 및 전략과의 연계	–	조직 미션 및 목표와의 통합	HRD가 조직 미션 및 목적 형성에 기여	HRD가 조직의 전략계획과 연계되어야 함.
HRD의 중요성 인식	–	최고경영층의 지원	최고경영층의 리더십	HRD를 경쟁우위의 원천으로 인식해야 함.
내·외부 환경분석	HRD의 목적 명시	기업의 내·외부 환경 분석	HRD 관점에서 고위 경영진의 환경 분석	–
	현재 상태의 평가			
	외부 경영환경의 분석			
	현재의 강점과 약점을 미래의 위협 및 기회와 비교			
HRD의 전략 / 활동	HRD를 위한 장기적인 전략의 선택	HRD 계획 및 정책	HRD에 대한 전략 정책 계획	형식·비형식의 개인 학습 영역에 초점을 맞추어야 함.
	HRD를 위한 전략의 실행			개인학습이 조직학습, 적응, 변화와 명확하게 연계되어야 함.
일선 관리자와의 전략적 파트너십	–	일신 관리자의 헌신 및 참여	일선 관리지외의 전략적 파트너십	일선 관리자가 HRD에 책임을 져야 함.
HRM과의 연계	–	인적자원관리 활동 보완	인적자원관리(HRM)와의 전략적 파트너십	–
변화촉진 역할		확대된 교육 담당자의 역할	교육 담당자의 조직 변화 컨설턴트로서의 역할	–
문화에 영향	–	문화에 대한 인지	기업문화에 영향을 미칠 수 있는 능력	–

| 평가 강조 | 평가 | 평가에 대한 강조 | 비용 효과성
평가 강조 | - |

출처 : 정은정(2012), '기업 내 전략적 인적자원개발의 측정도구 개발', 고려대학교 박사학위논문

한편, 전략적 인적자원개발의 활동 영역을 종합하여 '전략적 파트너십', '전략과 HRD 통합', '수행 향상시스템 구축', 'HRD 성과체계 구축' 등의 4개의 구성요소는 〈표 2-5〉와 같이 구분하여 나타냈다.

첫째, 전략적 인적자원개발의 전략적 파트너십은 경영층의 경영목표를 확인하여 인적자원개발의 우선순위를 선정하고, 일선 관리자들과 전략적인 관계를 구축하며, HRM(Human Resource Management)과 협력의 기회를 확장하는 활동에 힘써야 한다는 것이다. 특히 경영층의 경영목표는 인적자원개발의 우선순위를 정할 수 있도록 방향을 제시하는 역할을 하기 때문에 전략적 인적자원개발은 최고경영층의 지원과 참여를 절대적으로 필요로 한다. HRD 부서와 경영층의 전략적인 파트너십은 HRD가 조직성과에 기여하는 바를 연계하여 설명하기 위한 중요한 요소이다. 또한 기업의 고위 임원 등 의사결정자가 HRD 활동의 최종 승인권 및 재정적·인적자원의 할당 권한을 갖고 있으므로 HRD 부서가 고위 임원들과 공유된 가치와 일관된 목표, 상호 지원 관계 등을 구축하여 HRD 부서가 경영층의 관심 분야를 지지하고 가치를 공유할 때, 조직 내에서 인적자원개발의 위상이 제고될 수 있어야 한다는 것이다.[14] 인적자원개발의 전략은 넓은 의미에서 인적자원관리(HRM) 전략의 일부로서 HRD 부서와 HRM 부서 간 전략적인 파트너십이 요구되어 상호 기능적 통합과 절차적 통합이 요구된다. 여기에서 기능적 통합은 HRD 부서를 분리하여 HRD 담당자를 배치하고, 전략적 인적자원개발의 기능을 부여하여 전략적 인적자원개발 고유의 효과를 분리할 수 있다. 절차적 통합은 HRM

활동의 절차와 HRD 운영의 절차 간 통합으로 운영의 질을 확보하고 내부 고객의 집중을 이끌어 낼 수 있다.[15]

둘째, 전략적 인적자원개발의 전략과 HRD 통합은 전통적인 HRD를 전략적 인적자원개발로 이끌기 위해서는 조직의 가치체계와 인적자원개발을 통합시키는 활동을 전개함으로써 HRD 활동의 효과성 및 효율성을 증명하는 것이다. HRD 부서와 HRD 담당자는 가치체계 구조를 포함시켜 조직의 정량적인 지표를 수집하며, 다른 HRD 조직을 벤치마킹하는 등의 역할 수행을 위한 인적자원개발 활동이다. 이는 이해관계 부서들이 투입-산출에 초점을 맞추고, 관리자들이 명확하게 조직의 체계적인 행동을 이해할 수 있도록 돕는 것이다.[8] 즉, 전략적으로 통합된 인적자원개발은 조직의 전략적인 파트너 역할을 수행하기 위해서 HRD에 대한 철학을 갖고 조직이 전략적인 목표와 목적을 달성할 수 있도록 하여야 한다. 조직 내 인적자원개발 기능이 조직의 사업전략과 연계되기 위해서는 결국 조직의 미션 및 목표와 동떨어지지 않고, 미션이나 목표와 밀접한 관계 속에서 전개되어야 한다.[14] 전략과 HRD의 통합 관계를 바라보는 관점은 두 가지로 나누어 볼 수 있는데 첫째, HRD 성과를 경영 성과에 연계시키고자 하는 전통적인 통합 관점이며, 둘째, 전략과 HRD를 연계의 방향 및 강도에 따라 분류하는 관점으로 구분하였다.[16] Golden과 Ramanujam(1985)[17]은 전략-인적자원을 연속체로 상정하고, ① 전략과 연계 부재(행정적인 연계), ② 난방향 언세(전략이 HR 기능에 영향을 미침), ③ 쌍방향 연계(전략과 HR 상호 정보공유), ④ 통합적 연계(조직의 전략적 목표와 조직 구성원 목표가 밀접한 연계) 등 4수준으로 분류하였다. 따라서 전략적 인적자원개발 활동이 전개되기 위해서는 전략과 HRD가 단순 연계된 수준에서 나아가 조직 구성원의 가치체계와 조직의 가치체계가 밀접한 연계를 이루는 수준에 이르러야 한다.

셋째, 전략적 인적자원개발의 수행 향상시스템 구축은 인적자원으로부터 기인하는 수행 패러다임으로 작업시스템의 성과를 직접적으로 향상시킬 수 있는 작업 행동(Work Behavior)의 요인들을 촉진하는 것이다. 수행 향상시스템 구축 활동은 경영층과 일선 관리자, HRM, 조직 구성원 등이 HRD와 협력하기 위해서 긴밀한 관계를 갖기 위한 목적으로 실행된다.[18] 수행 향상시스템 구축 활동들은 조직 구성원의 높은 수행을 이끄는 일에 참여하고 이것을 자연스럽게 유지하기 위해 조직문화를 촉진하는 활동을 포함한다. 그리고 역량 활용과 효과적인 보상체계 설계, 조직 활성화 촉진, 인재 유인 및 개발 등을 통해 인적자원의 직무수행을 지원하는 문화로 만든다는 측면에서 조직 구성원의 수행 직무를 중심으로 학습 활동과 조직개발 활동, 경력개발 제도 등의 개입방안(Intervention)을 활용하여 전략적 인적자원개발 활동의 일환으로 작용한다는 것이다.[19] 조직의 수행 향상시스템이 구축되기 위해서는 인적자원개발이 조직 구성원의 직무 수행 기준을 개발하고, 지식 창출과 지식 공유를 이끌어 낸다. 한편, 지속적인 학습문화를 촉진하고, 열린 의사소통을 장려하기 위해 HRD 부서는 조직의 목표 달성을 위한 전략적인 역할을 담당하기 위해서 조직의 수행 향상을 위한 컨설턴트로서의 역할을 수행해야 한다.[8] 즉, 전략적 인적자원개발의 실행을 위해 HRD 부서는 사업 부문에서 발생하는 수행상의 문제를 파악하고, 원인을 분석하는 역할 수행과 함께 분석 결과를 토대로 적절한 교육적·교육 외적 해결방안을 선정하여 실행을 지원하며, 그 결과를 평가하여 효과를 검증해야 한다. 수행 향상시스템 구축을 위해 HRD 담당자의 역할도 중요하다. HRD 담당자는 조직 구성원이 거시적인 차원에서뿐만 아니라 실무에서 문제해결의 효과를 발휘할 수 있도록

개입 방안들을 다양하게 고려하고 선택할 수 있어야 한다.[20]

넷째, 전략적 인적자원개발의 HRD 성과체계 구축은 인적자원개발 성과를 효과적으로 측정하는 활동으로 단기적인 재무적 성과나 단기 효율성에 편향되지 않은 평가체계를 요구하지만, 실제 절차는 비즈니스 요구를 충족시키지 못하고 있다.[21] HRD 성과체계 구축은 장기적인 목표와 단기적인 목표를 동시에 추구하여 경쟁적인 이점을 증가시키고자 하는 전략적 인적자원개발 활동의 목적과 밀접한 관계가 있다. HRD 성과체계의 질은 인적자원개발이 전략 의도를 확실하게 할 수 있도록 이익과 차이, ROI 등 부가적인 가치를 측정해서 반영하는 것이다. 이는 조직의 전략적인 요구와 조직 구성원의 수행능력개발을 일치시켜 장기적인 성과 창출과 즉각적인 수행 개선을 하는 데 전략적 인적자원개발의 목적이 있다고 설명하였다.[22] 한편, 조직에서 실시되는 인적자원개발 활동은 조직의 가치체계에 부합한 방향으로 일관성 있게 수행되어야 하며, HRD 부서는 그에 대한 활동을 정확히 평가해야 한다. 인적자원개발 활동이 전략적으로 부합된 경우 평가활동에 적정한 시간이 할애되며 인적자원개발 조직 운영에 있어서도 최적의 평가도구를 활용할 수 있다.[23]

〈표 2-5〉 전략적 인적자원개발 활동의 구성요소

주요 선행연구	전략적 인적자원개발 활동			
	전략적 파트너십	전략과 HRD 통합	수행 향상 시스템 구축	HRD 성과체계 구축
Peterson (2008)	• 3전략적 관계 구축 - 경영층·일선관리자· HRM·조직 구성원과의 공조 형성 - 신뢰 구축 - 조직의 변환 선도	• 시스템과 절차의 통합 - 체계의 구조를 구성 - 정량적 지표 수집 - 벤치마킹	• 고성과 작업시스템 및 문화 형성 - 수행 기준 개발 - 지식 창출 / 지식 공유 선도 - 열린 소통을 육성 - 지속적인 학습 문 화 증진	• 책임의 체계 개발 - 인적자원개발 성과 측정 - 전략적 측정 절 차 촉진

최용범 (2009)	• 최고경영층의 지원 • 인적자원개발 계획 및 정책수립 과정 • 현업부서 관리자의 인적자원개발에 대한 헌신 및 참여 • HRM과 HRD 간 상호보완적 활동 존재	• 조직 미션 및 목표와 일치 • 조직전략수립 시 학습환경을 포함한 경영환경 분석 • HRD 담당자의 역할 확대	• HRD의 조직문화에 대한 인지도	• HRD 활동의 성과평가
송영수 (2009)	• 미래가치 창출을 위한 CEO와의 전략적 파트너십 • 인재경영을 위한 HRD와 HRM의 전략적 연계 • 자사형 리더십 모델 구축 및 실행 • 경영현장 리더들과 비즈니스 파트너십 형성 • 변화와 혁신의 필요성 인식 및 공유 • 회사 차원의 경영혁신 전파 및 지원 • 변화관리	• 조직구심력 강화를 위한 회사 가치체계의 정립 • 조직의 미션·비전·전략의 전사적인 공유 • 조직의 미션·비전·전략 분석을 통한 HRD 전략 수립 • 핵심가치의 이해·실천 및 확산 • 핵심인재 선발·육성 • 차세대 글로벌 리더의 체계적인 양성 • 후계자 양성 지원	• 조직 개발 및 활성화 • 학습조직 구축 • 경영현장의 성과 향상 및 문제해결을 위한 교육, 교육 외적인 해결방안 지원	• 교육효과 및 성과측정(ROI)
주용국 (2010)	• 경영층 및 리더의 지지와 적극적인 참여 • HRM과 HRD와의 연계성 강화	• 내·외부 환경 변화의 유연성과 민감성 제고 • 지속가능한 경쟁우위 요소의 탐색과 파악 • 전략의 지원과 신규전략의 형성	• 환경 변화에 따른 환경 및 조직역량, 인적역량, 개인 요구 간의 적합성 강화	• 전략적 인적자원개발 성과지표의 관리
Lee et al. (2013)	• 경영진과의 파트너십 형성 • 현장 관리자와의 파트너십 형성 • HRM과의 연계성	• HRD 관점의 비즈니스 분석 • 조직전략과 연계된 HRD 전략 수립	• 수행 향상을 위한 해결방안 제시	• HRD 활동의 성과 강조
정은정 (2013)	• 경영진의 HRD 지원 • HRM과의 연계 • 전략적 파트너십 형성	• 내·외부 환경분석을 통한 전략수립 • 비전목표 이해 및 설정 • 전략과 연계된 HRD • 경력개발 및 성장지원	• 개방적·수평적 조직문화 • 현장성과 지향 • 변화에 대한 동기부여	• 전략실행 지원시스템 구축

출처 : 정보영(2014), '대기업 HRD 담당자가 인식한 전략적 인적자원개발 활동과 개인 및 조직 특성의 관계', 서울대학교 석사학위논문

4. 전략적 인적자원개발의 체계(모델)

전략적 인적자원개발(SHRD)의 특성과 구성요소를 기반으로 SHRD(Strategic Human Resource Development)의 체계는 교육훈련 중심이 아니라 학습 위주로 전환되어야 함을 강조하다. 그에 대한 주요 내용은 〈표 2-6〉과 같이 조직과 개인의 학습을 위해 조직 차원에서, 또한 HRD의 구조 측면에서 어떠한 체계를 갖추어야 하고, 어떠한 지원을 필요로 하는지를 명시하였다.

그러나 SHRD 활동과 그 결과를 학습으로 한정했다는 점에서 비록 한계를 갖는다는 측면에서 HRD는 조직의 성과 향상을 위한 다양한 개입을 설계하고 직용하며, 이 개입을 학습으로만 국한시키지 않기 때문에 성과지향적인 관점에서 SHRD의 체계를 조직의 사업특성에 따라 차별화할 필요가 있다.[24]

〈표 2-6〉 전략적 인적자원개발 모델

영역	세부 내용
학습에 대한 조직의 의지	학습에 대한 성문화된 비전 또는 가치 제시
	학습에 대한 최고 관리자의 의지 명시
조직 목표와 연계된 HRD 전략수립	HRD의 영역을 훈련 개인개발 팀 단위에서의 개발, 조직 단위에서의 개발, 조직 환경으로 구분
	HRD 계획수립
HRD 실행 지원	전문가 지원
	자원을 통한 지원
	구조적 지원
	파트너십 구축을 통한 지원
	정책을 통한 지원
결과	조직 차원의 역량 강화
	개인 차원의 역량 강화

출처 : 이상우(2006), '전략적 인적자원개발의 체계 진단', 산업경영

또한 교육훈련과 인적자원개발, 전략적 인적자원개발로 구분하여 그 역할과 기능, 특징에 따른 전략적 인적자원개발의 특성 차이와 모델은 〈표 2-7〉과 [그림 2-3]과 같이 구분하여 나타낼 수 있다.[12]

〈표 2-7〉 전략적 인적자원개발 특성 차이

초기의 SHRD 특성 (Garavan, 1991)	새로운 SHRD 특성 (McCraken & Wallace, 2000)
조직 미션 및 목표와의 통합	조직 미션과 목적 형성
최고경영층의 지원	최고경영층의 리더십
환경분석	인적자원개발 측면에서 고위경영진에 의한 환경분석
인적자원개발 계획 및 정책	인적자원개발 전략, 정책, 계획
일선 관리자의 몰입 및 참여	일선 관리자의 전략적 파트너십
보완적 인적자원관리 활동의 존재	인적자원관리와의 전략적 파트너십
교육훈련 담당자의 역할 확대	조직의 변화관리 컨설턴트로서의 교육훈련 담당자 역할
조직문화에 대한 인정	조직문화에 영향을 미칠 수 있는 능력과 역량
평가 중시	비용 효과성 평가 중시

출처 : McCraken, M. and A. Wallace. (2000a), Exploring Strategic Maturity in HRD-Rhetoric, Aspiration or Reality?, Journal of European Industrial Training, 24(8), p.433

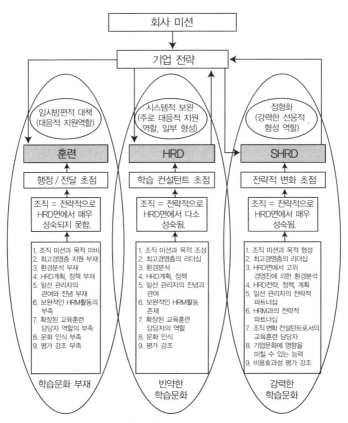

출처 : McCraken, M. and A. Wallace. (2000a), Exploring Strategic Maturity in HRD-Rhetoric, Aspiration or Reality?, Journal of European Industrial Training, 24(8), p.434

[그림 2-3] 전략적 인적자원개발 모델

첫째, 교육훈련은 조직 전략에 대하여 대응적이고, 임시방편적인 대책을 수행하는 활동으로 훈련 전문가는 조직에게 규격화된 서비스를 제공하는 운영자이자 전달자의 역할을 의미한다. 훈련을 중심으로 하는 조직은 Garavan(1991)가 제시한 9가지 전략적 인적자원개발의 특성 중 그 어느 하나도 나타나지 않는다는 것이다. 인적자원개발의 관점에서 보았을 때 이러한 조직은 학습문화가 전혀 형성되지 않은 전략적으로 미성숙한 조직으로 볼 수 있다.

둘째, 인적자원개발은 주로 조직 차원에서 시스템적으로 수행하는 역할을 담당하지만, 최근 일부 다수의 조직들은 전략을 수립하려는 시도를 하는 신호를 보이기도 한다. 이를 위해 인적자원개발 전문가는 일선 관리자들을 대상으로 비 규격화된 서비스를 제공하는 내부 학습 컨설턴트의 역할을 담당한다. 이와 같이 인적자원개발의 관점에서 보았을 때 조직은 학습문화가 형성되기 시작했으며, Garavan(1991)가 제시한 전략적 인적자원개발의 9가지 특성 중 '성숙되기 시작하는' 조직으로 이해될 수 있다.

셋째, 전략적 인적자원개발은 조직 전략을 형성하는 것과 대응하는 활동을 모두 포함한다는 의미이다. 즉, 전략적 인적자원개발의 전문가는 조직의 변화를 촉진할 뿐 아니라 변화를 이끌어내는 조직 변화 컨설턴트이자 전략적이고 혁신적인 역할을 수행하는 자로서 조직 내부에는 강력한 학습문화가 형성되어 있으며, Garavan(1991)의 9가지 전략적 인적자원개발의 특성을 모두 볼 수 있는 인적자원개발의 관점에서 전략적으로 성숙되어 있는 조직이 구축되어 있다는 것이다. 따라서 전략적 인적자원개발은 학습문화의 창출로 정의될 수 있으며, 그 안에서 일련의 훈련과 개발, 학습전략이 기업전략에 반응할 뿐만 아니라 그것을 형성하고, 전략 형성에 영향을 미친다는 것이다. 그리고 전략적 인적자원개발은 기존의 조직 요구를 충족시킬 뿐 아니라 조직이 지속적으로 발전과 성장할 수 있도록 돕는다. 궁극적으로 인적자원개발과 조직 전략 간의 우호적, 상호 호혜적 관계가 전략적 인적자원개발의 본질이며, 학습문화 발달에 전략적 인적자원개발이 중심축이라고 할 수 있다.

이와 같은 세 가지 단계로 나누어 분석되어지는 전략적 인적자원개발의 역할과 활동 영역은 상호 배타적인 개념이 아니라 상호 연결성을 갖고 있으며, 교육훈련 담당자나 인적자원개발 전문가 모두 조직 내에서 특정 시점에 동시에 존재할 수 있다는 사실이 중요하다.

한편, 전략적 인적자원개발을 조직의 성과와 역량, 능력, 경쟁준비도, 쇄신을 고양시킬 목적으로 조직화된 개입과 이니셔티브, 경영행위를 통한 조직학습, 조직성과, 조직 변화를 촉진하는 과정으로 구분하면서 Gilley and Maycunich(2000)[14]는 인적자원개발을 학습과 성과 그리고 변화에 대한 강조점에 따라 7단계로 구분하여 인적자원개발에 대한 접근 모델을 [그림 2-4]와 같이 제시하였다.

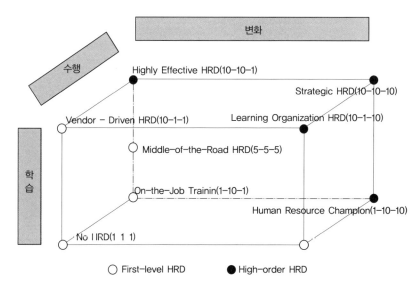

출처 : Gilley, J. and A. Maycunich(2000). Organizational Learning, Performance, and Change. Cambridge: Perseus Publishing. p.25

[그림 2-4] 전략적 인적자원개발 접근에 의한 모델

여기에서 인적자원개발은 'First Level HRD'에서 'High-Order HRD'로 진화하는데, 이는 가장 초기단계의 접근방식으로 조직 구성원을 대상으로 한 공식적인 학습 기회의 제공이 없는 단계인 'No HRD'단계이다. 이 단계를 거쳐 본격적으로 조직 차원에서 인적자원개발에 대한 고려가 이루어지는 단계는 'Vendor-Driven HRD'이다. 학습과 성과, 변화 중 '학습'만을 강조하는 이 단계에서 인적자원개발은 다양한 판매자로부터 훈련프로그램을 구매하고, 이를 조직원들에게 전달하는 단순한 과정으로 여겨지며, 다음 단계는 'On-the-Job Training'단계이다. 이 단계에서는 '성과'에 가장 큰 관심을 가지는 단계로서 인적자원개발은 직무현장과 연계된 계획적인 학습이며, 조직원들이 그들에게 주어진 역할을 잘 수행하게 함으로써 성과와 생산성, 품질 향상을 이끌어내는 활동으로 인식됨에도 불구하고 이러한 성과가 단기적인 차원에만 머무른다는 한계를 가지고 있다.

'Reactionary HRD'에서는 '변화'에 초점을 두는 것으로, 인적자원개발은 그때그때의 상황에 따라 조직개발과 관련된 것이다. 이는 단기과제에 대응하는 활동을 의미한다. 여기에서 인적자원개발이 관심을 가지는 활동은 조직의 효과성과 경쟁력, 쇄신 능력을 개선하기 위한 장기적으로 공식화된 법칙이 아닌, 일시적인 유행성격의 과제라는 데 접근방법의 한계가 있다. 'First Level HRD'의 마지막 단계는 'Middle-of-the Road HRD'로 이는 학습과 성과, 변화 등 모든 영역에 대하여 '적당한' 관심을 두는 접근방법이다. 이에 인적자원개발 조직이 자체적으로 조직의 환경과 문화에 맞추어 'Customized Training'을 제공하는 활동을 수행한다. 인적자원개발 조직의 자체 역량으로 성과관리와 개선 변화 활동에 대해 관심을 갖는다는 의미에서 'High-Order HRD'로 이동하는 징검다리 단계로 생각할 수 있다. 그리고 학습과

성과, 변화를 모두 강조하는 'High-Order HRD'의 첫 번째 접근방법은 'Highly Effective Training'이다. 이 단계에서 인적자원개발은 개인과 조직의 성과 개선을 위한 학습활동으로 규정할 수 있다. 개인과 조직의 성과 개선을 위하여 하나의 통합된 시스템으로 훈련을 개념화, 조직화, 실행하는 데 관심을 두고 있다.

두 번째 접근방법은 'Learning Organization'으로, 학습조직의 개념과 구축 원리는 Senge[25]의 5가지 수련을 통하여 접할 수 있다. 학습조직이란 조직의 장기적인 성공을 위한 최우선 전략으로서 '학습과 변화'를 강조하는 조직이다. 인적자원개발은 조직의 학습과 변화를 촉진하는 문화를 조성하고, 지식의 습득과 공유, 지원, 촉진, 보상을 보장하는 시스템을 구축하는 역할을 담당한다.

다음 접근방법은 'Human Resource Champion'으로, 이 관점에서 인적자원개발은 조직의 변화 관리와 성과 향상을 통한 조직의 효과성을 향상시키는 역할을 담당하는 것으로 이해된다.

마지막으로 학습과 성과 변화 모두에 초점을 둔 인적자원개발 접근법은 'Strategic HRD'로, 인적자원개발은 조직의 성과 개선, 경영, 조직학습 변화를 통하여 조직의 성과를 극대화하는 '조직의 효과성 향상 전략'으로 볼 수 있다. 이를 통해 조직이 설정한 '전략적 사업목표'를 달성할 수 있게 된다는 점에서 인적사원개발 조직은 조직의 각 부서와 밀집한 입무 파트너십을 통하여 구축된 조직이며, 인적자원개발 담당자는 단순한 인사조직의 일개 구성원이 아닌 조직의 핵심구성원으로 여겨진다는 것이다.

또한 전략적 인적자원개발 모형의 구분에서 인적자원개발은 비즈니스 전략과 일선 관리자들에게 인적자원개발의 직무수행의 부여, 훈련의 개념을 학습의 개념으로 대체해야 직무수행 현장에서의 학습을 강조한다.

전략적 인적자원개발의 모델 특성을 [그림 2-5]와 같이 네 가지로 구분하였다.

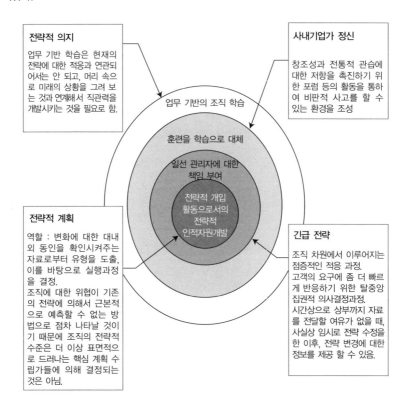

전략적 의지
업무 기반 학습은 현재의 전략에 대한 적응과 연관되어서는 안 되고, 머리 속으로 미래의 상황을 그려 보는 것과 연계해서 직관력을 개발시키는 것을 필요로 함.

사내기업가 정신
창조성과 전통적 관습에 대한 저항을 촉진하기 위한 포럼 등의 활동을 통하여 비판적 사고를 할 수 있는 환경을 조성

업무 기반의 조직 학습

훈련을 학습으로 대체

일선 관리자에 대한 책임 부여

전략적 개입 활동으로서의 전략적 인적자원개발

전략적 계획
역할 : 변화에 대한 대내외 동인을 확인시켜주는 자료로부터 유형을 도출, 이를 바탕으로 실행과정을 결정.
조직에 대한 위협이 기존의 전략에 의해서 근본적으로 예측할 수 없는 방법으로 점차 나타날 것이기 때문에 조직의 전략적 수준은 더 이상 표면적으로 드러나는 핵심 계획 수립가들에 의해 결정되는 것은 아님.

긴급 전략
조직 차원에서 이루어지는 점증적인 적응 과정.
고객의 요구에 좀 더 빠르게 반응하기 위한 탈중앙집권적 의사결정과정.
시간상으로 상부까지 자료를 전달할 여유가 없을 때, 사실상 임시로 전략 수정을 한 이후, 전략 변경에 대한 정보를 제공 할 수 있음.

출처 : Greives, J., Strategic Human Resource Development(London : SAGE Publication Ltd, 2003), p.116

[그림 2-5] 전략적 인적자원개발의 4가지 핵심특성에 따른 모델

첫째, 전략적 인적자원개발은 전략적으로 개입하는 활동으로, 전략적 인적자원개발에서 인적자원을 개발하는 활동은 전략적인 이익을 가져온다는 측면이다. 여기에서 전략적이라는 말의 의미는 단순히 고위경영진이 가지고 있는

전략을 반영함을 의미하지 않는다. 조직의 미션은 외부시장의 변화만큼 아니, 그보다 더 조직 구성원 또는 팀에 의한 내부 개발활동에 의하여 영향을 받는다. 고위경영진은 변화를 이끌어내는 이러한 내부와 외부 동인들을 확인할 수 있는 자료에 근거하여 특정한 유형을 발견해 내고, 이를 바탕으로 실제 실행과정을 결정하는 역할을 담당한다.

둘째, 전략적 인적자원개발은 조직 내 다양한 관리자들에게 전략적 인적자원개발을 위한 책무를 부여한다는 측면에서 조직 내 관리자들은 개인과 조직의 개발을 통하여 변화를 촉진해야만 한다. 이를 위해 핵심기술의 개발, 적합한 지식과 능력의 획득이 이루어져야 하며, 이는 실제 직무현장에서의 적용을 통하여 더욱 더 강화될 수 있다. 따라서 현업의 관리자들은 조직원 개발 촉진자로서 조직 내에서 멘토 또는 변화 촉진자로서 창의력을 촉진하고, 개발할 것을 요구받는다. 현장 관리자의 역할을 조직 차원에서 진취적으로 이루어지는 점증적인 적용과정의 활동으로 고객의 요구에 좀 더 빠르게 반응하기 위해서 탈 중앙집권화된 의사결정 과정이 이루어져야 한다.

셋째, 전략적 인적자원개발은 훈련을 학습으로 대체하는 것으로, 학습은 훈련프로그램에 의해 수동적인 자극과 반응의 의미를 넘어서 창의력에 초점을 두고, 조직의 집단 또는 팀의 지적, 집합적 상승작용을 이끌어내는 활동이다.

넷째, 전략적 인적자원개발은 일터에서의 조직학습을 강조한다는 의미에서 일터에서의 학습은 이미 인적자원개발의 핵심이 되어 있으며, 전략적 인적자원개발에서 특히 강조하는 것은 '조직학습'이다. 이를 위해 조직 내에 창의력을 위한 문화를 조성해야만 한다는 측면에서 일터에서의 학습은 기존의 전략을 답습하는 것이 아니라, 미래의 상황에 대하여 머릿속으로 이미지를 구축하고 이와 연계하여 직관력을 개발시켜야만 한다.

전략적 인적자원개발의 개념적·역동적 프레임워크에 의한 모델의 구분은 전략적 인적자원개발을 글로벌 환경과 조직의 전략, 구조를 포함하는 내부 비즈니스 환경, 직무 그리고 개인의 영향력이라는 네 가지 수준으로 [그림 2-6]과 같이 제시하였다. 구성요소는 전략적 인적자원개발 환경과 인적자원개발의 초점·지향점·시스템·정책·실행, 전략적 인적자원개발과 관련된 이해관계자들의 만족, 인적자원개발 전문가로 구분하고 있다.

첫째, 글로벌 환경은 조직이 그 변화에 대응해야 하는 외부환경으로 지역과 국가, 국가 간 환경으로 구성된다. 둘째, 내부 비즈니스 환경은 인적자원개발에 영향을 미치는 기업 내부 환경으로서 조직의 전략적 지향점과 조직의 구조, 조직문화 리더십을 포함한다. 셋째, 직무가 가지는 가치와 희소성으로 직무의 전략적인 가치는 기업의 수행성과에 기여할 수 있는 조직 구성원의 가능성을 의미하며, 희소성은 각 인적 자본의 드문 정도와 전문성 정도, 기업만의 독특한 특성과 적합한 정도를 의미한다. 넷째, 조직 구성원의 개인은 개인의 기대와 고용가능성, 경력을 의미한다.

[그림 2-6]의 모형을 구성하는 두 번째 요소는 인적자원개발의 초점·지향점·시스템·정책·실행으로, 이는 경영환경 변화에 대응하는 것을 목적으로 조직 차원에서 적절하게 선택하는 일련의 혼합된 전략이라 할 수 있다. 전략적 인적자원개발의 주안점은 두 가지 측면으로 활용에 대한 측면과 탐색에 대한 측면으로 구분할 수 있다. 활용에 초점을 두는 활동은 효율성과 단기간에 이루어지는 내부 역량 개발에 초점을 맞춘 활동을 의미한 반면, 탐색에 초점을 맞추는 활동은 변화에 초점을 맞추는 전략으로 암묵적 학습과 지식경영활동, 경험을 통한 학습, 실험, 위험 부담을 강조한다. 그리고 인적자원개발 활동과의 연계, 기능과 과정의 통합에 주안점을 맞춘다. 전략적 인적자원

개발의 전략, 시스템, 실행활동은 조직의 수행, 조직학습, 조직 변화의 세 가지 영역으로 구성된다.

출처 : Garavan, T. N. (2007). A Strategic perspective on Human Resource Development, Advances in Developing Human Resources, 9(1). p.17

[그림 2-6] 전략적 인적자원개발의 개념적, 역동적 프레임워크 모델

이 모델의 세 번째 구성요소는 이해 관계자의 만족도로, 이는 전략적 인적자원개발을 실행시키는 중요한 요인이다. 그 중 하나는 인적자원개발 전문가와 조직 내외의 이해 관계자들 간의 긴밀한 협력관계이다. 따라서 인적자원개발 활동은 다양한 이해 관계자 집단이 기대하는 바를 확인하고, 이를 인적자원개발 활동의 전체 목표와 일치시킬 수 있어야 한다는 것이다.

이 모델의 마지막 구성요소는 인적자원개발 전문가로, 인적자원개발 전문가는 환경의 영향력과 이해 관계자들의 만족도 특성, 조직 내 인적자원개발의 특성에 모두 영향을 미친다. 인적자원개발 전문가들이 추구하는 목적의 우선순위를 결정할 수 있는 위치이다. 즉, 인적자원개발이 전략적일 수 있게 하는 위치에 있는지 여부는 인적자원개발 전문가들의 가치와 능력, 신뢰성 그리고 성실성에 의해 좌우된다는 것을 의미한다.

5. 전략적 인적자원개발 활동의 측정

전략적 인적자원개발(SHRD) 활동의 측정도구는 크게 성숙도 진단과 구성요소 측정의 차원으로 구분하여 SHRD(Strategic Human Resource Development) 활동의 측정 요인을 구분할 수 있으며, 그에 대한 주요 내용은 다음과 같이 나타낼 수 있다.

1) 전략적 인적자원개발의 성숙도 진단

전략적 인적자원개발의 특성을 바탕으로 기업 내 전략적 인적자원개발에 대한 수준 측정은 전략적 인직자원개발의 유형분류[26]의 교육훈련 성숙도(Training Maturity)[27]로 기업의 전략적 인적자원개발의 수준을 측정하려는 대표적인 출발점이다.

전략적 인적자원개발의 유형분류는 〈표 2-8〉과 같이 가장 초보적인 단계인 인적자원개발이 존재하지 않는 단편적인 교육훈련 접근단계의 1단계인 하위 단계부터 조직의 정책 및 목표 수립에 영향을 미치고 실제 기여를 하는 6 단계인 최상위 단계까지 전략적 인적자원개발에 가까운 수준을 여섯 단계로 구분하여 유형화하였다.

<표 2-8> 전략적 인적자원개발 유형화

구분	Burgoyne(1988)	Lee(1996)
Level 6	인적자원개발이 조직의 정책 및 목표 수립에 영향을 미치고 실제 기여를 하는 경우	전략 수립 및 실행 전반에 걸쳐 질적 수준을 향상시키는 학습과정이 존재하는 경우
Level 5	인적자원개발이 조직의 목표 형성에 사전 고려되는 경우	교육훈련 및 학습이 전략을 구체화하는 데 기여하는 경우
Level 4	인적자원개발이 조직의 목표를 고려하여 작동하는 경우	교육훈련이 전략을 실행하고 변화를 달성하기 위한 수단임.
Level 3	인적자원개발 활동 간에 상호 연계성이 존재하고 개인의 경력개발이나 학습 동기부여에 영향을 주는 경우	교육훈련이 운영적 수준의 관리와 통합됨.
Level 2	조직 내 인적자원 부분과 연계되지 않은 고립된 형태의 임기응변식 인적자원개발, 또는 조직 내 산발적인 문제에 대한 해결책으로서의 개발 노력	조직 내 특정문제의 해결을 위한 임기응변식 전술적 수준의 교육훈련
Level 1	체계적인 교육훈련이 존재하지 않음.	자유방임적이며, 비공식적인 학습 프로세스에 의존, 체계적인 교육훈련이 존재하지 않음.

출처 : 허연(2006), '기업의 전략적 인적자원개발이 학습조직 발전에 미치는 영향에 관한 연구 : 지식공유 문화의 조절효과를 중심으로', 경희대학교 박사학위논문, p.27

교육훈련 성숙도에 의한 전략적 인적자원개발의 분류는 교육훈련 운영의 정교함, 전략과의 통합 정도로 구분하여 여섯 단계로 교육훈련 성숙도 모형을 제시하였다.

여기에서 첫 번째 단계는 교육훈련 성숙도가 가장 낮은 단계로 체계적인 교육훈련이 이루어지지 않는 상태로 학습이 체계적인 프로세스에서 발생하는 것이 아니라 자유방임적인 상태이다. 두 번째 단계는 전략과 고립된 전술적 교육훈련 상태로 훈련이라는 것이 존재는 하지만, 전략과 전혀 연계되지 않은 상태로, 이 단계에서의 훈련은 전략이라기보다는 전술적인 수준의 훈련이라 할 수 있다. 세 번째 단계는 훈련이 조직의 운영관리와 통합된 경우이다.

기업 내 기능적인 측면과 연계되어 훈련이 행해지지만 조직 내 전략과는 연계되지 못한 상태이다. 네 번째 단계는 훈련이 조직의 전략을 실행하고, 변화를 달성하는 수단이 된다. 이 단계에서는 훈련이 수립된 전략을 조직 구성원들이 실행할 수 있도록 기여하며, 이를 통해 조직 내 변화를 이끌어낸다. 다섯 번째 단계는 훈련이 전략형성에 기여하는 단계로 수립된 전략을 실행하는 데 기여할 뿐만 아니라 직접 전략형성에 관여한다. 따라서 훈련은 매우 전략적이며, 조직 내에서 인적자원개발 부서의 위상은 높아진다. 마지막으로 교육훈련 성숙도가 가장 높은 여섯 번째 단계에서는 교육훈련과 학습이 전략을 공식화하고, 실행하는 과정 그 자체가 된다. 결국 하위 단계에서 상위 단계로 올라 갈수록 교육훈련이 발달하고 성숙된 조직이 된다.

한편, [그림 2-7]에서 제시된 인적자원개발의 전략적 성숙도 모형은 스코틀랜드의 86개 기업을 대상으로 전략적 인적자원개발에 관한 실증연구를 위해 전략적 인적자원개발을 교육훈련과 인적자원개발, 전략적 인적자원개발의 세 가지 구성요소와 아홉 가지의 전략적 인적자원개발 특성과 교육훈련 성숙도와의 상관관계를 증명하기 위해 McCraken and Wallace(2000a)가 제시한 인적자원개발의 전략적 성숙도 모형(Model of Strategic Maturity in HRD)이다. 이 모형은 3점 척도를 기준으로 평균을 산출하여 측정결과에 따라 3단계로 구분하였는데, 가장 하위인 1단계는 2.30~3.00의 경우로 전략적으로 성숙하지 않은 수준(Not Very Mature)의 교육훈련 단계로 조직의 전략을 수행함에 있어 인적자원개발의 역할이 교육훈련 기회의 제공에 초점을 맞추고 있다. 교육훈련의 기회는 필요에 따라 수동적이고 임기응변적으로 제공되는 성숙되지 않는 단계이다. 두 번째 단계는 제법 성숙한 수준(Quite Mature)으로 1.60~2.29점 정도로 인적자원개발(HRD) 단계로 구분되며, 이

수준에서는 인적자원개발이 비교적 체계적인 방법으로 조직의 전략을 수행하는 단계이다. 세 번째 단계는 가장 높은 상위 수준으로 1.00~1.59점으로 매우 성숙한 수준(Very Mature)인 전략적 인적자원개발(SHRD) 단계로 인적자원개발이 조직의 전략을 수립하는 과정에 직간접적인 영향을 미치며, 조직의 전략을 구체화하는 선도적인 역할을 수행하는 단계로 구분된다.

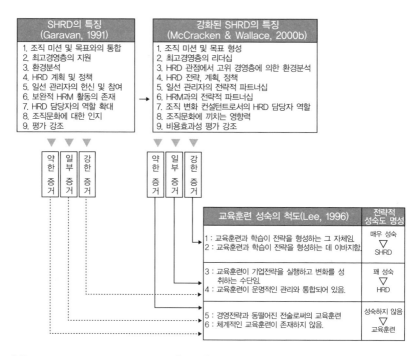

출처 : McCraken, M. and A. Wallace. (2000a), Exploring Strategic Maturity in HRD-Rhetoric, Aspiration or Reality?, Journal of European Industrial Training, 24(8), p.434

[그림 2-7] 인적자원개발의 전략적 성숙도 모형

한편, 최근 조직에서는 SHRD를 측정하는 도구를 새롭게 정립하고자 끊임없는 노력을 개진하고 있다. 이는 HRD에 대해 객관적이고 구체적인 진단을

<표 2-9> 전략적 인적자원개발의 성숙도 단계와 유형

단계	SHRD 유형	특징
4단계	전략적 HRD	HRD가 조직의 전략적 파트너로서 조직의 변화 및 성과 향상을 위하여 중요한 역할을 수행하고 있으며, 조직의 요구에 기반을 두어 HRD 활동을 체계적으로 설계, 개발 운영하고 있음.
3단계	학습지향적 HRD	학습활동이 체계적으로 설계, 개발 운영되고 있으며, 이를 촉진시키기 위한 학습문화가 형성되어 있으나, 학습활동을 개인 및 조직의 성과와 보다 긴밀하게 연계하는 것이 요구됨.
	성과지향적 HRD	HRD 활동이 개인과 조직의 성과 향상과 잘 연계되어 있으며, 이를 지원하기 위한 학습활동이 체계적으로 설계, 개발 운영되고 있으나, HRD 활동을 통해 조직 변화를 촉진하기 위한 노력이 요구됨.
	관리지향적 HRD	HRD 성과관리(HRD 활동과 조직성과와의 연계), HRD와 이해관계자들의 파트너십 및 학습풍토 조성의 측에서 우수하나, 보다 체계적으로 학습활동을 제공하기 위해서 요구분석 설계 운영 측면에서 개선이 요구됨.
2단계	유행지향적 HRD	HRD 활동이 조직 내 주요 이해관계자들의 요구 및 트렌드를 잘 반영하고 긍정적인 학습문화를 조성하고 있으나, 학습활동을 보다 체계적으로 개선하고 개인 및 조직성과와 보다 긴밀하게 연계하는 것이 요구됨.
	목표지향적 HRD	HRD 활동이 개인과 조직의 단기적 성과를 달성할 수 있도록 HRD 전략을 수립하고, HRD 성과를 평가 및 개선하는 활동이 우수하나 이러한 성과를 지속적으로 유지하기 위해서 학습활동의 체계화(설계, 개발, 운영)와 조직 변화를 촉진하기 위한 HRD 활동의 개선이 요구됨.
	운영지향적 HRD	학습활동의 요구를 체계적으로 분석하고, 설계, 개발, 운영하고 있으나, HRD 활동을 개인 및 조직성과와 연계하고 조직 변화를 촉진하기 위한 HRD 활동의 개선이 요구됨.
1단계	HRD 부재	학습활동이 체계적으로 설계, 개발 운영되지 못하고 있으며, HRD 활동이 개인과 조직의 성과 향상에 연계되어 있지 않고, 조직 변화를 촉진하기 위한 HRD 활동을 수행하고 있지 못함.

출처 : 이찬·박연정(2012), '전략적 HRD를 위한 HRD 진단도구 개발', 한국기업교육학회, 춘계학술대회 자료집

수행할 수 있는 진단도구의 필요성을 강조하면서 새로운 SHRD의 성숙도 진단 도구를 제안하였다(이찬·박연정, 2012). SHRD의 성숙도 진단에 포함되는 주요 내용은 비즈니스 파트너십, HRD 인프라, 학습풍토, 요구분석, 피드백 및 개선, 학습활동 제공 및 관리, 평가, HRD 전략수립, HRD 연구의 항목으로 구성하였다. 각각 항목별로 1~5수준에 해당하는 문항을 제시하고 이중 하나를 선택하도록 되어 있다. SHRD 성숙도 단계를 4단계로 구분하고, HRD 부재를 1단계로, 전략적 HRD를 4단계로 제시하였다. 2단계와 3단계의 경우에는 조사된 결과를 토대로 기업이 학습과 성과, 변화 중 어느 측면을 강

조하고 있는지를 분석하여 SHRD의 유형을 〈표 2-9〉와 같이 분류하였다.

송영수(2009)는 국내 대기업을 중심으로 전략적 인적자원개발의 주요 영역 및 핵심과제를 ① 조직문화의 공유 및 확산, ② 차세대 리더 및 핵심인재 양성, ③ 경영성과 및 조직목표 달성 지원, ④ 변화와 혁신 선도 및 지원의 4개 영역과 이에 따른 19가지 핵심과제를 도출하였으며, 주요 내용은 〈표 2-10〉과 같이 나타낼 수 있다.

〈표 2-10〉 전략적 HRD 주요 영역 및 핵심과제

주요 영역	핵심과제	주요 내용
1. 조직문화 공유 및 확산	1-1. 조직 구심력 강화를 위한 회사 가치체계의 정립	- 조직의 구심력 강화를 위해 미션, 비전, 핵심 가치 등 명문화된 가치체계를 구축함.
	1-2. 조직의 미션·비전·전략의 전사적 공유 추진	- 조직 구성원들이 미션, 비전, 전략의 공유 등 조직 일체감 및 전략적 연계를 강화하는 활동을 추진함.
	1-3. 조직의 미션·비전·전략 분석을 통한 HRD 전략수립	- 조직의 미션, 비전, 전략을 분석하여 조직의 전략과 연계된 HRD의 전략을 수립함.
	1-4. 핵심가치의 이해·실천 및 확산	- 조직이 추구하는 핵심가치를 이해, 공유 및 실천함으로써 조직문화를 정착 및 강화함.
	1-5. 미래가치 창출을 위한 CEO와의 전략적 파트너십 형성	- 최고경영자의 의사결정에 영향을 줄 수 있는 전략적 파트너십을 형성하여 미래가치 창출에 기여함.
2. 차세대 리더 및 핵심인재 양성	2-1. 인재경영을 위한 HRD와 HRM의 전략적 연계	- 조직의 미래가치를 창출할 인재를 관리하기 위한 선발, 배치, 육성, 평가의 프로세스를 전략적으로 연계함.
	2-2. 핵심인재 선발 및 육성	- 조직의 미래가치를 창출할 수 있는 핵심인재를 선발 및 육성
	2-3. 차세대 글로벌 리더의 체계적인 양성	- 미래경영을 이끌고 나갈 차세대 리더의 선발, 육성, 평가 등 체계적인 양성계획을 수립하고 실천함.
	2-4. 후계자 양성 지원(Succession Plan)	- 조직 내 핵심 직책에 대한 후계자를 선정하고 경영능력 향상을 지원함.
	2-5. 자사형 리더십 모델 구축 및 실행	- 조직의 경영환경에 적합한 리더십 모델을 구축하고 구성원의 리더십 능력 개발을 지원함.
3. 경영성과 및 조직목표	3-1. 경영전략과 밀착된 HRD 활동 강화	- 경영전략, 방침을 바탕으로 기존 HRD 활동을 전략적으로 밀착, 연계시키는 활동을 수행함.
	3-2. 경영전략과 밀착된 HRD 활동 강화	- 경영 현장에서 발생하는 성과 개선 및 다양한 문제해결을 위해 교육적 또는 교육 외적 해결 방안 등 다양한 지원을 모색하고 제공함.

달성 지원	3-3. 경영전략과 밀착된 HRD 활동 강화	– 경영성과와 조직의 목표 달성 지원을 위하여 경영현장의 리더들과 비즈니스 파트너십을 형성하고 커뮤니케이션 및 지원체계를 구축함.
	3-4. 조직개발(OD) 및 활성화	– 조직의 경영성과 및 목표 달성을 위한 조직의 내부능력을 효과적이고 효율적으로 개발하고 활성화시킴.
	3-5. 교육효과 및 성과측정(ROI)	– HRD 활동에 대한 효과 및 성과측정을 추진하며, ROI 관점에서 교육성과를 측정하고 제시함.
4. 변화와 혁신 선도 및 지원	4-1. 학습조직 구축	– 경영환경 변화에 능동적으로 대응할 수 있는 유연한 학습조직을 구축함.
	4-2. 변화와 혁신의 필요성 인식 및 공유	– 조직의 변화, 위기의식, 혁신의 필요성을 인식 및 공유할 수 있도록 주도적인 역할을 수행함.
	4-3. 회사 차원의 경영혁신 전파 및 지원	– 조직 내 경영전반에서 일어날 수 있는 다양한 혁신활동을 전파하고 지원하도록 함(예 : 6 시그마 등).
	4-4. 변화관리	– 회사 및 조직 차원의 다양한 혁신활동을 추진함에 있어 발생되는 다양한 저항 및 장애 요인에 대한 해결책을 제시하여 변화를 주도적으로 선도함.

출처 : 송영수(2009), '대기업 중심의 전략적 HRD 주요 영역 및 핵심과제 도출', 기업교육연구

부록 1 : 전략적 인적자원개발 활동에 대한 설문지 현황

전략적 인적자원개발(Strategic Human Resource Development) 활동은 조직의 사업목표 달성을 위해 인적자원개발 부서와 조직 내 주요 이해관계자간의 전략적인 파트너십을 형성하고, 인적자원개발의 기능 및 역할을 조직의 전략과 연계하여 수행 향상시스템 및 성과체계를 구축함으로써 조직 구성원의 학습과 수행·성과, 변화를 촉진하는 활동으로 Peterson(2008)이 제시한 전략적 인적자원개발의 과정(Process)을 중심으로 전략적인 파트너십(1~9), 전략과 HRD 통합(10~19), 수행 향상시스템 구축(20~24), HRD 성과체계 구축(25~29) 등으로 하였습니다. 이에 독자 여러분들의 회사에서 이러한 활동이 얼마나 잘 실행되고 있는지를 묻는 문항에 대해 귀하의 생각을 가장 잘 반영한 곳에 ∨체크하여 활용해 주시기 바랍니다.

Q1. 다음은 전략적 인적자원개발 활동에 관한 내용입니다. 해당란에 체크(∨)해 주십시오.

NO	설문 항목	전혀 그렇지 않다	별로 그렇지 않다	보통 이다	그런 편이다	매우 그렇다
1	우리 회사의 경영진은 HRD 부서가 조직 구성원의 역량을 향상시키는 역할을 수행하고 있다고 인식하고 있다.	①	②	③	④	⑤
2	우리 회사의 경영진은 사업 수행상의 문제 발생 시 HRD 부서의 참여와 지원을 요청하고 있다.	①	②	③	④	⑤
3	우리 회사의 경영전략에는 HRD 부서의 역할이 구체적으로 명시되어 있다.	①	②	③	④	⑤
4	우리 회사의 HRD 부서는 경영전략을 수립하는 회의에 참여하여 사업전략과 연계된 HRD의 기능에 대해 논의하고 있다.	①	②	③	④	⑤
5	우리 회사의 HRD 부서는 CEO에게 정기적인 보고를 통해 HRD 이슈와 관련한 직접적인 의사소통을 하고 있다.	①	②	③	④	⑤
6	우리 회사의 HRD 부서는 핵심가치 및 주요 경영방침을 조직 구성원에게 전파하고 있다.	①	②	③	④	⑤
7	우리 회사의 HRD 부서는 교육과정 시행 전에 사전정보를 해당 부서 관리자에게 제공하고 있다	①	②	③	④	⑤

8	우리 회사의 타 부서 관리자들은 교육 대상 선발 또는 새로운 HRD 제도 시행 시 적극적으로 협조해 주고 있다.	①	②	③	④	⑤
9	우리 회사의 타 부서 관리자들은 조직 구성원들의 역량이나 직무성과에 문제가 있을 때 HRD 담당자에게 도움을 요청하고 있다.	①	②	③	④	⑤
10	우리 회사의 HRD 부서는 회사의 사업을 이해하기 위해 핵심사업 및 사업전략을 분석하고 있다.	①	②	③	④	⑤
11	우리 회사의 HRD 부서는 회사의 장·단기 사업환경의 변화를 파악하고 있다.	①	②	③	④	⑤
12	우리 회사의 HRD 부서는 회사의 사업전략과 연계된 회사의 편제 및 직무 특성을 분석하고 있다.	①	②	③	④	⑤
13	우리 회사의 HRD 부서는 사업과 연계된 HRD 이슈를 도출하고 있다.	①	②	③	④	⑤
14	우리 회사의 HRD 부서는 회사의 전략과 연계된 인재육성 전략을 수립하고 있다.	①	②	③	④	⑤
15	우리 회사의 HRD 부서는 핵심 인재를 육성하기 위한 학습활동을 제공하고 있다.	①	②	③	④	⑤
16	우리 회사의 HRD 부서는 리더의 육성 단계를 선정하고, 단계별 정의, 역할, 행동지표 등을 명확하게 제시하고 있다.	①	②	③	④	⑤
17	우리 회사의 HRD 부서는 리더십 역량체계에 기반을 두어 학습활동을 제공하고 있다.	①	②	③	④	⑤
18	우리 회사의 HRD 부서는 직무 전문가의 육성 단계를 선정하고, 단계별 정의, 역할, 행동지표 등을 명확하게 제시하고 있다.	①	②	③	④	⑤
19	우리 회사의 HRD 부서는 직무역량체계에 기반을 두어 학습활동을 제공하고 있다.	①	②	③	④	⑤
20	우리 회사의 HRD 부서는 수행문제 분석을 위해 현업 부서의 업무를 충분히 이해하고 있다.	①	②	③	④	⑤
21	우리 회사의 HRD 부서는 현업 부서에서 발생하는 수행 문제의 원인을 분석하고 있다.	①	②	③	④	⑤
22	우리 회사의 HRD 부서는 수행 향상을 위한 적절한 해결방안(Intervention)을 설계하고 있다.	①	②	③	④	⑤
23	우리 회사의 HRD 부서는 수행 향상을 위한 해결방안의 효과적인 실행과 변화관리를 지원하고 있다.	①	②	③	④	⑤
24	우리 회사의 HRD 부서는 수행 향상을 위한 해결방안의 실행 후에 이를 적절하게 평가하고 있다.	①	②	③	④	⑤
25	우리 회사의 HRD 부서는 회사의 전략과 연계된 성과지표(KPI)를 가지고 있다.	①	②	③	④	⑤
26	우리 회사의 HRD 부서는 학습활동이 효과적으로 개발 및 운영되고 있는 지에 대한 진단활동을 하고 있다.	①	②	③	④	⑤
27	우리 회사의 HRD 부서는 학습활동이 현업에 적용된 정도를 측정하고, (전이) 영향요인을 분석하고 있다.	①	②	③	④	⑤

| 28 | 우리 회사의 HRD 부서는 학습활동이 회사의 전략 및 경영성과 달성에 기여한 정도를 평가하고 있다. | ① | ② | ③ | ④ | ⑤ |
| 29 | 우리 회사의 HRD 부서는 학습활동의 결과를 재무적인 관점(비용 – 편익분석, ROI 등)에서 평가하고 있다. | ① | ② | ③ | ④ | ⑤ |

*7번_사전정보 : 학습목표, 주요 내용, 학습 후 향상될 역량, 시기, 대상 등

부록 2 : 전략적 인적자원개발 중요도 인식에 대한 설문지 현황

인적자원개발의 중요도 인식이란 조직 내 구성원 개인 또는 그룹이 전략적 인적자원개발에 대하여 특정상황에서 특정한 개념을 중요하게 생각하고 판단하는 것으로 전략적 인적자원개발의 중요도에 대한 측정 부록은 Garavan(1991), McCracken and Wallace(2000a), 송영수(2009)에 의해 도출된 국내 대기업 중심의 전략적 인적자원개발 주요 영역 및 핵심과제에 대한 설문내용입니다. 이 설문에서 제시되고 있는 설문 부록은 4개 영역에 19개 항목으로 구성되었으며, 주요 영역은 조직문화 공유 및 확산(1~5), 차세대 리더 및 핵심인재 양성(6~10), 경영성과 및 조직목표 달성 지원(11~15), 변화와 혁신선도 및 지원(16~19)로 구분됩니다. 이에 독자 여러분들의 회사에서 이러한 활동이 얼마나 잘 실행되고 있는지를 묻는 문항에 대해 귀하의 생각을 가장 잘 반영한 곳에 ∨체크하여 활용해 주시기 바랍니다.

Q1. 다음은 귀하 회사의 전략적 인적자원개발 중요도에 관한 질문입니다. 자세히 읽어보신 후 귀하 회사의 현재 전략적 인적자원개발 수준에 가장 적합하다고 생각되는 곳에 체크(∨)해 주십시오.

NO	설문 항목	전혀 그렇지 않다	별로 그렇지 않다	보통 이다	그런 편이다	매우 그렇다
1	조직의 구심력 강화를 위해 미션, 비전, 핵심가치 등 명문화된 가치체계가 구축되어 있다.	①	②	③	④	⑤
2	조직 구성원들이 미션, 비전, 전략의 공유 등 조직일체감 및 전략적 연계를 강화하는 활동을 추진하고 있다.	①	②	③	④	⑤
3	조직의 미션, 비전, 전략을 분석하여 조직의 전략과 연계된 HRD의 전략을 수립한다.	①	②	③	④	⑤
4	조직이 추구하는 핵심가치를 이해, 공유 및 실천함으로써 조직문화를 정착 및 강화한다.	①	②	③	④	⑤
5	최고경영자의 의사결정에 영향을 줄 수 있는 전략적인 파트너십을 형성하여 미래가치 창출에 기여한다.	①	②	③	④	⑤
6	조직의 미래가치를 창출할 인재를 관리하기 위한 선발, 배치, 육성, 평가의 프로세스를 전략적으로 연계한다.	①	②	③	④	⑤

7	조직의 미래가치를 창출할 수 있는 핵심인재를 선발 및 육성한다.	①	②	③	④	⑤
8	미래경영을 이끌고 나갈 차세대 리더의 선발, 육성, 평가 등 체계적인 양성계획을 수립하고 실천한다.	①	②	③	④	⑤
9	조직 내 핵심 직책에 대한 후계자를 선정하고 경영능력 향상을 지원한다.	①	②	③	④	⑤
10	조직의 경영환경에 적합한 리더십 모델을 구축하고 구성원의 리더십 능력 개발을 지원한다.	①	②	③	④	⑤
11	경영전략, 방침을 바탕으로 기존 HRD 활동을 전략적으로 밀착, 연계시키는 활동을 수행한다.	①	②	③	④	⑤
12	경영현장에 발생하는 성과 개선 및 다양한 문제해결을 위해 교육적 또는 교육 외적 해결방안 등 다양한 지원을 모색하고 제공한다.	①	②	③	④	⑤
13	경영성과와 조직의 목표 달성 지원을 위하여 경영현장의 리더들과 비즈니스 파트너십을 형성하고 커뮤니케이션 및 지원체계를 구축한다.	①	②	③	④	⑤
14	조직의 경영성과 및 목표 달성을 위한 조직의 내부 능력을 효과적이며 효율적으로 개발하고 활성화시키고 있다.	①	②	③	④	⑤
15	HRD 활동에 대한 효과 및 성과측정을 추진하며, ROI(비용 대비 투자성과) 관점에서 교육성과를 측정하고 제시한다.	①	②	③	④	⑤
16	경영환경 변화에 능동적으로 대응할 수 있는 유연한 학습조직을 구축하고 있다.	①	②	③	④	⑤
17	조직의 변화, 위기의식, 혁신의 필요성을 인식 및 공유할 수 있도록 주도적인 역할을 수행한다.	①	②	③	④	⑤
18	조직 내 경영전반에서 일어날 수 있는 다양한 혁신 활동을 전파하고 지원하도록 한다(예 : 6시그마 등).	①	②	③	④	⑤
19	회사 및 조직 차원의 다양한 혁신활동을 추진함에 있어 발생되는 다양한 저항 및 장애요인에 대한 해결책을 제시하여 변화를 주도적으로 선도한다.	①	②	③	④	⑤

부록 3 : 전략적 인적자원개발 성숙도에 대한 설문지 현황

전략적 인적자원개발의 성숙도란 인적자원개발 기능의 전략과 운영의 정교한 수준 그리고 기업의 전략과 통합되는 정도를 의미하는 것으로 McCracken and Wallace(2000a)는 인적자원개발의 성숙도에 따라 크게 3단계로 구분하였는데, 이 부록에서 제시하고 있는 설문의 5점 척도를 기준으로 하여 가장 낮은 단계인 교육훈련이 성숙하지 않은 수준(2.33~ 1점), 중간단계인 인적자원개발이 제법 성숙한 수준(3.66~2.34), 최고수준의 단계인 전략적 인적자원개발이 매우 성숙한 수준(5.00~3.67)으로 구분할 수 있습니다. 전략적 인적자원개발 성숙도에 대한 측정의 주요 항목은 HRD와 조직의 미션 및 목표와의 관계(1~2), HRD와 관련된 경영층의 태도(3~4), HRD와 관련된 환경분석(5~6), HRD 활동에 대한 실행계획, 정책 및 전략(7~8), 일선 관리자의 활동(9~10), 인적자원관리와의 전략적인 파트너십(11~12), HRD 담당자의 역할과 기능(13~14), 조직문화(15~16), HRD 평가(17~18) 등으로 구분합니다.

Q1. 다음은 귀하 회사의 전략적 인적자원개발의 성숙도에 관한 질문입니다. 자세히 읽어보신 후 귀하 회사의 현재 전략적 인적자원개발 수준에 가장 적합하다고 생각되는 곳에 체크(∨)해 주십시오.

NO	설문 항목	전혀 그렇지 않다	별로 그렇지 않다	보통 이다	그런 편이다	매우 그렇다
1	교육훈련, 경력개발, 조직개발 등 우리 회사의 HRD 활동은 개별적으로 진행하는 것이 아니라 조직의 미션 및 목표와의 연계선상에서 통합이 되어 있다.	①	②	③	④	⑤
2	교육훈련, 경력개발, 조직개발 등 우리 회사의 HRD는 그 활동의 결과로 조직의 미션과 목표를 형성하는 기능을 한다.	①	②	③	④	⑤
3	우리 조직의 최고경영층은 HRD의 중요성을 인정하고 그 활동을 지원·지지한다.	①	②	③	④	⑤

4	우리 조직의 최고경영층은 HRD 활동을 지원할 뿐만 아니라 스스로가 HRD에 대한 리더십을 발휘한다.	①	②	③	④	⑤
5	우리 조직은 HRD 활동을 실시함에 있어서 조직 내·외의 환경을 분석한다.	①	②	③	④	⑤
6	우리 조직은 HRD 활동을 실시함에 있어서 고위 경영진이 조직 내·외의 환경을 HRD 관점에서 분석한다.	①	②	③	④	⑤
7	우리 조직은 HRD에 대한 구체적인 실행계획과 정책을 가지고 있다.	①	②	③	④	⑤
8	우리 조직은 HRD에 대한 구체적인 실행계획과 정책뿐 아니라 이에 대한 전략을 가지고 있다.	①	②	③	④	⑤
9	우리 조직의 일선 관리자들은 학습 촉진자, 변화 관리자 등의 HRD 역할을 수행하며, 그러한 HRD 활동에 몰입하고 적극적으로 참여한다.	①	②	③	④	⑤
10	우리 조직의 일선 관리자들은 학습 촉진자, 변화 관리자 등의 HRD 역할을 수행하며, 이 과정에서 전략적 파트너십을 발휘한다.	①	②	③	④	⑤
11	우리 조직의 채용, 승진, 보상과 같은 인적자원관리는 HRD와 상호보완적으로 이뤄진다.	①	②	③	④	⑤
12	우리 조직의 채용, 승진, 보상과 같은 인적자원관리는 HRD와 단순한 연계를 넘어서서 전략적 파트너십을 발휘한다.	①	②	③	④	⑤
13	우리 조직의 HRD 담당자들은 단순한 훈련 프로그램 진행자를 넘어서 그 역할이 학습 촉진자, 내부 상담가 등 전문가 수준으로 확대되고 있다.	①	②	③	④	⑤
14	우리 조직의 HRD 담당자들은 단순한 훈련프로그램 진행자를 넘어서 지식과 기술을 현재 시스템에 맞도록 적응시키는 역할 또는 조직이 요구하는 새로운 가치나 태도를 구성원들이 받아들일 수 있도록 하는 역할 등 변화 컨설턴트(Change Consultant)로까지 그 역할이 확대되고 있다.	①	②	③	④	⑤
15	우리 조직의 HRD 활동은 조직문화를 인정하고 이를 감안하여 운영된다.	①	②	③	④	⑤
16	우리 조직의 HRD 활동은 조직문화를 고려하여 운영될 뿐만 아니라 조직문화를 유지하거나 바꾸는 등 영향을 미치는 능력을 가지고 있다.	①	②	③	④	⑤
17	우리 조직은 HRD를 실행하는 것에 그치는 것이 아니라 HRD 활동이 어떠한 결과를 가져왔는지에 대한 사후분석 및 평가를 강조한다.	①	②	③	④	⑤
18	우리 조직은 HRD 활동에 대하여 투자한 비용에 대비해서 어느 정도의 성과를 내었는지를 분석하는 비용 대비 효과성(Cost Effectiveness) 측면의 평가를 강조한다.	①	②	③	④	⑤

부록 4 : 전략적 인적자원개발(SHRD) 활동의 분류

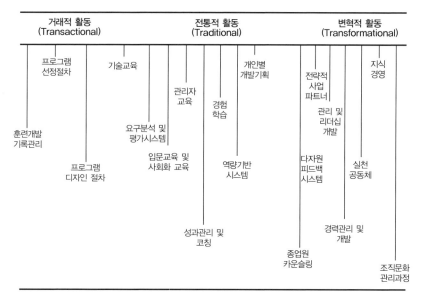

출처 : Garavan(2007)

부록 5 : 전략적 인적자원개발(SHRD)의 등장

전략적 HRD의 등장

Ulrich(1997)의 HR모형	McCracken & Wallace(2000)의 전략적 인적자원개발의 특성

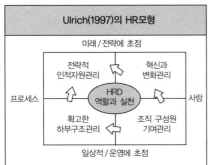

미래 / 전략에 초점

| 전략적 인적자원관리 | 혁신과 변화관리 |

HRD 역할과 실천

프로세스 / 사람

| 확고한 하부구조관리 | 조직 구성원 기여관리 |

일상적 / 운영에 초점

- 사람, 프로세스, 운영, 전략의 측면에서 조직에 전략과 연계되는 HR의 중요성을 언급함.
- HRD가 전략의 일부분이 되면서 기존의 영역뿐아니라 점차 그 영역이 확대되는 추세임.

- 조직 미션과 목적 설정 기여
- 최고경영층의 리더십
- HRD 관점 고위 경영진의 환경분석
- HRD 전략, 정책, 계획
- 일선 관리자와의 전략적 파트너십
- HRM과의 전략적 파트너십
- 조직의 변화 컨설턴트로서의 역할
- 조직문화에 영향을 미치는 능력
- 비용 대비 효과성 평가 중시

부록 6 : 전략적 인적자원개발(SHRD)의 주요 핵심과제

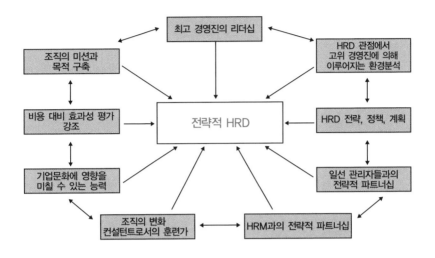

부록 7 : 전략적 인적자원개발(SHRD)을 촉발하는 요인들

구분	내용
새로운 기술	– 생산과정과 정보시스템에서의 기술 변화 – 경영(관리)업무의 재설계 – 기술과 일반관리의 차이를 없애는 의사지원시스템 – 낮은 직급 사람들이 이전보다 많은 정보, 권력, 지식을 갖게 됨. – 더욱 빠른 제품개발의 필요성
품질에 대한 요구	– 양질의 제품과 서비스 제공에 대한 사업적 압력 – 국제적인 소비자·공급자 관계에 대한 깊은 이해를 요구하는 최고 수준의 프로그램들 – 고객이 원하는 것을 제공하는 노하우
새로운 경쟁관계 조정	– 민영화, 규제철폐, 대리인 지위의 통합 등 규제와 단속에 있어서의 변화 – 전략적 제휴, 조인트벤처 등의 증가 – 인수, 합병, 경영권 취득, 다각화 등의 증대
비즈니스의 글로벌화	– 시장의 글로벌화 – 하나의 유럽시장(EU), 환태평양 지역의 단일화 등 – 새로운 경제적 집단의 재출현
더욱 유연하고 민감한 조직	– 성숙기 및 쇠퇴기 산업에 있어서의 탈집중화 – 단기 성과 개선 압력 – 조직의 경계선상에서 일하는 사람들의 증가 – 관료제 조직에서 임시 수평적 조직(Ad-hocracy)로 이동 – 규정과 형식화의 감소, 조직 내 국가적 경계 축소 – 창업, 성장, 쇠퇴로 이어지는 기업 변화주기의 가속화
자원의 공급	– 인적자원 공급을 위축시키는 인구통계적 압력 – 조직의 요구에 부응하지 못하는 교육제공 – 특정 지역에서 수요자 노동시장에서 공급자 노동시장으로의 장기적 변화 – 개인 개발을 요구하는 '나' 중심의 문화('me' Culture) 확산

제3장

HRD(Human Resource Development)
담당자의 역할과 역량

1. HRD(Human Resource Development) 담당자의 중요성

　최근 조직에서 우수한 인적자원은 조직의 생존과 성장에 있어 핵심적인 자산으로 인식되고 강조되고 있다. 그러나 이와 같은 인식의 증대에도 불구하고 인적자원개발 전담부서를 두고 있는 조직은 그들의 특성과 여건에 따라 교육훈련프로그램 개발, 경력개발체제의 설계 등을 아웃소싱(Outsourcing)하여 전담조직의 기능을 대신하거나 중소기업은 경영여건상 전담부서(인력)를 둘 수 없는 것이 현실적인 현상이다. 조직 구성원은 집체교육(Off the Job Training)이 아닌 이들의 업무경험이나 다른 구성원들과의 교류를 통하여 비공식적(Informal and Incidental)으로 자신이 필요한 업무 전문성을 비체계직으로 습득하고 있다.

　인적자원개발 담당자의 역할이라 함은 개인이나 조직에게 기대되는 일련의 행동 유형을 의미하는 것으로 인적자원개발 담당자들은 자신의 역할에 대한 기대가 다를 경우 정체감에 혼동을 가질 수 있고, 역할 갈등과 역할 모호성을 겪을 수 있다.

또한 인적자원개발 담당자는 조직의 인적자원개발 능력을 향상시키기 위해 인적자원 활동을 목적으로 하고 있으며, 조직을 개발하고 개인의 학습을 통해 조직 구성원 개개인의 능력을 체계적으로 개발하는 역할을 수행한다. 이는 조직에서 다양한 교육을 통한 조직원의 자질을 향상하고, 조직의 생산성을 극대화하기 위해 교육체계를 수립하며 계층별 필요역량을 규명하여 HRD 담당자의 직무수행 역할과 역량을 극대화하여야 한다. 특히 급변하는 경영환경 변화에서 조직의 지속적인 생존과 발전을 위해 새롭게 요구되는 학습 환경에 조직 구성원들을 체계적으로 지원하기 위해서 다양한 성과 향상 기법과 학습방법, 학습 자료를 활용할 수 있는 역량을 가지고 있는 인적자원개발 담당자의 차별적 존재는 필수적이라고 볼 수 있다.

스탠포드대학의 Pfeffer(1998)에 따르면 미국 내 선도적인 기업들이 지속적으로 경쟁우위를 갖고 성장할 수 있었던 가장 주요한 이유는 기업의 인적자원관리와 인적자원개발이 뛰어났기 때문이며, 이를 가능하게 할 수 있는 원동력은 바로 조직 내 인적자원개발 담당자의 탁월한 역량이었다는 점으로 볼 때 인적자원개발 담당자는 조직 성장에 핵심적인 성공 요인이라 할 수 있다. 이에 HRD 담당자은 조직의 전략적인 방향을 잘 고려해서 조직 구성원에 대한 인재육성체계를 운영하여야 한다. 다시 말해 인적자원 육성을 고려할 때 HRD 담당자들은 첫째, 인적자원개발을 위해 반드시 조직 내부에 대한 전문성을 먼저 확보해야 하며, 둘째, 절대로 인재육성 담당자의 핵심 역할과 역량을 지속적으로 향상하여야 한다. 셋째, 조직의 학습문화 향상과 개선에 인재육성 담당자의 업무역할 수행을 최우선 순위로 두어야 한다는 점이다.

2. HRD(Human Resource Development) 담당자의 역할

최근 국경 없는 무한 경쟁 경영환경에서 조직은 새로운 생존전략을 지속적으로 요구받고 있다. 특히 지식정보화 시대에 인재를 체계적으로 육성하는 것은 조직의 경쟁력 확보에 가장 중요한 필수적인 핵심전략이 되었다. 이에 조직 내 HRD 담당자의 역할은 그 어느 시기보다 더욱 더 중요성이 가중됨에도 불구하고 조직 내 조직 구성원은 역할을 통해 자신들의 업무를 수행하고 있다. 여기서 역할(Role)이란 조직 구성원들이 자신이 수행하는 어떤 자리에 대하여 그들에게 기대하는 일련의 행동을 말하며, HRD 담당자의 역할이란 조직 구성원들이 HRD 담당자들에게 기대하는 일련의 행동과 태도라고 할 수 있다.

조직 내 HRD 담당자의 업무 특성상 특정한 위치에 대한 역할 기대와 역할 인식에 대한 중요성은 경영환경 변화에 능동적인 대처 요인으로 이들에게 요구되는 역할에 대한 명확성과 함께 책임을 강조하고 있다. 그리고 HRD 담당자들이 수행해야 할 역할을 보다 명확히 규명하고 제시하기 위해 Nadler[1]

는 1979년과 1989년에 교육훈련 담당자의 역할을 학습전문가(Learning Specialist) 영역, HRD 관리자(Manager of HRD) 영역, 컨설턴트(Consultant) 영역의 세 부분으로 나누고 그 하위 역할을 〈표 3-1〉과 같이 분류하였다.

〈표 3-1〉 Nadler의 HRD 담당자 역할

역할	하위 역할
학습 전문가 (Learning Specialist)	– 학습 촉진자(Facilitator of Adult Learning) – 교육프로그램개발자(Developer of Instructional Program) – 교수전략개발자(Developer of Instructional Strategies)
HRD 관리자 (HRD Manager)	– 인적자원개발프로그램 감독자(Supervisor of HRD Program) – 인적자원개발자(Developer of HRD Personnel) – 시설 및 재정 조정자(Arranger of Facilities and Finance) – 조직 내·외 관계 유지자(Maintainer of Relations)
컨설턴트 (Consultant)	– 내용 담당자(Expert) – 조언자(Advocate) – 격려자(Stimulator) – 변화 촉진자(Change Agent)

출처 : Nadler, L., & Nadler, Z.(1989), Developing human resources(3rd ed.), p.163, 재구성

학습전문가(Learning Specialist)란 실제로 학습활동을 담당하는 역할로서 교육훈련 담당자의 가장 근본적인 역할이라고 할 수 있다. 학습전문가 영역의 하위 역할로는 교수프로그램 개발자(Developer of Instructional Program), 학습 촉진자(Facilitator of Learning), 교수 전략 개발자(Developer of Instructional Strategies)로 나타내었다.

인적자원개발 관리자 영역의 하위 역할은 인적자원개발 프로그램 감독자(Supervisor of HRD Strategies)와 인적자원개발자(Developer of HRD Personnel), 인적자원개발 정책 개발자(Developer of HRD Policy), 시설 및 재정 조정자(Arranger of Facilities and Finance), 관계유지자(Maintainer of Relations)로 구분할 수 있다.

교육훈련과 관련하여 경영자 및 조직의 요구에 반응하고 대안을 제시하는 컨설턴트 영역의 하위 역할로는 내용 전문가(Expert)와 조언자(Advocate), 격려자(Stimulator), 변화 촉진자(Change Agent)의 역할로 설명하였다.

한편, ASTD에서는 1983년 McLagan[2]의 수월성을 위한 모델(The Model for Excellence)라는 연구를 통해 교육훈련전문가의 능력개발에 관한 지침을 마련하고, 평가자와 그룹 촉진자, 개인 개발 상담자, 강의자료 작성자, 강사, 훈련개발 관리자, 판매자, 매체전문가, 요구분석가, 프로그램운영자, 프로그램설계자, 전략가, 직무분석가, 이론가, 전이 관리자 등 15가지 역할을 제시하였다.

또한 1989년에 McLagan[3]이 주축이 되어 행해진 'Models for HRD Practice'에서 인적자원개발 전문가의 역할과 능력을 새롭게 규명하였다. 이는 기존의 '훈련 및 개발'에 초점을 둔 것으로 인적자원개발 분야의 역할과 역량의 묘사를 넘어 T&D의 개인개발뿐만 아니라 경력개발, 조직개발의 전 분야를 포괄한 인적자원개발 업무수행능력에 관한 것이다. 즉, 인적자원개발 전문가의 구체적인 역할을 연구자와 마케터, 조직 변화 추진자, 요구분석가, 프로그램설계자, 인적자원개발 자료 개발자, 강사, 촉진자, 경력개발 상담자, 운영자, 평가자, 인적자원개발 관리자 등의 11가지 역할을 〈표 3-2〉와 같이 구분하였다.

역할	역할에 대한 주요 내용
1. 연구자(Researcher)	인적자원개발과 관련된 이론, 연구, 개념, 기술, 모델, 하드웨어 등과 같은 것에 대한 새로운 정보를 규명하고 개발, 테스트하여 그것을 각 개인이나 조직의 수행과 향상을 위해 정보를 적용하도록 전이시키는 역할
2. 마케터(Marketer)	인적자원개발의 관점과 프로그램 및 서비스를 홍보하고, 판매하며 계약하는 일
3. 조직 변화 추진자 (Organization Change Agent)	조직행동의 변화를 지원하고 리드하며 영향을 주는 역할
4. 요구분석가 (Need Analyst)	이상적인 기준과 실제와의 수행 차이를 규명하고, 그 일치의 원인을 밝혀내는 역할
5. 프로그램설계자 (Program Designer)	교육목표를 입안하고, 내용을 정의하며, 특정한 상호작용을 위한 교수 활동을 설정하고 배열하는 역할
6. 인적자원개발자료개발자 (Materials of Developer)	글로 쓰거나 전자매체를 활용하여 강의 자료를 작성하며, 전달매체를 생산하는 역할
7. 강사 / 촉진자 (Instructor / Facilitator)	정보를 제공하고 구조화된 학습경험을 지도하며, 그룹 토의와 과정을 관리하고 진행하는 역할
8. 경력개발 상담자 (Individual Career Development Advisor)	개인이 자신의 능력과 가치, 목표 등을 평가하는 것을 도와주고, 경력개발과 경력행동을 계획하고, 정의하도록 도와주는 역할
9. 운영자(Administrator)	인적자원개발프로그램과 서비스 제공을 위한 학습 서비스 지원과 조정, 협조하는 역할
10. 평가자(Evaluator)	개인 및 조직의 효과성에 대한 상호작용의 영향을 명확히 하는 역할
11. 인적자원개발 관리자 (Manager of HRD)	인적자원개발 부서를 조직하고 이끌며 업무를 지원하고 인력개발 운영에 관련되는 다른 조직과 코디네이션(Coordination)하는 역할

출처 : McLagan, P. A., & Suhadolnik, E.(1989), Model for HRD Practice : The Research Report. Alexandria, VA : ASTD Press. p.20

이후 ASTD 대회에서 급격한 경영환경의 변화에 대처하기 위해 글로벌 기업들은 인적자원개발을 더욱 더 강조하면서 새로운 역할을 필요로 하였다. 이러한 경영환경 변화에 인적자원개발 담당자들에게 새로운 역할로서 McLagan(1996)은 인적자원전략 조언자와 인적자원시스템 설계 및 개발자, 조직변화 추진자, 조직설계 컨설턴트, 학습프로그램 전문가, 교수자, 촉진자, 개인개발 및 경력 상담자, 성과 컨설턴트, 연구자로 구분하면서 〈표 3-3〉과 같이 나타낸다.

〈표 3-3〉McLagan(1996)의 인적자원개발 전문가 역할

역할	역할에 대한 내용
1. 인적자원전략 조언자 (HR Strategic Advisor)	조직전략과 성과목표를 추진하는 데 영향을 주는 직업능력 개발 이슈에 관하여 전략적 의사결정자에게 조언 제공
2. 인적자원시스템 설계 및 개발자 (HR System Designer & Developer)	조직의 성과에 영향을 주는 인적자원시스템의 설계와 개발에 대하여 인적자원 관리를 지원
4. 조직설계 컨설턴트 (Organization Design Consultant)	인적자원의 효율적인 활용을 위한 업무시스템의 설계에 관한 조언
5. 학습프로그램 전문가 (Learning Program Specialist)	학습자의 요구를 파악하고, 적절한 학습프로그램을 설계, 개발하며 학습 교재 및 보조재 개발
6. 교수자 / 촉진자 (Instructor / Facilitator)	체계적으로 구조화된 학습경험과 교재 및 교보재를 활용하여 학습을 리드하고 촉진
7. 개인개발 및 경력 상담자 (Individual Development & Career Consultant)	체계적인 경력계획을 수립하기 위하여 개인의 역량과 목표를 평가하는 데 지원 및 조언 제공
8. 성과 컨설턴트 (Performance Consultant)	개인과 그룹의 성과 향상을 위하여 적절한 개입 프로그램 설계에 관한 조언 제공
9. 연구자(Researcher)	직업능력 개발활동의 효과성을 결정하기 위하여 적절한 통계절차를 활용하여 직업능력 개발활동과 프로그램을 평가하고 그 결과를 조직에 제공

출처 : McLagan, P. (1996), Great ideas revisited. Training & Development, 50(1), pp.60-65

인적자원개발 담당자의 역할[4]을 인적자원개발 관리자와 강의설계자, 학습전문가, 컨설턴트의 네 가지 영역으로 역할을 구분하고 각 영역에 대한 하위 영역은 평가자(Evaluator)와 그룹토의 촉진자(Group Facilitator), 개인능력개발 상담자(Individual Development Counselor), 강의자료 작성자(Instructional Writer), 강사(Instructor), 훈련·개발 관리자(Manager of Training & Development), 판매가(Marketer), 전달매체 전문가(Media Specialist), 요구분석가(Needs Analyst), 프로그램운영자(Program Administrator), 프로그램설계자(Program Designer), 전략가(Strategist), 직무분석가(Task Analyst), 이론가(Theoretician), 학습전이 지원자(Transfer Agent) 등과 같이 15가지 역할로 구분하여 제시하였으며, 그에 대한 주요 내용은 〈표 3-4〉와 같이 나타낼 수 있다.

역할	하위 역할
HRD 관리자 (HRD Manager)	평가자(Evaluator) 훈련·개발 관리자(Manager of Training & Development) 판매가(Marketer) 프로그램운영자(Program Administrator) 전략가(Strategist)
강의설계자 (Instructional Designer)	평가자(Evaluator) 강의자료 작성자(Instructional Writer) 전달매체 전문가(Media Specialist) 요구분석가(Needs Analyst) 프로그램설계자(Program Designer) 직무분석가(Task Analyst) 이론가(Theoretician)
학습전문가 (Learning Specialist)	평가자(Evaluator) 그룹토의 촉진자(Group Facilitator) 강의자료 작성자(Instructional Writer) 강사(Instructor) 전달매체 전문가(Media Specialist) 요구분석가(Needs Analyst) 프로그램 설계자(Program Designer) 직무분석가(Task Analyst) 학습전이 지원자(Transfer Agent)
컨설턴트 (Consultant)	평가자(Evaluator) 그룹토의 촉진자(Group Facilitator) 개인능력개발 상담자(Individual Development Counselor) 강사(Instructor) 판매가(Marketer) 요구분석가(Needs Analyst) 전략가(Strategist) 직무분석가(Task Analyst) 학습전이 지원자(Transfer Agent)

출처 : Gilley, J. W. & Eggland, S. A.(1989), Principles of Human Resource Development. New York : Addison-Wesley Publishing company, inc. p.20

HRD 담당자의 역할을 학습 촉진자와 교수설계자, 수행공학자, 컨설턴트, HRD 리더로 분류하여 제시하였다.[5] 이는 선행의 인적자원개발자의 역할 구분에 비해 수행공학자의 역할을 반영한 것이다.

앞에서 제시된 HRD 담당자의 역할에 대해 구체적으로 살펴보면 첫째, 학습 촉진자의 역할은 평가자와 집단 촉진자, 수업자료 작성자, 교수자, 매체전문가, 요구분석가, 프로그램 설계자, 과업분석가, 전이 촉진자의 역할을 수행하는 것으로 하위 역할을 구분하였다. 여기에서 학습 촉진자는 단순히 교과지식의 전문가가 되는 것이 아니라 학습자가 변화를 일으키도록 하기 위한 질문과 경청, 피드백, 학습전이를 강조하고 있다. 둘째, 교수설계자의 역할은 수행 개선을 위한 활동들을 설계하고 개발하는 것으로 조직이 그 문화에 맞는 주문식 훈련프로그램을 개발하면서 나타난다. 교수설계자는 행동 변화와 조직효과성 제고를 위한 활동을 설계, 개발하는 중요한 역할로 프로그램 설계자와 수업자료 작성자, 매체전문가, 과업분석가, 이론가로서의 역할을 하며, 이 역할들은 상호 관련성을 갖는다. 셋째, 수행공학자의 역할은 조직 내에서 수행에 영향을 미치는 여러 가지 요인들을 규명하고 분석하여 부적절한 수행의 근본 원인을 밝혀내고, 적절한 해결책을 찾는 것이다. 넷째, HRD 컨설턴트의 역할은 고객관계형성기술을 통해 관계형성자, 협력자, 의사소통자의 역할을 수행하며, 조직개발기술로 영향력 행사자, 전략가, 문제해결자의 역할이며, 사업에 대한 이해로 탐색자와 전략적인 동반자, 체제연계자로서의 역할을 수행한다. 아울러 이러한 기술과 역할을 통해 조직의 효과성을 제고시킨다. 다섯째, HRD 리더의 역할은 전략적인 사업 동반자와 평가자, 조직의 학습·수행·변화체제의 관리자, 기업가, 프로젝트리더, 운영의 리더, 학습 관리자, 전략가, 문제해결자, 변화 촉진자, 마케팅 전문가 등으로 하위 역할을 구분한다. 그리고 Piskurich and Sanders(1998)[6]는 직접적으로 학습공학을 선택, 운영, 활용하는 데 요구되는 역할을 학습공학모형(ASTD Models for Learning Technology)으로 제시하였다.

이에 대한 인적자원개발 담당자의 역할에 대한 내용은 〈표 3-5〉와 같다.

〈표 3-5〉 학습공학 모형에서의 인적자원개발 담당자의 역할과 내용

역할	역할에 대한 내용
인적자원개발 관리자	조직의 요구를 충족시키기 위해 조직이 사용해야 할 학습공학의 결정, 사용시기와 전달과정 전반을 관리·운영하는 역할
분석가	실제와 바람직한 상환간의 수행 격차를 명확히 하고 격차를 줄이기 위한 수행목표에 대해 명확히 설명하며, 교육·훈련에 필요한 시기를 파악하는 역할
설계자	바람직한 목표 달성을 위한 근로자의 요구에 적합한 내용, 강의방법, 전달매체, 프레젠테이션 매체 등을 활용하고, 이를 교육설계에 반영하여 교육 자료를 작성하는 역할
개발자	다양한 프레젠테이션 매체활용을 통하여 교육설계 자료를 효율적으로 활용하는 역할
수행가	인적자원개발을 위한 학습공학의 도입 및 활용하기 위하여 학습공학과 관련된 여러 기술진과 협력하는 역할
강사	학습공학매체를 활용하여 구조화된 학습경험을 지도하여 근로자의 학습을 촉진하는 역할
평가자	프로그램 및 교육운영 후 그 결과와 학습공학기술의 효율성을 측정하고 평가하는 역할
조직 변화 촉진자	조직이 새로운 사회 변화, 문화 변화, 기술 변화 등에 적응하도록 도와주는 역할

출처 : Piskurich, G. M., & Sanders, E. S.(1998). ASTD Models of Learning Technologies. Alexandra, VA : American Society for Training and Development.

HRD 담당자의 역할에 대해 전통적인 교육담당자 역할과 수행 컨설턴트 역할로 구분해 볼 수 있다.[7] 여기에서 수행 컨설턴트는 사업목표가 달성되도록 조직 구성원들이 무엇을 해야 하는지에 대해 고민하지만, 전통적인 교육담당자들은 이와는 다르게 조직 구성원들이 무엇을 학습해야 하는가에 초점을 맞춘다.

이에 전통적인 교육담당자와 수행 컨설턴트의 역할을 상호 비교하면 〈표 3-6〉과 같이 나타낼 수 있다.

구분	전통적 교육 담당자 역할 (Traditional Trainer Role)	수행 컨설턴트 역할 (Performance Consultant Role)
관심의 초점 (Focus)	조직 구성원의 학습요구를 파악하고, 교육과정을 운영	조직 구성원의 수행요구를 파악하고, 교육과정을 운영
산출물 (Output)	교육프로그램 자기학습, 컴퓨터 기반 교육 등의 구조화된 학습경험을 만들어 냄. 교육을 목표로 간주함. 조직 구성원이 학습하여 바람직한 결과를 얻어낸다면, 전통적인 교육 담당자의 역할을 다한 것임.	수행 변화와 개선을 도와줄 서비스를 제공. 교육프로그램뿐만 아니라 수행모델(즉, 경영목표를 달성하는 데 필요한 수행)과 최적의 수행을 방해하는 작업환경에 대한 문제를 제기. 교육을 목표 달성을 위한 수단으로 간주. 조직 구성원은 자신들이 학습한 것을 업무에 적용함. 수행이 바라던 방향으로 이루어졌을 때에야 수행 컨설턴트가 자신의 역할을 다한 것임.
책임 (Accountability)	교육활동에 책임을 짐. 참가자 수, 강의시간, 과정 등을 측정함. 기본적으로 교육의 다다익선(More is better)을 추구	경영자나 다른 조직 구성원들과 동료 의식을 형성, 유지할 책임. 조직 구성원들의 수행을 개선하는 데 얼마나 기여했는지를 평가
측정 (Measures)	교육에 대한 평가는 참가자의 반응과 학습을 측정함.	교육적, 비교육적 프로그램의 결과는 수행의 변화와 비용 대비 효과의 관점에서 측정
요구사정 (Assessments)	전형적으로 조직 구성원의 교육(Training) 요구만을 파악	수행(Performance) 격차를 결정하고, 원인을 알아내야 요구사정이 완료. 작업환경이 수행을 얼마나 신속히 지원할 수 있는지 파악
조직목표와 맞는 관계 (Relationship to Organizational Goals)	교육에 드는 예산을 (투자가 아닌) 비용으로 간주. 경영목표와 교육프로그램의 상관성이 미흡	비용절감과 같이 측정 가능한 결과를 산출하는 기능을 담당함. 조직목표와 밀접한 관계를 맺음.

출처 : Robinson, D. G., & Robinson, J. C.(1996), Performance consulting : Moving Beyond Training. San Francisco, CA : Berrett-Koehler Publishers, p.11

1999년 ASTD에서 Rothwell and Sanders[8]는 인적자원개발 담당자를 WLP(Workplace Learning & Performance) 전문가로 보고 그 역할을 〈표 3-7〉과 같이 7가지로 제시하였다. 이는 성과 관리자와 분석가, 문제해결방안 선택자, 문제해결방안 설계·개발자, 수행가, 변화 리더, 평가자로 WLP 전반을 계획 및 조직화를 통하여 스케줄링하면서 개인과 그룹의 결과 도출을 리드하며, 실제의 성과와 이상적인 성과와의 차이를 분석하고 조사한다. 그리고 그 차이의 원인을 다룰 수 있는 적절한 솔루션을 찾아내고 그 해결책을 설계 및 개발하여 현장에서 직접 실행한다.

〈표 3-7〉 WLP모형에서의 인적자원개발(WLP) 담당자의 역할

역할	역할에 대한 내용
성과 관리자(Manager)	개인과 조직의 성과 향상을 목적으로 학습 및 다른 수행과정에 대한 WLP의 전반을 계획하고 조직화하여 성과도출을 선도하는 역할
분석가(Analyst)	개인과 조직의 수행 결과에 따른 실제의 성과와 이상적인 성과와의 차이를 조사하고 분석하는 역할
문제해결방안 선택자 (Intervention Selector)	성과 차이에 대한 원인과 문제점을 해결할 수 있는 적절한 해결방안을 찾아내는 역할
문제해결방안 설계·개발자(Intervention Designer & Developer)	선택된 문제해결 방안에 대해 구체적인 실행방안을 설계하고 개발하는 역할
수행가 (Intervention Implementor)	개발된 문제해결 방안을 실제 현장에 적용하고 실행하는 역할
변화 리더 (Change Leader)	실행된 과정(Process)이 지속적으로 유지될 수 있도록 관리하고, 조직 변화를 지원·촉진하는 역할
평가자(Evaluator)	새롭게 도출된 성과의 수준이 이상적인 계획 수준과 얼마나 근접하였는지를 평가하는 역할

출처 : Rothwell, W., Sanders, E. S., & Soper, J. G.(1999), ASTD model for workplace learning and performance. Alexandria, VA : ASTD

또한 실행된 프로세스가 지속될 수 있도록 관리하고 조직 변화를 지원하여 새롭게 형성된 성과의 수준이 이상적인 수준의 성과에 얼마나 근접했는가를 분석하는 역할을 한다.

Bernthal 등(2004)[9]의 ASTD에서 발표된 역량모델을 살펴보면, 기존의 ASTD 모델에 비해 직무현장의 학습 및 성과 중심적으로 현실적인 이슈와 다양하고 복잡한 전문영역을 포괄하고 있다. 미래지향적으로 제시한 역할을 살펴보면 크게 학습전략가와 비즈니스 파트너, 프로젝트 매니저, 직무전문과 등과 같이 4가지를 제시하고 있다.

첫째, 학습전략가는 장기적인 사업성의 획득과 조직 요구와 일치된 가치를 위해 직무 현장 내 학습 및 성과 향상이 최적으로 평가될 수 있는지 판단하여 전략을 계획 및 실행하는 것이다. 둘째, 비즈니스 파트너는 현장의 성과 향상 기회를 확인하는 데 있어 경영 및 산업관련 지식을 고객과 함께하며, 성과에 긍정적인 영향을 줄 해결책을 평가, 제시하고 고객과의 효과적이고 장기적인 관계 형성을 위한 대인관계능력, 커뮤니케이션 방법들을 활용한다. 셋째, 프로젝트 매니저는 전반적인 사업추진을 지원하고 학습 및 성과 솔루션의 효과적인 전달을 위해 계획과 자원조달, 모니터, 방해물 제거 등 적절한 지원을 하면서 사후 검토와 실행을 하는 것이다. 넷째, 직무 전문가는 보다 심도 있는 적용을 위해 학습 및 성과 솔루션들을 기획, 개발, 전달, 평가하는 역할을 수행한다.

한편, 조직의 지속적인 성장과 발전을 위해 최근 조직교육과 교육전문가의 변화를 강조하고 있는데, 이는 기업교육 패러다임 전환의 주요 포인트로 '교육·훈련'에서 '학습'으로의 전환이다. 즉, 시키고 받는 교육에서 조직 구성원 스스로 하는 학습으로 전환됨을 의미한다.

이러한 변화 속에서 인력개발 전문가의 역할은 첫째, 교육전문가는 단순한 교육과정 운영 중심에서 다양한 학습활동을 촉진시킬 수 있는 '학습 컨설턴트'의 역할을 강조한다. 둘째, 학습자에게 다양한 동기부여를 유도하기 위해 정보를 끊임없이 창출하는 '네트워커(Networker)' 노는 '상호작용 촉진사'의 역할이 강조된다. 셋째, 성과가 나타나지 않는 원인을 총체적으로 분석하여 원인별로 다양한 해결책을 제시하는 '성과 공학자' 또는 '성과 컨설턴트'가 되어야 한다.[10]

인적자원개발 전문가의 역할에 대해 [그림 3-1]과 같이 전문영역 지식과 교수설계능력에 대한 두 축을 기준으로 운영자 또는 행정가, 인적자원개발 관리자, 교수설계자 및 개발자, 촉진자, 성과 개선 컨설턴트로 분류하면서[11] 인적자원개발 전문가의 경력개발을 통한 역할 확대와 질적 성장을 통해 향후 수행의 폭을 넓혀 나가는 것이 바람직하다.

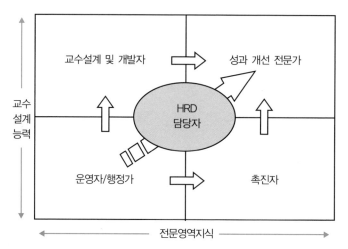

출처 : 정용진(2003), '글로벌 지식·정보화 시대의 국내 기업 HRD 담당자들의 역할과 역량에 관한 비교 분석연구', 산업교육연구 9, p.127

[그림 3-1] 인적자원개발 전문가의 역할 수행을 위한 경력개발

이와 함께 인적자원개발 담당자의 역할에 대한 주요 시대별로 비교해 보면 다음의 〈표 3-8〉과 같이 나타낼 수 있다. 즉, 인적자원개발의 영역이 Training & Development에서 HRD로, 다시 WLP로 확대된 것과 같이 인적자원개발 담당자의 역할도 개인의 능력개발에 초점을 맞춘 상황에서 출발하여 경력개발과 조직개발이 포함되었으며, 해결방안을 선정하는 과정도 교육·훈련

뿐만 아니라 외적인 방법을 통합적으로 활용하는 성과관리의 역할까지 확대되고 있다.

〈표 3-8〉 인적자원개발 담당자의 역할에 관한 주요 시대별 비교

역할 \ 연구자	Nadler (1989)	Gilley & Eggland (1989)	McLagan (1996)	Piskurich & Sanders (1998)	Rothwell 외 (1999)
훈련 개발	학습전문가	학습전문가	강사·촉진자	강사	수행가
		교수설계자	학습프로그램 전문가	수행가	
				분석가	
			연구자	설계자	
				평가자	
				개발자	
조직 관리	인력개발 관리자	인력개발 관리자	인적자원시스템 설계 및 개발자	인력자원개발 관리자	성과 관리자
			조직 변화 추진자	조직 변화 촉진자	변화 리더
			조직설계 컨설턴트		문제해결방안 선택자
	컨설턴트	컨설턴트	인력개발 조언자		분석가 설계·개발자
성과 관리			성과 컨설턴트		평가자
			개인개발 및 경력 상담자		

출처 : 류지용(2007), '기업 인적자원개발 지원 담당자의 역할과 직무능력에 관한 인식조사', 석사학위논문. p.18

인적자원관리(HRM)의 다면 역할모델(Multiple-role Model)을 응용하여 인적자원개발의 다면 역할모델을 제시하였는데[12], 이는 인적자원개발의 역할들을 중점(Focus)사항과 활동(Activity)사항 각각을 축으로 하여 네 개 영

역으로 나눠 인적자원개발의 역할을 [그림 3-2]와 같이 구별하였다.

활동(Activity)

		프로세스 개발	인력 개발
중점 (Focus)	장기적 / 전략 중심	전략적 인적자원개발자	조직적 변화 관리자
	단기적 / 운영 중심	조직 설계자	인적자원 개발자

출처 : Jeong, 2004, p.55

[그림 3-2] 인적자원개발의 다면 역할모델

[그림 3-2]에서 제시된 장기적인 전략 중심과 프로세스개발 활동에 해당되는 것으로는 첫째, 전략적 인적자원개발자(Strategic Human Resource Developer)의 활동은 프로세스 개발에 관련되어 있고, 장기적이고 전략적인 문제에 관심을 갖는다. 즉, 전략적 인적자원개발자의 역할은 전략적 인적자원을 개발함과 동시에 조직전략을 구상한다. 둘째, 조직 변화 관리자(Organizational Change Agent)의 활동은 인력개발과 관련이 있으며, 장기적이며 전략적인 문제에 관심을 갖는다. 조직 변화 관리자의 역할은 조직변화를 촉진하고, 변화된 조직이 이들 역할의 결과물이다. 셋째, 조직설계자(Organizational Designer)의 활동은 프로세스 개발과 관련이 있으며, 단기적이고 운영적인 문제에 관심을 갖는다. 이들의 역할은 조직설계를 컨설팅하고 최적의 조직기반을 구축하는 것이다. 넷째, 인적자본 개발자(Human

Capital Developer)의 활동은 인력개발과 관련이 있으며, 단기적이고 운영적인 문제에 관심을 갖으며, 이들의 주요 역할은 인적자원을 개발하는 일이다. 특히 HRD 담당자의 역할에서 초기에는 교육훈련과정을 개발, 운영하고 학습을 촉진하는 데 중점을 두었으나, 1990년대에 들어서부터 조직의 수행 향상을 위한 수행공학자로서 역할의 비중이 점점 커졌다. 이는 인적자원개발의 역할이 교육훈련만을 실행했던 역할에서 벗어나 조직의 수행 개선을 위한 전략적인 파트너로서의 핵심적인 역할을 해야 한다는 것을 보여주고 있다.

그에 대한 세부적인 내용은 〈표 3-9〉와 같이 나타낼 수 있다.

<표 3-9> HRD 담당자의 역할에 관한 동향

연구자	역할	
Nadler(1970)	학습전문가, 운영자, 컨설턴트	
Nadler(1989)	학습전문가	학습 촉진자, 교수프로그램 개발자, 교수전략 개발자
	인적자원개발 관리자	인적자원개발프로그램 감독자, 인적자원개발자, 인적자원개발 정책개발자, 시설 및 재정조정자, 관계유지자
	컨설턴트	내용전문가, 조언자, 격려자, 변화 촉진자
McLagan(1983)	평가자, 조직 촉진자, 개인개발 상담자, 수업자료 작성자, 교수자, T&D 관리자, 판매자, 교육매체 전문가, 요구분석가, 전략가, 프로그램 설계자, 이론가, 전이 촉진자, 직무분석가, 프로그램운영자	
McLagan(1989)	연구자, 마케터, 조직 변화 추진자, 요구분석가, 프로그램 설계자, 인적자원개발, 자료개발자, 강사, 촉진자, 경력개발 상담자, 운영자, 평가자, 인적자원개발 관리자	
Gilley & Eggland(1989)	HRD 관리자	평가자, 훈련·개발 관리자, 판매자, 프로그램 운영자, 전략가
	강의 설계자	평가자, 강의자료 작성자, 전달매체 전문가, 요구분석가, 프로그램 설계자, 직무분석가, 이론가
	학습 전문가	평가자, 그룹토의 촉진자, 강의자료 작성자, 강사, 전달매체 전문가, 요구분석가, 프로그램 설계자, 직무분석가, 학습전이 지원자
	컨설턴트	평가자, 그룹토의 촉진자, 개인능력개발 상담자, 강사, 판매가, 요구분석가, 전략가, 직무분석가, 학습전이지원자
McLagan(1996)	인적자원전략 조언자, 인적자원시스템 설계 및 개발자, 조직 변화 추진자, 조직설계 컨설턴트, 학습프로그램 전문가, 교수자, 촉진자, 개인개발 및 경력 상담자, 성과 컨설턴트, 연구자	
Robinson & Robinson(1996)	전통적 교육담당자, 수행 컨설턴트	
Walton(1999)	학습개발 관리자, 파트너십 관리자, 사내대학 촉진자, 성과 컨설턴트, 조직개발 컨설턴트, 지식경영 관리자, 지적자산 관리자	

Rothwell, Sanders, & Soper(1999)	관리자, 분석자, 조정선택자, 해결책 설계·개발자, 해결책 실행자, 변화 리더, 평가자	
Gilley, Eggland, & Gilley(2002)	학습 촉진자	평가자, 집단 촉진자, 수업자료 작성자, 교수자, 매체전문가, 요구분석가, 프로그램 설계자, 과업분석가, 전이 촉진자
	교수 설계자	프로그램 설계자, 수업자료 작성자, 매체전문가, 과업분석가, 이론가
	수행 공학자	수행 공학자
	HRD 컨설턴트	관계형성자, 협력자, 의사 소통자, 영향력 행사자, 전략가, 문제해결자, 탐색자, 전략적 동반자, 체제 연계자.
	HRD 리더	전략적 사업동반자, 평가자, 조직의 학습·수행·변화체제의 관리자, 기업가, 프로젝트 리더, 운영의 리더, 학습 관리자, 전략가, 문제해결자, 변화 촉진자, 마케팅전문가
Bernthal et al.(2004)	학습전략가, 비즈니스파트너, 프로젝트 관리자, 기술적 전문가	
유영만(1997)	학습 컨설턴트, 네트워커 또는 상호작용 촉진자, 성과공학자 또는 성과 컨설턴트	
나일주(1997)	HRD 부서 관리자, 학습전문가(교수자), 수업설계자, HRD 컨설턴트	
윤여순(1999)	사업가, HR전문가, 변화 관리자	
정용진(2003)	운영자 / 행정가, 인적자원개발 관리자, 교수설계자 및 개발자, 촉진자, 성과 개선 컨설턴트	
유영만(2008)	학습 컨설턴트(감성적 욕망 분석가), 변화 추진자(불굴의 실험자), 메시지 디자이너(지식 디자이너)	

출처 : 이강봉(2008), 'HRD 담당자의 역할과 핵심역량에 관한 인식 연구', 박사학위논문의 내용을 필자가 재정리함.

3. HRD 담당자의 역량

HRD 담당자로서의 역할을 효과적으로 수행하기 위해서는 특정한 지식, 기술, 능력 등과 같은 여러 가지 역량이 필요하다. 여기에서 역량은 개인이 특정 직무를 성공적으로 수행하기 위해 요구되는 일정한 조건들이다.[13] 따라서 직무역량은 직무행동으로 나타나는 내적 역량들(Internal Capabilities)로서 개인의 역할수행을 촉진하는 지식(Knowledge)과 능력(Ability), 또는 문제해결, 체계적 사고, 리더십과 같은 고도의 직무수행과 관련된 특성이라 할 수 있다. 그리고 직무역량은 동기(Motives)와 신념(Beliefs), 가치(Values), 사회적 역할(Social Role), 개인의 자아심상(Self-image)을 포함한다.[14] 또한 역량은 지식과 기술 수행을 향상하기 위한 행동의 총합이며, 특정 역할을 수행할 수 있는 능력을 내재하고 있는 상태를 말한다. HRD 담당자의 '역량'은 HRD 담당자의 '역할'을 수행하기 위해 요구되는 일련의 능력이라고 정의할 수 있다.

HRD 담당자의 역량을 교육훈련 분석과 교육훈련설계 및 개발, 교육훈련 시행, 교육훈련평가, 교육훈련관리, 교육훈련담당자관리, 교육훈련담당자의 자기개발과 구분하기도 하였다.

HRD 담당자의 역량에 대해 ASTD에서 발표되었던 McLagan(1989)은 수월성모형(Models for Excellence)을 바탕으로 하여 HRD 실천모형(Model for HRD Practice)에서 HRD 담당자의 직무 역량을 기술적 역량과 비즈니스(경영관리) 역량, 대인관계 역량, 지적 역량을 포함하는 네 개의 역량군에 35개의 직무역량을 제시하였다.

1990년대에 수행공학적인 측면에서 HRD 담당자의 역량에 대한 새로운 규명을 하면서 수행 공학자의 HRD 담당자 역할을 학습 촉진자와 교수설계자, 수행공학자, HRD 컨설턴트, HRD 리더 등 5가지로 구분하여 역할에 따른 역량을 제시하였다. 그러면서 학습 촉진자 역할에서는 14개의 역량을, 교수설계자 역할에서는 15개의 역량을 제시하였다.

또한 수행공학자 역할을 위한 역량은 기술적인 능력과 인간관계 기술로 구분하여 각각 2개의 역량으로 구성되었으며, HRD 컨설턴트 역할로서의 역량은 10개의 역량을, HRD 리더 역할로서는 7개의 역량을 제시하였다. HRD 담당자의 역량은 과거에 대비해 최근에는 학습을 위한 교육·훈련 관점에서보다는 수행과 성과 향상에 초점을 맞추어 역량을 도출하여 제시하고 있다. 그리고 경영 및 사업에 대한 전반적인 이해, 학습 및 성과의 원인이 되는 내·외부 요인의 이해에 대한 역량이 추가되고 있다.

이와 같이 HRD 영역의 확대와 더불어 인재육성 담당자들에게 요구되는 필요역량이 증가하고 있음을 〈표 3-10〉과 같이 보여 주고 있다.

<표 3-10> HRD 담당자 역량의 종류

연구자	역량군	역량
온타리오 훈련개발 학회(1976)		행정, 의사소통, 과정설계, 평가, 집단역학과정, 학습이론, 인적자원기획, 개인 및 조직과의 접촉, 교수·지도, 교재 및 장비관리, 교육훈련 요구분석
교육, 의사소통 및 기술협회(1980)		교수지도에 적절한 프로젝트의 결정, 교육요구분석, 학습자의 특성 평가, 작업·과업·내용의 구조적 특성 분석, 학습자의 성과(선출물)를 명백히 기술하여 문서화, 학습 환경의 특성분석, 학습 성과를 올바른 순서로 기술, 교수지도전략을 세밀히 기술, 학습활동을 올바른 순서로 기술, 교수지도 목표에 적절한 교수지도 자원(매체)의 결정, 교수·지도·훈련의 평가, 교육과정·교육훈련 형성과정, 실습관리시스템 창출, 교수지도 개발, 프로젝트의 기획과 감독, 시각·구두·문서 형식 등 효과적인 의사소통의 도모, 적절한 개인상호간 집단과정, 집단행동의 시범전시, 교수지도개발 과정의 융합과 채택의 추진
Parker(1982)		훈련의 분석, 훈련설계 및 개발, 훈련의 실시, 훈련의 평가, 훈련의 관리, 훈련 담당자의 관리, 훈련 담당자의 자기개발
McLagan(1983)		성인학습의 이해, 시청각교재 선택 및 활용스킬, 경력개발지식, 필요역량식별기술, 컴퓨터 이용능력, 비용효과분석스킬, 상담스킬, 자료정리스킬, 위임스킬, 의사소통채널구축스킬, 피드백스킬, 미래 가시화스킬, 그룹과정스킬, 산업에 대한 이해, 지적 다재다능, 도서활용스킬, 모델설정스킬, 협상기술, 목표작성스킬, 조직행동에 대한 이해, 조직에 대한 이해, 업무수행 관찰스킬, 인사·인적자원 분야에 대한 이해, 프레젠테이션스킬, 질문스킬, 기록관리스킬, 대인관계 다재다능, 조사연구·스킬, T&D 분야의 이해, T&D 기술의 이해, 서류작성스킬
McLagan(1989)	기술적 역량군	성인학습에 대한 이해, 진로개발 이론 및 기법 이해, 필요능력, 인식능력, 컴퓨터능력, 전자시스템 사용능력, 시설·장비 활용능력, 목표 설정능력, 수행관찰능력, 주제에 대한 이해, 훈련·개발 이론 및 기법이해, 연구능력
	경영관리(비즈니스) 역량군	경영에 대한 이해, 비용·효과분석, 위임능력, 기업이해, 조직행위의 이해, 조직개발 이론과 기법의 이해, 조직에 대한 이해, 프로젝트 관리기술, 자료관리능력
	대인관계 역량군	상담능력, 발표능력, 피드백능력, 질문능력, 그룹과정능력, 인간관계 조성능력, 협상능력, 작문능력, 자료 추출능력
	지적 역량군	정보탐색능력, 관찰능력, 지적 융통성, 자신에 대한 지식, 모델설정능력, 비전제시능력
Laabs(1997)		신뢰성, 고객관리기술, 리더십기술, 진단적 통찰력, 다재다능성
장재삼(1997)		산업에 대한 이해능력, 리더십능력, 대인관계능력, 테크놀로지 이해능력, 문제해결능력, 체계적 사고와 이해능력, 수행에 대한 이해능력, 중재에 대한 능력, 경영에 대한 능력, 조직에 대한 능력, 협상·계약능력, 옹호·지원능력, 대처능력, 전체를 볼 수 있는 능력, 자문능력
Piskurich & Sanders(1998)	공통 역량군	성인학습의 이해, 교수설계, 수행격차분석, 변화 관리, 리더십, 기업 이해, 옹호·변호, 대인관계형성, 상담, 경영에 대한 지식, 체계적인 사고, 계약, 프로젝트 관리, 학습공학 산업에 대한 이해, 커뮤니케이션, 프로그램 평가, 설계와 개발, 수행과 지원
	학습관리 역량군	학습공학 선정에 관련된 운용, 학습공학 설계와 개발에 관련된 운용, 학습공학 수행·지원·평가에 관련된 운용
	전달매체활용 역량군	투자수익분석, 전달매체의 한계와 이점, 학습자에 대한 전달매체의 효과, 전달매체 통합, 원격사이트의 조합, 매체 평가
	프레젠테이션 매체활용 역량군	프레젠테이션 매체의 비용분석, 프레젠테이션 매체의 한계와 이점, 학습자에 대한 프레젠테이션 매체의 효과, 프레젠테이션 매체의 통합

연구자	역량군	역량
Rothwell, Sanders & Soper(1999)	분석적 역량군	분석적 사고, 성과데이터분석, 경력개발 이론과 적용, 해결책(Intervention) 선정, 지식경영, 모델 수립, 조직개발 이론과 적용, 성과갭분석, 성과이론, 프로세스 컨설팅, 보상이론과 적용, 사회상황 인식, 채용선발 이론과 적용, 기준 확인, 시스템적 사고, 교육훈련 이론과 적용, 업무환경 분석, 업무현장 성과·학습전략·해결책 평가
	비즈니스 역량군	시스템적 사고, 비즈니스 지식, 비용·이익분석, 목표 대비 결과평가, 비즈니스 이슈 파악, 업무상황 파악, 지적 자산 측정, 협상계약, 아웃소싱경영, 프로젝트관리, 품질관리
	대인관계 역량군	커뮤니케이션, 커뮤니케이션 네트워크, 상담컨설팅, 성황대처 기술, 대인관계 구축
Rothwell, Sanders & Soper(1999)	리더십 역량군	지지(Buy-in) 옹호, 다양성 인식, 윤리 표출, 목표 달성 노력, 조직역학, 리더십, 비전 제시
	전문분야 역량군	성인학습, 학습촉진, 피드백, 해결방안 모니터링, 질문활용, 조사와 설계 개발
	기술적 역량군	컴퓨터 활용능력, 원격교육, 전자작업지원시스템(EPSS), 제반기술의 적절한 활용
Gilley, Eggland & Gilley(2002)	학습 촉진자 역량군	학습 자료와 학습자에 대한 정보분석, 교육장소 준비, 교수자에 대한 신뢰 유지, 학습 환경관리, 의사소통 기술, 발표기술, 질문기술, 학습자의 명료화와 요구에 대해 반응하는 능력, 강화의 제공과 동기부여능력, 교수방법 사용 기술, 매체사용 기술, 학습자의 수행평가 기술, 교육활동 평가 기술, 평가결과 보고 기술
	교수 설계자 역량군	교수설계능력, 요구분석능력, 학습자에 대한 분석능력, 직무·과업·내용분석능력, 수행목표 진술 작성능력, 수행측정 개발능력, 수행목표 순서결정능력, 교수전략 구체화능력, 교수자료 설계능력, 교수·교육훈련 활동 평가능력, 교수관리체제 설계능력, 교수설계 프로젝트를 계획하고 점검하는 능력, 의사소통능력, 상호작용능력, 교수설계 활용촉진능력
	수행공학자 역량군	기술적 능력으로 분석 및 관찰 기술, 설계기술, 인간관계 기술인 관리기술, 의사소통 및 대인관계 기술
	HRD 컨설턴트 역량군	대인관계능력, 개념적 능력, 기술적 능력, 통합적 능력, 분석적 능력, 정치적 능력, 갈등해결능력, 객관성, 조직 인식, 전문적 지식
	HRD 리더 역량군	사업에 대한 지식, HRD 실천에 대한 지식, 변화관리에 대한 지식, 대인관계 및 의사소통 기술, 리더십 기술, 사업기술, 문제해결 기술
Bernthal et al.(2004)	비즈니스관리역량군	요구분석과 해결책 제시, 비즈니스 통찰력, 결과지향성, 연구과제 계획과 실행, 전략적인 사고
	대인관계 역량군	신뢰구축, 효과적인 의사전달, 이해 당사자에 대한 영향력, 다양성 활용, 관계 유지
	개인 역량군	적응성, 개인 개발을 위한 모델링

출처 : 이강봉(2008), 'HRD 담당자의 역할과 핵심역량에 관한 인식 연구'의 내용을 재구성함.

한편, HRD 담당자의 역량과 역할 수행은 서로 밀접한 연계관계를 나타내고 있으며, HRD 담당자의 역량을 도출하기 위해 선행적으로 HRD 담당자의 역할이 제시되어야 한다. 이를 통해 각 역할 수행에 필요한 역량을 도출할 수 있다.

HRD 담당자의 역량과 역할에 대한 상호 인과관계에 대해 〈표 3-11〉, 〈표 3-12〉, 〈표 3-13〉과 같이 HRD 담당자의 역량과 역할의 매트릭스(Matrix)를 통해 조직 내 HRD 담당자는 하나의 역할을 수행하기 위하여 하나 혹은 그 이상의 역량을 갖추고 있어야 함을 알 수 있다.

〈표 3-11〉 McLagan(1989)의 HRD 담당자 역량과 역할 매트릭스

역량	역할	연구자	마케터	변화촉진자	요구분석가	프로그램설계자	HRD자료개발자	강사·촉진자	경력개발전문가	관리자	평가자	HRD관리자
기술적역량	성인학습 이해	●				●	●	●	●		●	
	경력개발 이해								●			
	역량확인기술	●			●	●	●		●		●	
	컴퓨터역량	●			●		●				●	
	전자시스템기술						●			●	●	●
	설비기술									●		
	목표준비기술		●		●	●	●	●	●			
	성과관찰기술				●			●			●	
	교과내용 이해							●			●	
	훈련개발 이해					●		●				
	연구기술	●			●			●				●
비즈니스TM역량	비즈니스 이해		●	●	●					●	●	●
	비용-효과분석기술		●		●					●	●	●
	권한이양기술											●
	산업 이해		●	●								●
	조직행동 이해	●	●	●	●							●
	조직개발 이해		●	●							●	●
	프로젝트관리기술					●				●	●	●
	기록관리기술									●		

대인관계역량												
대인관계역량	코칭능력			●				●	●			●
	피드백기술	●	●	●	●		●	●	●		●	
	집단과정기술		●	●				●	●			
	협상기술		●	●							●	
	프레젠테이션기술		●	●			●	●	●		●	●
	관계형성기술		●	●	●			●	●			●
	작문기술	●	●	●	●	●	●					
지적역량	자료정리기술	●		●	●							
	정보탐색기술	●	●		●	●	●			●	●	
	지적 다양성	●	●	●	●	●	●	●	●		●	●
	모델구축기술	●		●		●	●					
	관찰기술	●	●	●				●	●		●	●
	질문기술	●	●	●	●	●		●	●		●	
	자기인식			●				●	●			●
	비전설계기술	●	●	●					●			●

출처 : McLagan, P. A. (1989), Model for HRD practice(4th ed.), Alexandria, VA : ASTD

〈표 3-12〉 Piskurich & Sanders(1998)의 HRD 담당자 역량과 역할 매트릭스

역량 \ 역할		HRD 관리자	분석가	설계자	개발자	수행가	강사	평가자	변화 촉진자
공통 역량	성인학습의 이해	●	●	●	●		●	●	
	수업설계		●	●	●			●	
	수행격자분석	●	●	●				●	●
	변화관리	●	●		●	●			
	리더십	●			●	●			
	기업 이해	●	●	●		●			
	옹호·변호	●				●			
	대인관계 형성	●	●	●	●		●		
	상담	●				●			
	경영에 대한 지식	●	●			●			
	체계적 사고	●	●	●					●
	계약	●							
	프로젝트관리	●							●
	학습공학산업 이해	●	●	●	●				●
	커뮤니케이션	●	●	●	●	●	●	●	●
	프로그램 평가	●	●					●	●
	설계와 개발		●	●	●				
	수행과 지원						●		
학습 관리 역량	학습 선정	●	●	●					
	학습 설계와 개발	●	●	●	●				
	수행·지원·평가	●				●			

전달 매체 활용 역량	투자수익분석	●	●	●				●	●
	전달매체의 한계와 이점	●	●	●	●				
	학습자의 전달매체 효과	●	●	●	●			●	
	전달매체의 통합		●	●	●				
	원격사이트의 조합					●			
	매체 평가					●		●	
프레 젠테 이션 매체 활용 역량	프레젠테이션 매체의 비용분석	●	●	●				●	●
	프레젠테이션 매체의 한계와 이점	●	●	●	●				
	학습자에 대한 프레젠테이션 매체의 효과		●	●	●		●		
	프레젠테이션 매체의 통합		●	●	●		●		

출처 : Piskurich, G. M., & Sanders, E. S.(1998), ASTD model for learning technologies. Alex
andria, VA : ASTD

〈표 3-13〉 Bernthal 등(2004)의 HRD 담당자 역량과 역할 매트릭스

역량 \ 역할		학습 전략가	비즈니스 파트너	프로젝트 관리자	기술적 전문가
비즈니스 / 관리역량군	요구분석과 해결책 제시	●	●	●	●
	비즈니스 통찰력	●	●		
	결과지향성	●	●		
	연구과제 계획과 실행	●	●	●	●
	전략적 사고	●	●	●	●
대인관계 역량군	신뢰 구축	●	●	●	
	의사소통	●	●		
	이해 당사자에 대한 영향력	●	●	●	●
	다양성 유지	●	●	●	●
	관계유지	●	●	●	
개인 역량군	적응성		●	●	●
	개인개발을 위한 모델링	●	●		

출처 : Bernthal et al.(2004), 2004 ASTD competency study : Mapping the future. Alexandria,
VA : ASTD

4. 인적자원개발 부서의 역할과 조직역량

1) 인적자원개발 부서의 패러다임(Paradigm)

인적자원개발은 조직과 분리되어 있다기보다는 조직과 통합적인 기능을 수행[15]하는 것으로 조직의 지속적인 성장, 발전과 함께 인적자원개발이 진화할수록 경영진과 조직 구성원들의 관심도 변화한다. 특히 경영진을 포함한 조직 내 관리자들은 조직 구성원의 성과 향상을 위하여 인적자원개발 부서들에게 더 많은 역할수행을 강요하고 있다.

인적자원개발 부서의 발전단계는 [그림 3-3]과 같이 여섯 단계에 거쳐 발전되어 왔으며, 각각의 단계는 고유의 특징과 목적 및 접근방식을 갖고 있다. [그림 3-3]에서와 같이 각 단계별 경계선은 인적자원개발 부서의 발전에 있어서 그 기능이 활동 중심인지, 아니면 결과나 성과 중심인지를 구별하는 선으로 인적자원개발 부서가 발전하고 진화할수록 조직 내 제공되는 교육훈련은 활동 중심에서 조직의 경영목표를 달성하는 데 필요한 인적자원개발을 통해 조직성과를 도출하는 성과 중심적인 인적자원개발 부서의 역할로 변화되고 있다.

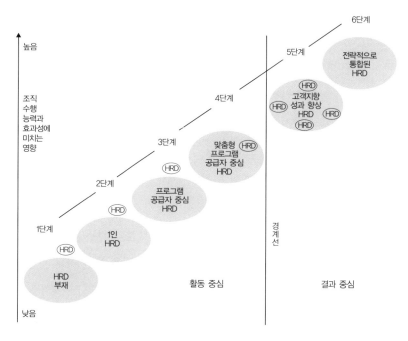

출처 : Gilley & Maycunich, 1998, p.27

[그림 3-3] 인적자원개발 부서의 발전단계

Gilley and Maycunich(1998)[15]는 인적자원개발 부서의 발전과 패러다임 변화 과정을 여섯 단계로 정리하였다. 이를 단계별로 정리하면 인적자원개발의 부재 단계, 1인 인적자원개발 단계, 프로그램공급자 중심 인적자원개발 단계, 맞춤형 프로그램 공급자 중심 단계, 인적자원개발 고객지향 성과 향상 단계, 인적자원개발이 전략적으로 통합된 단계로 인적자원개발 부서의 발전단계를 나타내었다.

첫 번째 단계는 인적자원개발 부서의 부재 단계로 조직에 교육훈련 프로그램이나 활동이 전혀 없는 상태이다. 그리고 인적자원개발 부서의 활동이 경영에 도움이 되지 않는다고 판단하기 때문에 조직 구성원을 위한 체계적이고 조직적인 교육은 발생하지 않는다. 이는 결과적으로 조직 내에 조직 효과성 전략과 수행 파트너십, 인적자원개발 활동이 존재하지 않으며, 다수의 중소기업이나 소매업 형태의 기업이 인적자원개발에서 이와 같은 형태를 나타낸다.[15]

두 번째 단계는 1인 인적자원개발 단계로 인적자원개발 부서가 조직 내 효과성 증진과 경쟁력 강화에 도움이 될 수 있다고 판단되면 1인 인적자원개발 부서 단계로 넘어간다. 이 단계의 인적자원개발 부서는 조직 의존적이고 작은 부서 형태로 조직 내에 존재하며, 교육 담당자는 조직 구성원 교육에 필요한 요구분석, 프로그램설계 개발과 실행 등 대부분의 업무를 책임진다. 그리고 인적자원개발 담당자들은 전문성을 갖추지 못했을 뿐만 아니라 인적자원개발의 목적도 파악하지 못하고 있다. 이 단계에서 대부분의 인적자원개발 담당자들은 일선 현업에서 전출되어 왔기 때문에 일상 업무를 이해하는 데는 도움이 되나 조직 효과성이나 조직 학습문화 창출에는 부적합하다. 이러한 제한점은 인적자원개발 부서가 조직의 신뢰를 얻어 다음 단계로 발전하는 데 주요 장애요인으로 작용된다.[15]

세 번째 단계는 프로그램 공급자 중심 인적자원개발 부서 단계이다. 인적자원개발 프로그램이 성장하여 갈수록 조직의 관심을 받게 되나, 조직 내에서 여전히 주류 부서에 포함되지 못하는 경우이다. 인적자원개발 프로그램들은 여전히 빈약하고 조직 의존도 또한 여전히 높아 경영진은 예산 삭감 등으로 쉽게 조직성과 육성에 대한 교육훈련 프로그램을 취소할 수 있는 상태로, 실제 조직 내에서 이와 같은 일이 자주 발생한다. 만약 인적자원개발 프로그램이 이 기간 중에 살아남아 조직에 영향을 줄 수 있다면, 인적자원개발 부서는 조직 내 영향력 있는 부서로 확고히 자리 매김할 수 있다. 이 단계에서의 인적자원개발 프로그램은 풍부한 교육예산을 바탕으로 다양한 교육 과정의 선정 과정에서 프로그램 공급자 중심으로 이루어진다. 인적자원개발 부서 내 교육 담당자들은 조직 구성원들에게 다양한 교육훈련 프로그램 리스트를 제공하는 것을 자신의 주요 역할이라 생각한다. 이 단계는 관리와 행정의 용이성으로 인해 많은 경영자들이 선호하는 형태이다.[15]

네 번째 단계는 맞춤형 프로그램 공급자 중심 인적자원개발 부서 단계이다. 이 단계에서도 여전히 공급자 중심이기는 하지만, 인적자원개발 부서의 교육 담당자들은 조직의 경영환경과 조직문화에 부합한 맞춤형 교육프로그램을 제공하기 시작한다. 그 결과로 형식을 갖춘 교수설계 활동이 이루어지고, 인적자원개발 담당자는 조직전략에 부합한 교육프로그램의 재설계와 재개발을 책임지게 된다. 이에 필요한 인적자원개발 프로그램들은 충분한 예산지원과 함께 조직 내 담당부서 차원에서 개발이 진행되며, 각 과정들은 학습목적을 명시하는 미션 기술서(Mission Statement)를 갖추게 된다. 인적자원개발 프로그램은 완성단계에 이르고 인적자원개발 부서는 조직 내에서 성장성 있고 생산성 있는 부서로 인식된다.[15]

다섯 번째 단계는 고객지향 성과 향상 인적자원개발 단계로 '어떻게 하면 인적자원개발이 조직에 변화를 창출할 수 있는가' 하는 것이 인적자원개발 담당자의 열정에 우선하고, 인적자원개발의 철학이 되는 단계이다. 또한 인적자원개발 담당자는 '어떻게 하면 인적자원개발이 조직성과 향상 및 극대화를 하고, 조직 효과성을 증진할 수 있는가'라는 질문에 대한 답에 관심을 집중한다. 이 단계에서부터 활동 중심 인적자원개발에서 결과 중심 인적자원개발로 옮겨가게 된다. 즉, 이 단계에 이르기 위해서 인적자원개발 부서는 철저히 분권화하여야 하며 교육운영 조직이 성과적이게끔 지원을 하여야 한다. 이를 통해 인적자원개발은 중앙 집중적이 아닌 조직 전체적으로 전략적 자리매김을 하게 된다. 단순히 교육훈련 운영과 미숙련된 담당자를 대신하여 숙련된 인적자원개발 담당자들이 학습과 변화를 통한 조직성과 향상과 효과성 증진을 위해 교육훈련 프로그램을 운영하게 된다. 이 단계에서 성과측정 도구는 인적자원개발 활동이 얼마나 조직 구성원의 성과를 향상시켰는지와 조직 효과성에 긍정적인 영향을 미쳤는지를 판단하게끔 도와주는 유용한 전략적 무기가 된다.[15]

여섯 번째 단계는 전략적으로 통합된 인적자원개발 단계로 인적자원개발 프로그램이 조직의 하위기능에 녹아져 들어갔을 때 전략적으로 통합되었다고 할 수 있다. 인적자원개발은 더 이상 독립부서 형태로 존재하지 않으며, 조직 내 주요 교차점에서 기능으로 존재한다. 인적자원개발 담당자들은 조직성과를 향상시키기 위하여 모든 계층의 관리자들과 협업을 하여야만 한다. 중앙 집중되었던 인적자원개발 기능의 일선 조직으로의 분산은 인적자원개발이 어떻게 각 조직단위의 목표 달성을 돕는지를 파악할 수 있고, 이들 성과가 중앙 집중화시처럼 수많은 인적자원개발 활동에 가려지지도 않는다. 이 단계부터 조직은 인적자원개발을 비용이 아닌 투자로 간주하기 시작한다. 또한 인적자원개발 프로그램들은 성과 향상뿐만 아니라 인적자원개발 부서의 효과성 또한 향상시켜야 한다. 인적자원개발은 조직의 전략목표를 달성하게끔 도와야 할 뿐만 아니라, 조직 변화를 도출할 수 있는 개입도 창출하여야 한다. 더불어 인적자원개발 부서의 교육 담당자는 조직과 하부기능들의 전략적인 파트너십 역할 수행을 통해 결과 도출을 요구받게 된다.[15]

한편, 인적자원개발의 패러다임 변화에서 교육훈련 위주의 활동 중심

HRD와 경영성과 위주의 결과 중심 HRD에 따른 인적자원개발 부서의 발전 단계에 대한 비교 현황은 〈표 3-14〉와 같이 나타낼 수 있다.[16]

〈표 3-14〉 인적자원개발 부서 패러다임의 변화과정

구분	요인 단계	HRD 부서 형태	교육형태 및 교육목적	HRD 담당자 주요 역할	기업 조직의 파트너 역할
교육훈련 위주 및 활동 중심 HRD	HRD 부재	HRD로서 가치가 없음, HRD 실행이 없음.			
	1인 HRD	조직 밖의 매우 작은 부서	HRD 담당자 경험에 기반을 둔 직무상 무형식 교육	비전문가로서의 1인 만능 교육 제공자	전략뿐만 아니라 성과와의 파트너십도 없음.
	프로그램 공급자 중심 HRD	HR로부터의 독립이 매우 미약함.	조직 구성원의 지식, 기술 증대를 목적으로 하는 형식적 교육활동 공급	프로그램 중개인	경영층 파트너 불인정, 전략적 경영목적 및 목표 달성 관심 없음.
	맞춤형 프로그램 공급자 중심 HRD	기업 조직의 본사에 위치	교육활동 공급에서 교육효과성 전략 초점 이동, 경영성과 개선, 조직 변화에 의한 조직적 문제해결 초점	교수설계자	기업경영이해능력 없음.
경영성과 위주 및 결과 중심 HRD	고객지향 성과지향 HRD	더 작은기능적 단위로조직 전체에 분산	지식·기술 증대보다 성과 극대화, 조직 효과성 개선이 목적	조직성과 극대화를 위한 성과 컨설턴트	교육자가 아닌 전략적 파트너십 수립 요구, 형식적 관계
	전략적으로 통합된 HRD	조직 내에서 전략적으로 통합된 형태	조직 효과성 개선 목적, 경영 / 경쟁력 증대, 전략적 방향 수립, 리더십 개발교육	조직, 조직 정책 문화, 경영, 산업 등에 대한 완벽한 이해와 조직개발, 기술자로서의 성과 컨설턴트	전략적 파트너십 상당히 중요. 타부서, 타인과 정보 교류. 협력적 네트워크 필수

출처 : Gilley & Coffern, 1994, p.23

2) 인적자원개발 부서의 역할

HRD 부서는 조직 내 인적자원의 역량을 향상시키기 위해 능동적인 인적 자원 활동을 목적으로 하고 있다. 조직의 경영성과 목표를 달성하기 위해 다양한 조직 활동역량을 개발하고 조직 구성원 개개인에 대한 체계적인 학습을 통해 이들 개개인의 직무수행역량을 개발 및 향상하는 역할을 담당하는 곳이다. 조직은 체계적인 교육훈련을 통하여 조직 구성원의 직무수행 자질과 태도를 향상하며, 조직의 생산성을 극대화하기 위하여 전략적인 교육훈련 체계를 수립하고, 계층별 필요역량을 규명하며, 교육훈련을 활용하여 HRD 부서의 역량을 극대화하고 있다. 이는 급변하는 경영 환경에서 인적자원이 조직의 지속가능한 성장을 가져다준다는 인식이 일반화됨에 따라 조직의 경영자들은 인적자원개발의 기능과 역할을 중시하는 전략에 보다 많은 관심을 기울이게 되었다. 조직 내 HRD 부서는 교육훈련의 기본 기능 이외에도 정보의 창출과 경영 혁신의 지원, 조직문화 창출 등의 새로운 역할을 통해 조직의 사명과 목적 및 전략에 맞는 경영 활동을 지원할 수 있어야 한다. 현재까지 인적자원개발 부서의 역할과 기능은 지식과 기술 등 내용 중심의 교육훈련이었지만, 성과를 중시하는 경영환경에서 인적자원개발 부서의 역할은 조직의 경영목표 달성을 위한 인력양성과 성과 중심의 교육환경 조성뿐만 아니라 경영의 전략적인 파트너로서의 역할을 수행할 부서이어야 한다.[17]

한편, 1990년대 중·후반 이후부터 HRD 부서의 역할 변화에 대한 중요한 핵심은 조직의 HRD 부서의 임무가 과거처럼 단순하게 교육전달 및 기술·지식 전수의 역할이 아닌 통한 조직 구성원과 조직의 경영성과와 역량 향상에 초점을 두고 있다. 특히 1994년에 열린 미국교육훈련협회(ASTD) 국제 컨퍼런스의 슬로건이 'Learning & Performance'였던 이후 성과(Performance)라는 측면이 우리나라의 기업 교육에도 중요한 관점과 이슈가 되고 있으며, 조직 구성원들이 수행한 결과 값이 업무성과를 지원해야 하는 측면에서 HRD 부서의 역할도 새롭게 인식되는 관점의 변화가 강조되고 있다. 이러한 HRD 부서의 역할 변화는 교육 니즈를 분석하고 개발하여 진행 및 평가로 이어지는 교육운영 절차 이후의 단계를 경영진과 조직 내 주요 관리자들은 중요하게 생각됨에도 불구하고 그동안 교육 결과 측정 방법 등의 문제가 있어 다루기 어려웠을 것이다. 그러나 최근 HRD 부서의 영역 확장 증대에 따라 HRD 부서에 대한 기대와 역할의 중요성이 새롭게 강조되고 있다. 따라서 전략적 인적자원개발을 통해 조직의 경쟁우위를 확보하고, 조직의 대내외 경쟁력을 강화하여야 한다. 이렇듯 조직의 경영목표 달성을 위한 전략적 활동의 맥락에서 HRD 부서가 조직의 전략적인 파트너 차원에서 수행해야 될 역할이 강조되고 있는 것이다.

전략적 인적자원개발체계에서의 HRD 부서의 역할[18]에 대한 발전적인 진화와 HRD 부서와 일선 부서와의 전략적인 변화와 관련하여 특정 담당부서에 의해 수행되었던 인적자원개발 관련 업무의 많은 부분을 HRD 부서에서 일선 관리자에게 위양해야 한다. 인적자원개발과 관련된 전략적인 변화는 일선 관리자의 책임과 역할을 새로운 관점에서 재구성하는 기회와 함께 이들의 역할과 기능을 강조하고 있기 때문이다. 더 나아가서 HRD 부서는 단지 조직과 기업의 전략적인 파트너로서의 역할만이 아니라 그것을 넘어 사업의 전략수립에 참여할 수 있어야 한다.

인적자원개발 부서에게 요구되는 주요 역할은 다음과 같다.

첫째, 조직문화 공유 및 확산, 차세대 리더 및 핵심인재 양성, 경영성과 및 조직목표 달성 지원, 변화와 혁신 선도 및 지원 수행 등이다. 둘째, 인적자원개발 부서의 핵심과제는 조직 구심력 강화를 위한 회사 가치체계(미션, 비전, 가치)의 정립, 인재경영을 위한 인적자원개발과 인적자원관리의 전략적인 연계, 경영전략과 밀착된 HRD 활동 강화, 변화와 혁신의 필요성 인식 및 공유 등이다. 이와 같은 과제를 지속적으로 수행할 때 진정한 조직 내 가치 있는 HRD 부서의 역할을 수행할 수 있다.

부록 1 : 인적자원개발 담당자의 역할에 대한 설문지 현황

HRD 담당자는 조직의 경영목적을 달성하기 위하여 조직이나 기업에서 개인 및 집단조직의 효율 향상을 위해 조직 구성원들에게 개인개발과 조직개발, 경력개발을 통합한 의도적이고, 계획적이며, 조직적인 활동을 합니다. 즉, HRD 담당자는 모든 조직이나 기업에서 HRD와 관련된 업무를 수행하는 사람을 의미합니다. HRD 담당자의 역할을 도출하기 위하여 McLagan(1989)이 ASTD의 핵심능력 표준연구에서 인적자원개발 담당자가 수행하는 주요 역할 11개를 제시한 HRD 실천모델 연구를 기초로 하였습니다. 이에 독자 여러분들의 회사에서 이러한 활동이 얼마나 잘 실행되고 있는지를 묻는 문항에 대해 귀하의 생각을 가장 잘 반영한 곳에 ∨체크하여 활용해 주시기 바랍니다.

Q1. 다음 항목은 현재 인적자원개발 담당자(전문가)의 역할입니다. 각 역할 중 현재 귀하가 수행하는 역할에 대한 수준에 ∨표시를 해주십시오.

NO	설문 항목	전혀 그렇지 않다	그렇지 않다	보통	그렇다	매우 그렇다
1	**연구자 역할** : 조직 구성원이나 교육부서 및 조직의 수행 향상을 위해 새로운 정보를 개발하고 연구한다.	①	②	③	④	⑤
2	**요구분석가 역할** : 교육훈련의 이상적인 기준과 실제와의 차이를 파악하고, 그 차이의 원인을 밝혀낸다.	①	②	③	④	⑤
3	**프로그램 설계자 역할** : 교육훈련 프로그램의 목표를 수립하고, 내용을 정의하며, 교수활동을 선정한다.	①	②	③	④	⑤
4	**교수자료 개발자 역할** : 교육훈련 활동에 필요한 자료를 개발, 개선하고 유지한다.	①	②	③	④	⑤

		①	②	③	④	⑤
5	**강사 / 촉진자 역할** : 정보를 제공하고, 구조화된 학습경험을 지도하며, 그룹토의와 과정을 관리한다.	①	②	③	④	⑤
6	**운영자 역할** : 교육훈련 활동의 각 요소를 유지하고, 프로그램이 원활하게 운영되도록 관리한다.	①	②	③	④	⑤
7	**평가자 역할** : 교육훈련 프로그램이 조직 구성원과 교육부서 및 조직의 성과에 미치는 효과를 측정한다.	①	②	③	④	⑤
8	**마케터 역할** : 교육훈련 프로그램을 홍보하고 필요한 서비스를 조직 구성원들에게 제공한다.	①	②	③	④	⑤
9	**조직 변화 추진자 역할** : 교육부서와 조직의 변화를 지원하고 촉진한다.	①	②	③	④	⑤
10	**경력개발 상담자 역할** : 조직 구성원들이 자신의 능력과 가치, 목표 등을 평가하는 것을 도와주고, 미래에 수행할 직무를 준비하기 위한 역량을 개발하도록 지원하고 도와준다.	①	②	③	④	⑤
11	**인력개발 관리자 역할** : 교육부서와 조직의 효율성을 제고하기 위해 조직 구성원의 역량을 개발하고, 관리한다.	①	②	③	④	⑤

부록 2 : 인적자원개발 담당자(전문가)의 역할에 대한 설문지 현황

HRD 담당자는 조직의 경영목적을 달성하기 위하여 조직이나 기업에서 개인 및 집단조직의 효율 향상을 위해 조직 구성원들에게 개인개발과 조직개발, 경력개발을 통합한 의도적이고, 계획적이며, 조직적인 활동을 합니다. 즉, HRD 담당자는 모든 조직이나 기업에서 HRD와 관련된 업무를 수행하는 사람을 의미합니다. HRD 담당자의 역할을 도출하기 위하여 Nadler(1970), McLagan(1983), Gilley and Eggland(1989), McLagan(1989), Walton(1989), Gilley(2002), Bernthal(2004) 등의 연구를 종합하여 조직과 기업 HRD 담당자들이 수행해야 하는 역할을 토대로 설문지를 구성하였습니다. 이 설문지는 HRD 담당자들이 일반적으로 수행하고 있는 역할을 측정하고자 하였으며, 강사 및 학습 촉진자(1~4), HRD 연구자(5~6), 변화 촉진자(7~9), 요구분석가(10~12), 프로그램 설계자(13~14), 교재개발자(15~16), 경력 개발 전문가(17~18), 운영자(19~20)로 구성되었습니다. 이 설문지는 점수가 높을수록 HRD을 위해 자주하는 역할을 의미합니다.

Q1. 다음 항목에서 귀하가 현재 인적자원개발 담당자로서 HRD를 위해 담당하고 있는 역할 수준에 V표시를 해주십시오.

NO	설문 항목	전혀 그렇지 않다	별로하지 않는다 (1년 1회)	보통 (1년 2회)	자주하는 편이다 (1년 4회)	매우 자주한다 (1년 6회)
1	사내강사	①	②	③	④	⑤
2	OJT 실시	①	②	③	④	⑤
3	학습에 대한 피드백 제공	①	②	③	④	⑤
4	사내 학습 환경 조성	①	②	③	④	⑤
5	인적자원개발 트렌드 제시	①	②	③	④	⑤

6	인적자원개발 활동의 효과성 평가 및 자료수집	①	②	③	④	⑤
7	조직과 회사 내 집단의 갈등 해결	①	②	③	④	⑤
8	회사 및 조직의 비전 제시	①	②	③	④	⑤
9	조직에 공유된 비전 제시 및 팀워크 형성	①	②	③	④	⑤
10	개인 혹은 조직의 학습요구분석	①	②	③	④	⑤
11	개인 혹은 조직의 성과 향상 프로그램 선택	①	②	③	④	⑤
12	바람직한 개인 혹은 조직의 성과 정의	①	②	③	④	⑤
13	교육프로그램 설계(집체교육)	①	②	③	④	⑤
14	교육프로그램 설계(현장훈련)	①	②	③	④	⑤
15	사내교육 교재 개발	①	②	③	④	⑤
16	교육에 필요한 보조 자료 개발	①	②	③	④	⑤
17	조직 구성원의 경력 지도와 조언	①	②	③	④	⑤
18	조직 구성원의 경력개발 및 변화를 위한 지원	①	②	③	④	⑤
19	프로그램 참가자에 대한 지원과 서비스	①	②	③	④	⑤
20	기업교육 관련 예산 및 재정 관리	①	②	③	④	⑤

부록 3 : 인적자원개발 담당자(전문가)의 역량에 대한 설문지 현황

이것은 HRD 담당자가 갖추어야 할 역량이며, HRD 직무에서 효과적이고 우수한 수행의 원인이 되는 HRD 담당자의 능력이나 특성으로 지식·기술·태도·동기의 집합체를 의미합니다. 즉, 조직이나 기업에서 HRD와 관련된 업무를 수행하는 담당자들이 자신의 직무수행을 향상하고 강화하기 위하여 보유해야 할 능력을 의미합니다. HRD 담당자의 역량을 도출하기 위하여 McLagan(1989)이 ASTD의 핵심능력 표준 연구에서 인적자원개발 담당자가 수행하는 주요 역량을 제시한 HRD 실천모델 연구를 기초로 하였으며, 기술적 실무 역량군(1~12), 지적 역량군(13~17), 경영관리 역량군(18~25), 대인관계 역량군(26~30)으로 설문문항을 구성합니다.

Q1. 다음 항목에서 귀하가 현재 인적자원개발 담당자(전문가)의 역량입니다. 각 역량에 대하여 귀하가 발휘하는 역량 수준에 ∨표시를 해주십시오.

◆ 기술적 실무 역량군(Technical Competency Group)

NO	설문 항목	전혀 그렇지 않는다	그렇지 않는다	보통	그렇다	매우 그렇다
1	**성인학습에 대한 이해역량** : 성인이 지식, 기능, 태도를 어떻게 획득하고 활용하는가를 알고 있다.	①	②	③	④	⑤
2	**경력개발 이론 및 기업의 이해역량** : 조직 구성원의 경력개발에 사용되는 기법을 알고, 그 용도를 이해 및 적용할 수 있다.	①	②	③	④	⑤
3	**교육훈련과 개발이론의 이해역량** : 교육훈련 및 개발에 적용 및 활용되는 이론과 방법을 사용할 수 있다.	①	②	③	④	⑤
4	**역량식별기술역량** : 어떤 직무나 역할 수행에 필요한 지식과 기술이 무엇인지를 알고 활용한다.	①	②	③	④	⑤
5	**목표설정기술역량** : 교육훈련 프로그램의 목표를 수립할 수 있다.	①	②	③	④	⑤
6	**교수학습에 대한 이해역량** : 교수학습의 이론과 변화에 대해 이해하고 활용한다.	①	②	③	④	⑤

		전혀 그렇지 않다	그렇지 않다	보통	그렇다	매우 그렇다
7	**수행관찰기술역량** : 교육훈련 활동을 관찰하여 기술하고 분석 및 평가한다.	①	②	③	④	⑤
8	**조사연구기술역량** : 조사 방법론과 통계적 방법, 자료수집 기법을 선택하고 활용한다.	①	②	③	④	⑤
9	**전자시스템활용기술역량** : 교유훈련 활동 및 관리에 활용될 수 있는 전자시스템의 기능 및 특징을 알고 활용한다.	①	②	③	④	⑤
10	**시설활용기술역량** : 교육훈련프로그램 운영에 필요한 시설을 계획하고 조절하여 활용한다.	①	②	③	④	⑤
11	**예산편성기술역량** : 교육훈련프로그램에 따른 예산의 적정 규모를 책정하고, 효율적으로 예산을 편성한다.	①	②	③	④	⑤
12	**서류작성기술역량** : 일반적인 유형과 서식에 따라 자료를 제작하여 제공한다.	①	②	③	④	⑤

◆ 지적 역량군(Intellectual Competency Group)

NO	설문 항목	전혀 그렇지 않는다	그렇지 않는다	보통	그렇다	매우 그렇다
13	**자료활용기술역량** : 각종 자료를 통해 정보를 수집하고, 분석하여 결론을 이끌어 낸다.	①	②	③	④	⑤
14	**모델설정기술역량** : 광범위한 아이디어를 탐구하고, 활용하여 이론적·실제적 모델을 개발한다.	①	②	③	④	⑤
15	**관찰기술역량** : 어떤 상황에서 무슨 일이 일어나지는 객관적으로 인식한다.	①	②	③	④	⑤
16	**자신에 대한 지식역량** : 교육훈련 담당자로서 자신의 가치, 필요, 흥미, 능력을 알고, 그것이 타인에게 어떤 영향을 주는지 이해한다.	①	②	③	④	⑤
17	**비전 제시 기술역량** : 현재의 교육훈련 트랜드를 파악하여 미래의 가능성을 예측하고, 발전 방향을 제시한다.	①	②	③	④	⑤

◆ 경영관리 역량군(Business Competency Group)

NO	설문 항목	전혀 그렇지 않는다	그렇지 않는다	보통	그렇다	매우 그렇다
18	**경영에 대한 이해역량** : 교육훈련의 경쟁력 확보를 위한 교육 경영환경의 변화를 이해한다.	①	②	③	④	⑤
19	**교육정책의 이해역량** : 교육훈련의 이론을 알고, 교육훈련 변화에 따른 정책을 이해한다.	①	②	③	④	⑤

20	**비용·효과 분석역량** : 교육훈련 활동에 대한 경제적, 심리적, 전략적 효과를 파악한다.	①	②	③	④	⑤
21	**위임기술역량** : 교육훈련 과제에 대한 책임과 권한을 다른 구성원들에게 할당한다.	①	②	③	④	⑤
22	**조직개발 이론과 기법의 이해역량** : 조직개발에 관한 이론과 기법들을 이해하고 활용한다.	①	②	③	④	⑤
23	**조직 및 조직행동에 대한 이해역량** : 교육부서 및 조직의 전략, 구조, 재정적 상태와 체계 및 조직의 변화 등을 알고 있다.	①	②	③	④	⑤
24	**프로젝트관리기술역량** : 프로젝트를 계획하고, 팀을 조직하며, 프로젝트를 효율적으로 추진한다.	①	②	③	④	⑤
25	**기록관리기술역량** : 자료나 정보를 쉽게 찾을 수 있도록 유지·관리한다.	①	②	③	④	⑤

◆ 대인관계 역량군(Interpersonal Competency Group)

NO	설문 항목	전혀 그렇지 않는다	그렇지 않는다	보통	그렇다	매우 그렇다
26	**코칭기술역량** : 각 조직 구성원 개인이 자신의 필요, 가치, 문제, 목적 등을 인식하고, 이해하도록 도우며, 학습자의 동기를 유발시킨다.	①	②	③	④	⑤
27	**피드백기술역량** : 정보나 의견, 관찰 결과 등을 조직 구성원과 조직에 전달하여 이해시키고, 활용하게 한다.	①	②	③	④	⑤
28	**의사소통기술역량** : 개방적인 분위기를 조성하고 적극적인 경청과 명확한 의사표현으로 공감대를 형성한다.	①	②	③	④	⑤
29	**질문기술역량** : 인터뷰, 설문지 등의 방법을 효과적으로 활용하여 정보를 수집한다.	①	②	③	④	⑤
30	**관계형성기술역량** : 의사소통할 수 있는 관계를 확립하고, 개인과 그룹의 네트워크를 폭넓게 형성한다.	①	②	③	④	⑤

부록 4 : 인적자원개발 부서의 조직역량에 대한 설문지 현황

HRD 조직역량이란 HRD 부서의 조직이 갖추어야 할 역량이며, HRD 조직의 유지와 지속적인 경쟁우위의 핵심요인으로 과거에 그 조직을 이끌어 왔고 또한 적절하게 전환되거나 추가로 축적시키면서 생성된 HRD 조직 고유의 총체적인 지식·기술·능력을 의미합니다. 즉, HRD 부서의 조직들이 보유하여야 할 역량의 종합체라고 할 수 있습니다. HRD 조직역량은 정봉영(2001)의 국내 기업 인적자원개발 부서의 조직역량 분석 연구에서 검증된 역량을 기본으로 하여 김덕홍(2011)의 'HRD 조직에 대한 조직역량 진단 설문내용'으로 산출기반 역량군(1~7), 프로세스 역량군(8~13), 기술 역량군(14~16), 관리 역량군(17~20)으로 설문문항을 구성하였습니다.

Q1. 다음은 HRD 조직(인재개발원)들이 조직의 성과를 제고하고 경쟁력을 확보하기 위해 필요한 조직 역량들(Organizational Competencies)을 나열한 것입니다. 각 HRD 부서의 조직역량들을 읽어보고 현재 HRD 부서 및 조직이 갖추어야 할 조직역량에 대하여 귀하가 생각하는 역량 수준에 ∨표시를 해주십시오.

NO	설문 항목(HRD 조직역량)	매우 낮다	조금 낮다	보통	조금 높다	매우 높다
1	**직무 전문영역별 전문가 육성체계** : 조직 미션 달성을 위한 핵심 전문분야의 명확한 설정과 이 분야를 선도해 나갈 전문 인력 육성체계를 구축하고 시행한다.	①	②	③	④	⑤
2	**HRD 담당자의 육성체계** : HRD 담당자들의 전문성 개발을 위한 교육과 경력개발체계 등 종합적인 육성시스템을 구축하고 시행한다.	①	②	③	④	⑤
3	**글로벌 네트워킹 및 아웃소싱** : 분야별 경쟁력 있는 국내·외 선분가와의 인적·조직적 네트워킹 구축 및 아웃소싱 어부에 대한 적절한 선택과 시행을 한다.	①	②	③	④	⑤
4	**현장 컨설팅 및 자문능력** : HRD와 관련된 현장의 당면 문제를 진단하고 이에 대한 해결 방안을 제시한다.	①	②	③	④	⑤
5	**조직 변화관리 추진력** : 조직의 새로움(변화, 경영방침, 사업전략, 시스템 등)에 대해 조직 구성원이 공감하고 몰입하도록 변화 촉진하고 주도한다.	①	②	③	④	⑤

6	**교육프로그램의 질 관리능력** : 조직 특성에 맞는 과정 개발시스템과 평가 기준을 개발하고, 이를 활용한 교육훈련프로그램 개발 및 교육 품질관리를 한다.	①	②	③	④	⑤
7	**역량 기반의 HRD시스템** : 조직 구성원들의 필요 직무역량을 규명하고, 역량에 기초한 HRD를 실행하는 전반적인 시스템을 구축하고 활용한다.	①	②	③	④	⑤
8	**학습조직문화** : 학습을 촉진하는 지원제도나 시스템을 창안하고, HRD 담당자들의 학습활동을 장려하며 촉진시키는 학습문화를 정착한다.	①	②	③	④	⑤
9	**독립채산제** : 조직의 지원 및 조직 특성을 벗어난 손익 중심의 사업조직으로의 전환을 통해 자체적인 조직 경쟁력 확보체계를 구축한다.	①	②	③	④	⑤
10	**HRD 담당자들의 전문성** : HRD 담당자들의 HRD 업무와 관련된 전문지식·기술 숙달과 이를 확장, 사용하려는 동기유발 요인이 있다.	①	②	③	④	⑤
11	**온라인 교육과 집합교육의 효율적 연계능력** : 교육의 성과 제고를 위해 집합 교육과 온라인 교육의 적절한 적용을 한다.	①	②	③	④	⑤
12	**조직 및 교육 성과평가시스템** : 교육 및 조직의 성과를 측정하는 효과적인 평가시스템을 구축·활용하여 성과평가 결과를 개선에 적용하는 능력이 있다.	①	②	③	④	⑤
13	**HRD 마케팅 및 홍보 능력** : HRD의 효과성을 이해 관계자에게 인식시키고, 의사결정에 영향을 주는 일련의 활동을 기획 및 실행한다.	①	②	③	④	⑤
14	**디지털 학습 환경** : 디지털 인프라가 완비된 교육시설·시스템 구축을 통해 다양한 교육방법 적용 및 학습 기회를 확대하는 학습 환경을 조성한다.	①	②	③	④	⑤
15	**교육방법의 혁신력** : 교육의 성과제고를 위해 효과적이고 혁신적인 교육방법을 도입 혹은 창안하여 활용하는 능력이 있다.	①	②	③	④	⑤
16	**전자성과 지원시스템** : HRD 담당자들의 HRD 업무 지원을 위해 IT를 활용한 교육 및 업무성과 지원시스템을 구축하고 활용한다.	①	②	③	④	⑤
17	**최고 경영층의 지속적인 관심과 의사소통** : 조직의 최고 경영층이 인재육성에 대한 강력한 의지와 관심을 보이며, 인재개발 부서 및 조직과 긴밀한 커뮤니케이션을 유지한다.	①	②	③	④	⑤
18	**사업전략과 HRD, 인사의 연계능력** : 조직의 전략적인 요구를 분석하여 HRD 활동과 연계시키고 HRD와 인사 기능과의 제도적인 연계성을 확장한다.	①	②	③	④	⑤
19	**HRD에 대한 투자의 안정성** : HRD 활동에 대한 안정적인 예산 책정·집행과 지속적인 투자를 확대한다.	①	②	③	④	⑤
20	**인재개발 부서 및 조직을 비롯한 임원과 팀장의 리더십** : HRD 담당자들에게 분명한 방향성을 제시하고, 업무에 헌신적으로 몰입하며, 도전하도록 리더십을 발휘하고 강화한다.	①	②	③	④	⑤

부록 5 : 인적자원개발 동향에 대한 설문지 현황

HRD 동향은 경영환경 시장이 변화하는 일반적인 방향, 즉 조직 내 구성원 개개의 단편적인 현상이 아닌 전체로서의 대세가 HRD에 어떤 방향으로 나아가는지를 확인할 수 있는 것으로서 조직 구성원의 변화, 가치관이나 태도 및 업무수행능력 또는 기술 등의 변화적 흐름을 의미합니다. 따라서 HRD 동향은 HRD 분야에서 지배적으로 활용되는 관점과 그 흐름을 의미합니다. HRD 동향에 대한 설문은 Phillips(1996)의 16가지 HRD 동향, 오헌석·최윤미·배진현·위현진·배형준 외(2009), 송영수(2007, 2012) 등의 연구에서 활용한 설문지에 기반을 두고 송영수(2012)에서 도출한 국내 대기업 HRD 동향 설문조사를 활용합니다.

Q1. 다음의 HRD 동향에 대하여 귀하가 생각하는 수준에 V표시를 해주십시오.

NO	설문 항목(HRD 동향)	매우 낮다	조금 낮다	보통	조금 높다	매우 높다
1	**현장 중심 학습(Workplace Learning)을 통한 성과 창출 활동 강화** : 현업 적용 중심의 프로그램 개발 및 운영을 위해 현업부서와 협조 및 직무 중심의 인재역량 개발에 중점을 둔다.	①	②	③	④	⑤
2	**퍼포먼스 컨설팅 강화** : 비즈니스 현장의 성과 개선을 위해 성과 및 문제를 분석하고 변화를 이끄는 컨설팅 활동을 강화한다.	①	②	③	④	⑤
3	**경영층과 전략적 파트너십 구축** : 조직의 미래 비전 달성을 위해 경영층과의 중장기적인 전략적인 파트너십을 구축한다.	①	②	③	④	⑤
4	**성과(Performance) 중심의 HRD 평가 및 측정 활동 강화** : ROI, ROE 등 교육훈련 성과 측정에 대한 요구를 증대한다(ROI : Return On Investment, ROE : Return On Expectation).	①	②	③	④	⑤
5	**HRD 역량 강화 및 성과 달성을 위한 아웃소싱 확대** : 전문성을 갖춘 외부 HRD 서비스에 대한 요구를 증대한다.	①	②	③	④	⑤

6	IT기술 등 테크놀로지를 활용한 다양한 Learning Solution 제공 : Social Learning, Smart Learning, M-Learning, Blended-Learning 등을 활용한 다양한 학습방법을 제공한다.	①	②	③	④	⑤
7	코칭 및 멘토링 등을 통한 인재 및 리더 양성에 주력 : 공식적 HRD 기회뿐만 아니라 현장에서 인재 및 리더 양성을 위한 리더의 코칭 및 멘토링을 강화한다.	①	②	③	④	⑤
8	학습조직 구축을 위한 HRD 지원 활동 강화 : 경영환경 변화에 능동적으로 대처하기 위한 조직학습, 지식경영, 집단지성 등의 학습조직 지원 활동을 강화한다.	①	②	③	④	⑤
9	핵심가치(Core Value) 중심의 조직문화 정립 및 확산 : 조직의 한 방향 구심점을 강화하기 위한 핵심가치 공유 및 내재화 활동을 한다.	①	②	③	④	⑤
10	변화와 혁신을 지원하는 HRD 활동 강화 : 경영환경의 불확실성에 따라 조직이 직면한 위기를 극복하기 위한 변화 추진자로서의 지원활동을 강화하다.	①	②	③	④	⑤
11	HRM과 HRD의 전략적 연계를 통한 인재경영 : HRM과 HRD의 연계를 통해 핵심인재의 체계적인 선발, 육성, 평가 프로세스를 실행하고, 차세대 리더 및 후계작 양성(Succession Planning)시스템을 구축하고 육성 활동을 강화한다.	①	②	③	④	⑤
12	글로벌 인재의 확보 및 양성 : 국내 조직 구성원의 글로벌역량 강화(어학, 다문화 이해 등) 및 현지 인력 자사화를 위한 교육 활동을 강화한다.	①	②	③	④	⑤
13	자사형 리더십 파이프라인 모델 개발 및 운영 : 직위 및 직책의 변화에 따라 요구되는 리더십역량을 체계적으로 정립하고 성공적 리더십 발휘를 위한 자사만의 독특한 리더십 양성체계를 구축하고 활용을 한다.	①	②	③	④	⑤
14	인재의 다양성 확보를 위한 HRD 활동 강화 : 조직 내 신세대 및 여성 인력 등 다양성 존중문화 정착 및 잠재역량 개발을 위한 HRD 활동 방안을 모색한다.	①	②	③	④	⑤

부록 6 : 인적자원개발 담당자의 퍼포먼스 컨설턴트 역량

역량군	세부역량	
핵심역량	① 산업의 대한 이해 ② 리더십 스킬 ③ 대인관계 스킬 ④ 기술의 인식과 이해 ⑤ 문제해결 스킬 ⑥ 체계적 사고와 이해 ⑦ 성과에 대한 이해 ⑧ 해결책에 대한 지식	⑨ 경영에 대한 이해 ⑩ 조직에 대한 이해 ⑪ 협상·계약 스킬 ⑫ 이해·옹호 스킬 ⑬ 변화대응 스킬 ⑭ 거시적 안목 ⑮ 컨설팅 스킬 ⑯ 프로젝트 관리 스킬
분석가 역량	① 성과분석 스킬 ② 요구분석 조사 설계와 개발 스킬 ③ 역량 규명 스킬	④ 질문 스킬 ⑤ 분석 스킬 ⑥ 근무환경분석 스킬
해결책 전문가 역량	① 성과 정보 해석 스킬 ② 해결책 선정 스킬 ③ 성과 변화 해석 스킬	④ 해결책간 관계성 조사능력 ⑤ 경영의 핵심적인 이슈와 변화 인식능력 ⑥ 목표 해석 스킬
변화 관리자 역량	① 변화 실행 스킬 ② 변화 자극 스킬 ③ 의사소통채널, 비공식적인 네트워크, 협력관계 이해	④ 집단의 역동적 과정 이해 ⑤ 프로세스 컨설팅 스킬 ⑥ 촉진 스킬
평가자 역량	① 성과 차이 스킬 ② 조직 목표 대비 결과 평가능력 ③ 기준 설정 스킬	④ 문화에 대한 영향력 추정능력 ⑤ 성과 향상 개선 해결책 사후 평가 스킬 ⑥ 피드백 스킬

제4장

인재경영(Talent Management)

1. 인재경영(Talent Management)

1) 인재(Talent)의 중요성

급변하는 글로벌 경영환경 속에서 조직 내 인재는 단순히 자원의 일부분이 아닌 조직 가치를 극대화할 수 있는 가장 중요한 자산으로서 조직성과를 이끌어 내는 실행주체이다. 특히 조직은 얼마나 경쟁력 있는 인재를 확보하고 유지·관리하느냐에 주안점을 두고 있다. 즉, 조직의 지속적인 성장과 발전의 화두란 측면에서 조직 내 인재경영에 대한 관점의 중요성이 더욱 더 강조되고 있는 것이다. 조직이 경쟁우위를 유지 및 강화하기 위한 핵심 요소로 인재 선발·개발·유지하는 차별적 인재경영은 새롭게 요구되는 HR 분야의 주요 핵심 화두로 떠오르고 있다.

그런가 하면, 사람을 관리하고 개발하는 HR 분야의 실무자와 관리자들은 인재경영의 중요성을 인정하고 있음에도 불구하고 인재를 효율적으로 관리하는 데는 등한시 하고 있는 것 또한 현실이다.

기업은 경쟁우위를 유지하기 위해 지속적인 성장과 발전을 해야 할 필요가 있으며, 이를 이끄는 인재 지속성(Talent Sustainability)은 조직의 지속적인 성장을 뒷받침하는 주요 요인으로 현재와 미래 조직에 필요한 인재를 선발하고 개발 및 유지해야 한다.

인재경영은 인재 지속성을 유지하기 위해 경영전략과 조직문화, 인사 제도와 시스템 운영 프로세스를 설계하고 실행하는 일련의 노력으로 조직이 인재 지속성을 유지하도록 하는 구체적인 실행 방안이다.[1] 여기에서 '인재(Talent)'라는 용어는 수 천 년 전부터 존재해 왔는데, 학자들은 이 용어가 시간과 사람, 지역에 따라 어떻게 크게 변화해 왔는지 규명해왔다. 오늘날 HR 분야에서는 인적자본 측면에서 인재의 용어를 '사람'의 의미로 일반적으로 완곡하게 표현하고 있으며, 미시적으로는 경제적 맥락 속에서 인적자본과 자산, 시장가치와 같이 어떠한 자격을 의미하는 용어로 규명하였다. 인재(Talent)라는 용어는 일반적으로 조직성과에 기여하는 조직 구성원을 언급하거나 그런 개개인의 성과를 언급하기도 한다.[2]

조직에서 인재는 보통 사람들과 구별되는 개념으로 적용하고 있으며, 인재의 구분은 세 가지 개념으로 구분하여 기업 내에서 일반적으로 이해되고 있다.

첫째, 인재(人材)는 인(人)과 재(材)가 결합된 용어로 사람이 재료 내지 자원이라는 의미이다. 여기에서 인재란 조직 구성원들이 가지고 있는 특성이나 능력 및 역량에 대한 가치를 부여하여 업무수행의 목적에 적합한 조직 구성원들을 의미한다. 이는 조직 내 인적자원의 실체를 가장 포괄적인 조직 구성원들이 지니는 능력과 품성으로, 조직 내 인적자원이 바로 인재(人材)라 할 수 있다. 따라서 인재(人材)는 도덕적인 품성과 조직에 필요한 자질과 능력을 지닌 성장가능성이 있는 조직 구성원으로 보고 있다.

둘째, 인재(人才)는 조직 내 평균 이상의 능력과 역량을 보유한 조직 구성원들을 의미한다. 어떤 조직 구성원이 조직에 도움이 되고 이익을 제공한다는 것은 그 조직 구성원이 다른 구성원에 대비하여 평균 이상의 것, 혹은 평균 이상으로 능력을 발휘하여 조직 성장과 발전에 기여된다는 의미를 포함하고 있다. 조직에서 인재(人材)의 의미는 조직 구성원이 보유하고 있는 자질과 능력에 대한 초점에서 재료적인 측면인 인재(人材)와는 차별적이라 할 수 있다. 조직에서 인재(人才)는 다른 구성원들과 차별적인 능력을 보유한 조직 구성원으로 조직의 효율적인 경영목표 달성과 성과 창출을 위해 필요한 삶의 가치와 능력 및 역량을 가진 조직 구성원으로 표현하고 있는 것이다. 따라서 인재(人才)는 조직 구성원이 선천적으로 보유한 능력·소질·태도 및 역량 또는 차별적인 역량을 보유한 구성원이라고 지칭한다.

셋째, 인재(人財)는 재능을 보유한 보물과 같은 조직 구성원을 의미하는 것으로서 조직의 이익과 발전을 가져다주는 차별적인 조직 구성원을 의미한다. 조직 측면에서 조직 구성원들을 인재(人財)화하기 위해 다양한 교육훈련을 실시하고 있다. 조직이 추구하는 인재(人財)는 체계적인 교육훈련을 통하여 축적된 지식과 차별적인 전문성 확보를 위한 경험과 직무 기술을 의미하는 인적자본(Human Capital)과 일맥상통한 것으로 본다. 결과적으로 조직 내 인재(人財)는 핵심역량을 인정받고, 창의성을 갖추고 있으면서 고부가가치를 창출하는 조직 구성원으로 정의하고 있다. 또한 인재에 대한 정의와 같이 HR 실무에 대한 문헌에 따르면, 인재는 산업 형대니 직무 분야에 영향을 받아 조직적으로 구체화되어 결국 높은 잠재력을 갖고 장·단기적으로 조직의 경영성과 달성에 기여하기 위한 조직 구성원이라고 할 수 있다. 이에 인재는 높은 수준의 잠재력을 입증하며 장·단기적으로 차별화된 조직성과를 만들어내는 조직 구성원이다.

조직에서 사용되는 인재에 대한 개념은 학자들에 따라 〈표 4-1〉과 같이 다양하게 정의되고 있다.

〈표 4-1〉 인재(Talent)의 정의

학자	인재의 정의
Gagne(2000)	체계적으로 개발된 능력이나 기술의 우수한 숙달 정도
Williams(2000)	다양한 활동이나 상황, 혹은 전문화되고 좁은 전문 분야에서 정기적으로 뛰어난 능력과 성과를 입증하는 사람들을 설명
Buckingham and Vosburgh(2001)	인재는 사람이 생산적으로 적용할 수 있는 생각과 감정, 또는 행동의 반복되는 패턴을 내포
Jericór(2001)	특정한 환경과 조직에서 우수한 성과를 성취할 수 있는 헌신적인 전문가 혹은 전문가 그룹의 구현능력
Michaels et al. (2001)	개인이 배우고 성장하는 능력을 포함하는 개인의 내재적인 재능과 기술, 지식, 경험, 지식, 판단, 태도, 성격 등 사람 능력의 합
Lewis and Heckman (2006)	본질적으로 '사람'을 완곡하게 표현
Tansley, Harris, Stewart & Turner(2006)	조직원의 기술과 지식, 인지능력과 잠재력의 복합적인 혼합
Stahl et al.(2007)	전체 인력을 지칭하기보다는 능력과 성과 면에서 상단 순위에 있는 조직원의 선택된 그룹
Tansley et al.(2007)	조직의 성과에 차이를 만드는 개인들로 구성되어 있으며, 높은 수준의 잠재력을 보여줌으로써 즉각적인 혹은 장기적으로 조직에 기여하는 조직원
Ulrich(2007)	기꺼이 작업을 함으로써 시간을 헌신하고 그들의 일 안에서 의미와 목적을 발견함으로써 조직에 기여할 수 있는 능력
Cheese, Thomas & Craig(2008)	기본적으로 개인이 가지고 있으며 일로 가지고 올 수 있는 모든 경험과 지식, 기술 그리고 행동들의 전체
Gonzánlez-Cruz et al. (2009)	개발되고 적용되어지는 일련의 능력으로, 개개인이 성공적인 방법으로 어떠한 역할을 수행하도록 함.
Silzer & Dowell (2010)	그룹에서 인재는 기술이나 능력, 특정한 기술 분야에서 뛰어난 조직원 풀 혹은 능력, 혹은 더 일반적인 분야에 대한 능력이며, 어떤 경우에는 전체 조직원을 언급
Bethke-Langenegger (2012)	개인의 조직적·직업적 전문자격과 지식, 사회적이고 방법적인 능력 그리고 개인의 특성을 통해 기업의 경쟁력과 미래를 보장하는 조직원들 중의 한 명
Ulrich & Smallwood (2012)	인재 = 역량(오늘날과 미래의 직업을 위해 요구되는 지식, 기술) + 헌신(그 직업을 기꺼이 함) + 기여(그들의 직업에서 의미와 목적을 찾음)

출처 : 김연정(2016), '인재경영에 영향을 미치는 HRD 활동의 구성요인 탐색 및 상대적인 중요도 분석', 한양대학교 석사학위논문, pp.9-10

2) 인재경영(Talent Management)의 개념과 구성요소

(1) 인재경영(Talent Management)의 개념

인재경영(Talent Management)이란 조직 경쟁력의 원천으로서 조직 구성원(인적자원)에 대한 관리와 개발을 조직의 전략 차원에서 행하는 범주 측면에서 접근할 수 있다. 이는 조직 내 인적자원을 대상으로 개인이 자신은 물론 조직에서 바라는 바람직한 인재로 성장할 수 있도록 노력하는 활동과 함께 인적자원개발 측면에서는 생산성 향상 또는 체계적인 자기개발을 위하여 교육훈련 등의 활동으로 접근할 수 있다. 이에 반해 사회, 국가로 확대적인 관점에서 인재경영은 생산성 증대와 개인의 삶의 질 향상, 국가 경쟁력 강화에 필요한 능력과 기술, 정보, 도덕적 성숙도, 인간의 품성 등을 모두 포함하는 개념이다. 이와 같은 인재경영의 관점은 협의적 및 광의적인 측면을 모두 고려함에도 불구하고 인적자원을 개발하기 위한 학습과 훈련의 필요조건을 개인 및 기업을 포함한 국가가 구축해 가는 전체 행위로서 이루어지는 제반 행위라고 할 수 있다. 특히 1997년 '기업 성과의 중요한 원동력'으로서 '인재전쟁'을 컨설팅 전문 업체인 맥킨지에서 언급한 이후 인재경영은 점차 주목받기 시작했다. 즉, 인재경영(Talent Manegement)은 조직의 지속적인 성장과 발전의 원동력 측면인 인적자원전략(HRM + HRD)의 중요한 요인 강화와 함께 인재경영을 경쟁우위의 필수적인 요소로 규정하고 인재를 확보하고, 개발하며, 유지하여 조직성과를 극대화하게 하는 활동이다. 인재경영의 개념을 긍빔위하게 인식하여 조직 성공을 위한 중요 결정요인으로서 조직의 생계와 지속가능성을 위한 필수적인 요인으로 현재 대부분의 조직에서는 인재경영을 강화하고 있다.

한 조직의 경쟁력은 그 조직을 구성하고 있는 인적자원의 차별적인 경쟁력으로 조직 구성원의 개별적인 경쟁력이 그 조직의 경쟁력을 결정할 수 있다는 것이다. 조직에서 비교적 풍부해진 물적자원보다 상대적으로 인적자원이 조직의 지속적인 성장과 발전에 대한 원천인 고성과를 창출할 수 있는 중요한 핵심 요인이다. 이는 특정 집단의 조직 구성원들에서부터 시작하여 조직 외부의 구성원까지 가용할 수 있는 모든 인적자원(HRM + HRD)을 포함하는 활동을 인재경영으로 보고 있다.[3] 인재경영은 조직 내 다양한 경영환경 변화에 따른 경영전략의 패러다임 변화에 의해 대두되면서 곧 조직경쟁력 강화 측면으로 볼 수 있다. 조직에서 적용되고 있는 용어만 보더라도 '인사관리(Personnel Management)'에서 '인적자원관리(Human Resource Management)', '인적자본관리(Human Capital Management)', '인재경영(Talent Management)' 등과 같은 변천에서와 같이 궁극적으로 조직의 전략경영 패러다임 변화와 인재경영의 진화(Evolution)로 볼 수 있다.

전략경영의 변화에 따른 인재경영의 패러다임 변화를 〈표 4-2〉와 같이 살펴볼 수 있다.

〈표 4-2〉 전략경영 및 인재경영의 패러다임 변화

구분		1세대(1980년대)	2세대(1990년대)	3세대(2000년대 이후)
		제품 / 시장 경쟁	자원과 역량 경쟁	재능과 꿈의 경쟁
전략 방향	전략적인 목표	제품 / 시장 위치 확보	지속적인 경쟁우위	끊임없는 자기 갱신
	주요 수단, 관점	산업분석, 경쟁자분석, 시장세분화 / 포지셔닝, 전략 계획	핵심역량, 자원기반 전략, 네트워크 조직	비전과 가치, 유연성과 혁신, 기업가정신과 실험
	핵심 자원	재무적 자본	조직 역량	인적 / 지적 자본
인재 경영	구성원에 대한 관점	사람 = 생산수단	사람 = 가치 있는 자원	사람 = 재능 투자자
	HR의 역할	실행과 지원	기여자(Contributory)	핵심(Central)
	HR의 주요 활동	채용, 훈련, 복지에 대한 관리	전략적인 의도에 자원 / 역량을 일치시킴.	경쟁우위의 원천으로서 인적 자본을 구축

출처 : Bartlett, C., and Ghoshal, S., 'Building Competitive Advantage Through People', Sloan Management Review, Winter, 2002, pp.34–41

〈표 4-2〉와 같이 인재경영의 패러다임 변화의 1세대는 1980년대 시기로 제품 및 시장 위치 선정을 통해 경쟁우위를 확보하는 전략적 패러다임의 시대로 보고 있다. 이 시기는 산업분석, 경쟁자 분석, 전략 계획을 통해 전략목표를 달성하는 데 집중하고, 재무적 자본을 핵심자원으로 봤다. 또한 사람을 생산수단으로 간주하고, 인사부서는 실행과 지원의 역할로 이들의 핵심적인 활동은 필요한 자원인 사람을 채용하고 교육·훈련시키는 일과 조직 구성원들의 복리후생을 지원하는 일이었다.

2세대는 1990년대에 해당하며, 핵심역량(Core Competence)과 자원기반 관점(Resource-based View)에 바탕을 둔 전략적 패러다임의 시대이다. 이 시기는 기업이 지속적인 경쟁우위를 달성하기 위해 조직 내부의 핵심역량과 네트워크 조직의 구축이 중요하게 간주되었고, 조직적인 역량이 중요한 전략적인 자원이었다. 그리고 조직 구성원을 가치 있는 자원으로 간주하며, 인사부서는 조직의 핵심역량 축적에 기여하는 역할을 담당함에 따라 이들의 주요 활동은 조직의 핵심역량을 달성하는 데 요구되는 구성원(지식, 기술, 능력)을 정의하고 일치(align)시키는 기능이었다.

3세대는 21세기 지식경제가 도래하면서 지속적인 학습과 혁신에 바탕을 둔 전략적 패러다임의 시대이다. 이 시기는 조직이 끊임없는 자기 혁신을 위해 비전과 가치, 유연성과 혁신, 기업가 정신과 실험정신을 강조하고 있다. 따라서 다른 어떤 요소보다도 학습과 혁신의 주체인 조직 구성원, 즉 인적자본이 핵심적인 전략적 자원이 된다. 이 또한 조직 구성원을 단순이 구성원이 아니라 투자자들이 자금을 조직에 투자하는 것과 같이 자신이 보유한 재능을 투자하는 조직 구성원(Talent Investor)으로 간주한다. 따라서 인사부서가 기업의 중심축에 위치하고 있으며, 핵심원천인 인적자본(Human Capital)을 확보하기 위해 적극적인 활동을 수행한다. 특히 최근 국경 없는 무한 경쟁의 경영환경 변화 소용돌이 속에서 조직 내 인재경영은 인적자원관리 측면을 넘어 인적자원개발 측면에서 중요한 이슈로 간주되고 있다. 인재경영은 '인재경영(Talent Management)', '인재 전략(Talent Strategy)', 승계 관리(Succession Management)', '인적자원 계획(Human Resource Planning)' 등과 같은 용어의 맥락에서 보았을 때 인재경영은 조직 내 인재를 양성하고 운영하기 위한 일련의 전략과 계획을 포함하는 종합적인 활동이라고 할 수 있다.

이처럼 인재경영은 경영전략의 변화와 함께 조직에서 추구하고자 하는 인재경영의 개념이 변화하였다고 볼 수 있다. 그럼에도 불구하고 인재경영이란 조직의 경쟁력 강화를 위해 조직 내 높은 성과 창출을 지닌 조직 구성원(인재), 혹은 조직의 지속적인 성장과 발전에 기여할 수 있는 잠재력을 지닌 조직 구성원(인재)을 전략적이고 체계적으로 선발, 개발, 유지, 배치, 몰입하게 하는

〈표 4-3〉 인재경영의 개념 정의

구분	개념 정의
신유근(1997)	조직에서의 개인, 즉 인적자원을 대상으로 개인이 자신은 물론 조직에서 바라는 바람직한 인재로 성장할 수 있도록 개인과 조직 모두가 노력하는 활동
Duttagupta(2005)	HR 프로세스 그 이상이다.
Collings & Scullion(2008)	세계적인 규모에서 고성과와 고잠재력을 지닌 조직 구성원의 사전적인 적응과 개발 그리고 전략적인 배치를 포함하는 국제적인 수준에서 자원의 전략적인 통합이며 개발하는 것
Collings & Mellahi(2009)	조직의 지속적인 경쟁우위에 기여하는 핵심직무의 체계적인 식별(Systematic identification)을 포함하는 활동과 과정이며, 그 핵심직무에 적합한 높은 잠재력과 고성과력을 지닌 인재풀을 개발하는 것
CIPD(2009)	조직에서 특정한 가치가 있고 높은 잠재력을 가지는 개인들에 대해 체계적인 선발과 적응, 개발, 몰입 및 유지 그리고 배치를 하는 것
Farndale, Scullion & Sparrow(2010)	국제적인 수준에서 높은 성과력을 지니거나 조직성과에 기여할 수 있는 잠재력을 지닌 인재를 선발하고 개발, 유지하는 전략적 HR 프로세스

출처 : 김연정(2016), '인재경영에 영향을 미치는 HRD 활동의 구성요인 탐색 및 상대적 중요도 분석', 한양대학교 석사학위논문 내용 재구성

일련의 전략적인 조직 활동이라 할 수 있는 것이다.

인재경영의 주요 개념은 다음의 〈표 4-3〉과 같이 나타낼 수 있다.

(2) 인재경영(Talent Management)의 중요성

21세기에 한 조직이 지속적인 성장과 발전을 유지하기 위해서는 다른 조직과 차별적인 경쟁 우위를 확보할 수 있는 조직 경쟁력을 확보하여야 한다. 여기에서 차별적인 경쟁우위를 확보할 수 있는 조직 경쟁력이란, 첫째, 경쟁 조직과 차별화할 수 있는 자신만의 요인을 갖고 있으며, 둘째, 경제적인 이윤, 즉, 지속적인 이익을 제공할 수 있고, 마지막으로 경쟁의 타 조직들이 쉽게 모방할 수 없는 독특한 요인을 갖춘 것이라 하겠다. 이러한 요인들을 갖춘 중요 경쟁력 중의 하나로 조직의 차별적인 경쟁우위의 핵심 원천 무기가 될 수 있는 것이 바로 조직 내 구성원들인 인적자원이다. 과거에는 경쟁우위를 유지하기 위해 기술이나 특허 혹은 전략적인 지위에 의존했었으나, 현대 경영에서 전략적인 인력관리와 인적자원개발 방법에 의존하고 있다. 조직들이 지속적인 성장과 발전을 거듭하기 위해 다른 조직들이 모방하기 어려운 차별적인 경쟁우위의 원천을 가져야 한다는 당위성에 의한 것이다. 인적자원은 조직 경쟁우위를 창출하는 원천인데, 이는 장기적인 경영전략을 달성하기 위해 요구되는 가장 중요한 원천으로서 조직문화 활성화와 경쟁우위 기술을 창출하고 관리하는 근본적인 주체이기 때문이다. 특히 경영환경의 급속한 변화 속에 조직 구성원과 구성원을 확보, 유지, 개발, 몰입하는 방법이 가장 중요한 경영전략의 요인으로 대두되고 있다.

이와 같이 된 주된 이유는 첫째, 생산 및 공정기술의 측면에서 어느 한 조직만이 독점할 수 있는 공정기술이 사라지고, 전문기술에 대한 투자를 위해서는 필수적으로 숙련된 인적자원이 요구되고 있다. 또한 투자된 설비를 효율적으로 작동, 유지, 수리할 수 있는 인적자원이 절대적으로 필요하게 되었기 때문이다. 둘째, 금융자원의 확보 및 규모의 경제적인 측면에서 대규모 자본의 활발한 국제적인 교류와 효율적인 시장 세분화 현상으로 인적자원의 중요성이 강조되고 있다. 따라서 경쟁우위의 다른 요소들이 이처럼 그 중요성을 점차 잃어감에 따라 조직의 지속적인 성장과 발전에 기여되는 결정적이고 차별적인 요소로 남게 되는 것이 바로 인적자원이다. 그러나 인적자원의 효율적인 관리를 통해 확보된 경쟁력이 비록 다른 경쟁우위의 요소처럼 가시적이지 못할 뿐 아니라 명확하지 않을 수 있다. 그럼에도 불구하고 조직 내 다양한 조직 구성원들을 통한 차별적인 경쟁우위의 확보는 다른 조직이 결코 모방할 수 없는 성공의 원천임은 의심할 여지가 없다.

인재 경영 활동의 구분	관련 변화 트렌드	인재 경영 포인트
Planning	"인구 구조 및 세대의 변화"	1) 베이비부머 은퇴로 인한 조직 역량 공백 대비 : 경제 활동 시기 연장뿐만 아니라, 이들의 역량을 조직 내에 흡수하고 다음 세대로 승계할 수 있는 방안 모색 필요 2) 인류의 등장과 이들의 조직 기여도 극대화 모색 : 원활한 세대 교체 준비 및 젊은 인력들의 창의성과 열정이 최대한 발휘될 수 있는 조직 운영 상의 개선 / 보완 필요
Organizing	"글로벌 진출의 재점화"	3) 글로벌 사업장의 인재 육성 강화 : 해외 사업의 확장만큼 현지 채용인들이 주인 의식과 비전을 가지고 사업의 중심에 설 수 있도록 육성 체계 / 노력 강화 모색
Leading	"기업 성장 방식의 다변화"	4) 신성장 동력을 이끌어 갈 핵심 인재 포섭 : 올해는 위기 이후 10년을 대비하기 위한 중요한 분수령임. 미래 준비의 주체가 될 인재 확보에 최우선 노력 필요 5) 변화 관리를 통한 조직문화 선도 : 구조조정, M&A 등의 변화에 따른 구성원 사기 저하 및 조직 간 불협화음 여부 점검 필요
Controlling	"복지 수준의 선진화 요구 증가"	6) 기업 경쟁력 제고 관점에서의 Total Reward 점검 : 처우 및 복리후생 등이 기업의 성과와 이미지 제고에 기여할 수 있는 방안 마련 필요

[그림 4-1] 변화 트렌드와 인재 경영 포인트

한편, 조직경영의 중심이자 출발점이라 할 수 있는 인재경영 측면에서도 최근 국제 금융 위기 이후 조직의 지속 성장과 발전에 대한 미래 준비와 도약을 위하여 조직 내 인재경영은 인력활용계획 수립(Planning), 인력운영체계화(Organizing), 인재 확보 및 조직문화 구축(Leading), 자원관리 및 통제(Controlling) 등 크게 네 가지 영역으로 구분해 볼 수 있다.

이 네 가지 영역과 관련해서 향후 10년 이내에 기업이 주목해야 할 변화의 트렌드와 인재 경영 이슈에 대한 주요 개념은 [그림 4-1]과 같다.[1]

(3) 인재경영(Talent Management)의 구성요소

인재경영은 조직에서 성과를 창출하고 조직목표를 달성하기 위한 하나의 전략으로 조직 내 인재를 관리하는 과정이며, 조직의 경영전략과 함께 실행되어야 한다. 조직 내 인재경영의 목표는 재능 있는 조직 구성원에 대한 인재풀을 개발하고 유지하는 것을 의미한다. 조직에서 인재경영 과정을 설명함에 있어서 채용(Recruiting), 배치(Deploying), 성과관리(Performance Management), 개발(Developing), 고용(Engagement), 진로 추적(Tracking), 보상과 은퇴(Rewarding and Exiting) 등으로 이루어진 '인재 파이프라인'을 언급하였다. 그리고 인재경영의 구성요소는 사업 계획(Business Plan), 선발(Attraction)과 유지(Retention), 정책(Policies)과 프로그램, 인재 감사(Talent Audit), 역할 설계(Role Design), 인재관계관리(Talent Relationship Management), 성과관리(Performance Management), 학습과 개발(Learning and Development), 경영 승계계획과 경력관리(Management Succession Plan and Career Management)로 이루어진다.[5] 인재경영 과정의 핵심 구성요소는 채용과 선발, 예비교육(Orientation), 교육과 훈련, 승계계획과 개발이 포함된다고 보았으며, 계획과 역량관리, 채용, 학습과 지식개

발, 성과관리와 승계계획으로 이루어진다.[6]

한편, 글로벌 인재경영(GTM) 과정을 살펴보면, IHRM(International Human Resouces Management)의 활동들 중 많은 부분에서 GTM(Global Talent Management)의 활동과 도전과제로 다음과 같이 활용되고 있다. 첫째, 명성관리(Reputation Management)와 채용이 포함되는 선발이며, 둘째, 성과관리와 보상 활동이 포함되는 유지이고, 셋째, 훈련과 경력개발 활동을 포함하는 개발로 구성된다. 결국 인재경영과 글로벌 인재경영 활동을 실행하는 과정은 크게 인재 선발(Attracting Talent), 인재 개발(Developing Talent), 인재 유지(Retaining Talent)의 세 가지 구성요소로 나눌 수 있다.

인재경영 활동의 각 구성요소들 간의 연결성을 통해 체계화된 단계의 순환 관계는 [그림 4-2]와 같이 나타낼 수 있다.[7]

[그림 4-2]에서와 같이 첫째, 인재 선발 과정에서 잠재력을 지닌 고성과자들이 해당 조직에 소속되기를 원하게 하며, 조직에서 재능 있는 조직 구성원이 되는 것을 보장하기 위한 모든 활동들을 포함하는 인재 계획, 채용 및 선발, 예비교육 등의 활동들로 이루어진다. 기업이 어떤 특정한 위치를 위한 특정한 사람들을 선택하는 것보다는 최고의 사람들을 채용하고 그들을 적합한 위치로 배치하는 것으로서 인재 풀 전략을 어떻게 사용하는지에 초점이 맞춰져 있다.

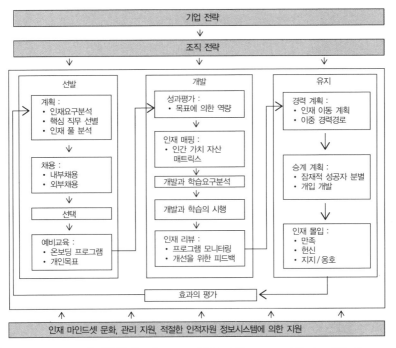

출처 : Wahyuningtyas, R. (2015), 'An Integrated Talent Management System : Challenges for Competitive Advantage', International Business Management, 9(4), pp.384-390

[그림 4-2] 인재경영의 구성요소

　둘째, 인재 개발 과정에서는 미래의 경영 요구를 충족시키기 위해 조직 구성원의 역량을 증가시키기 위한 모든 활동이 포함된다. 이 과정은 성과 평가(Performance Appraisal), 인재 매핑(Talent Mapping), 개발과 교육 요구분석(Development and Learning Need Analysis), 학습 시행과 개발(Implementation of Learning and Development), 인재 검토(Talent Review) 등의 활동으로 이루어진다. 무엇보다도 조직에서 누가 역량을 증진시키고 특정 유형으로부터 가장 효과적인가에 대해 이해하고 알맞게 개발하는 것이 중요하다.

셋째, 인재 유지 과정은 조직에 존재하는 재능 있는 조직 구성원을 유지하고 조직목표를 달성하기 위한 인재의 헌신을 이끌어내기 위한 활동을 포함하는 것이다. 인재 유지를 위한 구체적인 활동은 경력 계획과 승계 계획, 인재 몰입(Engage Talent), 효과의 평가(Evaluation of Effectiveness)로 구성되었다.

2. 핵심인재(High Potential Individual)

1) 핵심인재(High Potential Individual)의 개념

조직이란 다수의 조직 구성원들이 공동의 목표를 달성하기 위해 서로 상호 작용하는 조직의 집합체이다. 조직의 성패는 조직 구성원을 통해 이루어진다는 의미이다. 즉, '어떤 조직 구성원이, 어떤 일을, 어떻게 하느냐'는 직무수행 결과인 성과와 연결되는 매우 중요한 요소이며, 이 성과는 조직의 지속적인 성장과 발전의 성패와 직결된다고 할 수 있다. 특히 최근 들어 조직 구성원이 곧 '인적자원' 또는 '인적자산'이라고 사고의 전환을 통해 조직을 둘러싼 경영환경의 불확실성 가중과 경쟁이 심화되고 있다. 그럴수록 조직의 현재와 미래의 경쟁에서 지속적인 성장과 발전을 견인할 수 있는 핵심인재를 확보, 육성, 유지하기 위한 조직 간 전쟁(War for Talent)은 최근 들어 조직의 사활을 건 치열한 경쟁을 하고 있다.

한편, 조직에서 요구되는 핵심인재는 일반적으로 동료들보다 승진이 빠른 인재나 역할에 있어서도 신속히 변화하는 인재, 최고 경영층과 인적자원 전문가 등에 의해서 경력이 주도면밀하게 모니터되고 있는 인재이다. 또한 특별한 경력관리와 주의 깊은 심사를 받는 엘리트 집단의 인재, 소수의 관리자들이 매우 비밀스럽게 관리하는 명단에 포함된 인재, 고속 경력경로를 지속하기 위해 필요하다면 개인적인 희생도 감수할 의지와 체력을 갖고 있고 회사가 신뢰할 만한 건강을 유지하는 인재들이다. 그리고 현재 탁월한 성과를 내고 있는 인재나 경영자, 리더로서 성장 잠재력을 가지고 있는 인재, 리더십 역량이 뛰어난 인재, 회사의 미래 비전과 전략 실현의 핵심이 될 수 있는 인재, 혁신의식을 가지고 변화에 능동적으로 대응할 수 있는 인재, 핵심포스트(임원 등) 후보로서 즉시 승진하여 업무 수행이 가능한 인재 등을 의미한다. 특히 우리나라뿐만 아니라 국제적으로 인정하는 핵심인재의 공통점은 탁월한 성과를 내며 무한한 잠재력으로 고위 직위로 승진하게 되고, 궁극적으로 경영진의 직위를 맡게 될 인재를 의미하므로, 이를 핵심인재로 정의하고 있다.

이와 같이 핵심인재란 한 가지 이상의 의미를 갖는다. 이들은 조직 내에서 별도의 개별 인재 평가 프로세스를 통해 검증된 인재이다. 조직에서 미래의 리더로 자신의 현재 위치에서 한 단계 혹은 그 이상의 단계로 올라갈 수 있는 능력을 지닌 사람들이다. 따라서 중요한 위치에 선발되거나 혹은 커리어 정상에 도달할 수 있는 사람들이라 할 수 있다.[8]

또한 21세기의 지식 기반사회에 있어 인재(Talent)의 정의는 그 사람의 타고난 재능과 스킬, 지식, 경험, 판단력, 지적능력, 태도, 성품, 역량 등을 포함하면서 배우고 성장할 수 있는 능력까지 포함한다.[3] 조직 내에서 인재(Talent)는 특정조직에서 바라는 바람직한 개인의 모습으로 조직의 경영목표 달성에 기여할 수 있는 기본적인 능력을 갖추면서 동시에 업적도 뛰어난 조직 구성원을 말한다.[9] 일반적으로 핵심인재란 조직에서 핵심적인 위치를 차지하며, 조직의 미래경영성과를 책임질 중추적인 역할을 담당하는 조직원을 일컫는다. 이런 인재를 확보하기 위해 다수의 조직들은 재능이 있는 인재선발과 인재교육을 병행하고 있으며, 핵심인재에 대한 연구도 조직 특성과 경영환경에 맞게 다각도로 적용하고 있다.

GE는 뉴리더십(New Leadership)이란 개념으로 핵심인재를 정의하고 열정과 에너지(Energy), 타인에 대한 동기부여 역량(Energize), 결단력(Edge) 및 실행력(Execution)의 네 가지로 구체화하였으며, 아메리칸 익스프레스는 핵심인재의 역량에 대해 비전을 개발하고, 설득과 글로벌 수준의 인력을 채용하고, 개발 및 유지, 고객을 최우선으로 하는 경쟁력 유지, 지속적인 혁신과 가시적인 결과의 산출, 조직 내에서 변화를 주도하고, 끊임없는 자기개발 노력 등으로 정의하고 있다.

한편, LBA(Lance A. Berger & Associates) 컨설팅사에서 개발한 인재경영시스템(Talent Management System)에서 인재를 4단계로 〈표 4-4〉와 같이 구분하고 있는데, 이는 업적 성과와 동료 관계, 핵심 역량의 수준에 근거하여 S급, A급, B급, C급으로 핵심인재를 구분하였다. 여기에서 S급은 최고의 인재이며, A급은 우수한 인재, B급은 평균적인 인재, C급은 부적응자로 조직 내 조직 구성원으로 구분하고, 이 중에서 3~5%에 해당하는 S급을 조직이 집중적으로 확보, 육성, 유지해야 하는 핵심인재로 규정하고 있다. 또한 이들은 최고의 업석을 창출하고 있으며, 다른 구성원들의 업부수행역량 향상을 위해 리드하고, 조직이 성장하는 데 꼭 필요한 인재들이다. 그러므로 최고경영층 및 인적자원 전문가들은 S급 인재들의 경력을 철저하게 감독하고 비밀스럽게 관리하고 있다. 대한상공회의소에서 민간기업 80개 회사를 대상으로 실시한 핵심인재에 대한 조사결과를 보면 핵심인재의 정의는 핵심 사업이나 신사업을 이끌어가는 리더와 특정 직무전문가, 주요 직책의 담당자, 조직의 차세대 리더 및 CEO 후계자군, 반복적인 고성과자 등으로 나타났다. 이를 종합해 보면 핵심인재는 조직의 경영목표와 비전을 달성하기 위해 조직의 핵심 사업을 이끌어 갈 수 있는 리더이며, 특정 직무에 대한 차별적인 전문능력과 역량을 보유하고 고성과를 만들어낼 수 있는 조직의 차세대 리더라고 할 수 있다.

한편, 삼성경제연구소에 의하면 핵심인재란 '해당 분야에 대한 전문지식(전문능력)과 리더로서의 자질(리더십)에 더해 좋은 인간관계를 유지할 수 있는 능력(인간관계능력)과 조직에 대한 애사심 그리고 조직관을 갖고 있는(조직충성심) 사람'이라고 하였다. 보다 구체적으로는 '천재급 엔지니어, 창의적인 비즈니스 리더, 창조적인 상품 디자이너, 고객에게 존경받는 일선조직 구성원 등 조직이 오랜 기간 동안 유지시켜 나가야 할 인력'으로 조직의 비전과 미션, 전략적 목표 달성을 위하여 필요로 하는 최고 수준의 역량(Competencies)을 보유하고 있는, 또는 장차 보유할 수 있는 잠재적인 능력자를 말한다. 또한 현재와 미래에 있어서 조직을 리드하고 동시에 또 다른 핵심인재를 육성해 낼 수 있는 능력과 역량을 갖추고, 궁극적으로는 조직성과를 획기적으로 제고할 수 있는 실천력 있는 조직 구성원을 핵심인재라고 정의한다.

삼성의 경우 핵심인재의 정의로서 ① 해당 분야 최고수준의 전문성(기술, 전문지식)을 보유하고, ② 투철한 조직관과 리더십, 인간미 및 도덕성을 겸비한 사람으로서, ③ 종합 경영능력을 보유한 미래의 CEO 및 사업 총괄 후보와 ④ 탁월한 전문능력 보유 등 해당 분야에서 핵심적인 역할을 수행 중인 인력의 네 가지 기준에 부합하는 조직 구성원을 핵심인재로 규정하고 있다. 그 수준에 따라 S(Super), A(Ace), H(High Potential)급으로 〈표 4-4〉와 같이 구분하여 관리하고 있다.

LG전자의 경우 핵심인재를 HPI(High Performance Individual ; 고성과 창출자)에서 HRSP(HR Strategy Process)로 변경하여 운영하면서, 역할 중심으로 직급을 L(Leader), S(Senior), J(Junior), A(Assistant)급의 4

〈표 4-4〉 핵심인재의 구분 현황

구분		개념 정의
LBA의 핵심인재 등급 정의	Super Keeper (S급)	- 최고의 업적을 산출하는 사람 - 다른 사람이 생산적이도록 영향을 주는 사람 - 조직의 핵심역량을 모두 보유한 사람 - 성공적인 역할모델이며 조직이 성장하는 데 꼭 필요한 사람 - 조직 구성원들 중 3~5%의 소수 정예 인력
	Keeper (A급)	- 평균 이상의 업적을 산출하는 사람 - 다른 사람의 업적에 대한 기여정도가 평균 이상인 사람 - 조직이 요구하는 핵심역량을 평균 이상 보유한 사람 - 조직 구성원들 중 20~25%의 인력
	Solid Citizen (B급)	- 업적이 평균적인 사람 - 다른 사람의 업적 향상에 일부 기여하는 사람 - 조직이 요구하는 핵심역량 수준이 보통인 사람 - 조직 구성원들 중 70%의 인력
	Misfit (C급)	- 업적 수준이 최저 수준인 사람 - 동료와 관계가 원활하지 못함. - 요구 핵심역량을 보유하지 못함. - 조직 구성원들 중 5%의 인력
삼성이 핵심인재 등급 정의	S(super)급	- 세계적인 경쟁력을 갖춘 일류기업에서 A급 평가와 특급처우를 받고 있는 인력 - 사장급 처우도 아깝지 않은 인력 - 회장이 관심 가질 정도의 비중 있는 인력 - 재직자의 경우 세계 최고 수준의 기술과 노하우, 전문지식을 보유하여 경영성과 창출에 결정적으로 기여하는 인물
	A(Ace)급	- 전문지식, 기술수준, 희소성 등에서 S급에 다소 미치지 못하나 경영성과 창출에 핵심적인 역할을 담당할 수 있는 인력 - 사장이 책임지고 관리해야 할 정도의 비중 있는 인력
	H (High Potential)급	- 실무경험은 없으나 충분한 자질과 잠재력을 갖춰 향후 S급, A급 인력으로 성장이 기대되는 자 - 해외 핵심 우수대학 상위 5% 내 인력, 국내 핵심대학 출신 중 전략학과 5위 내 인력, 국제 올림피아드 상위 입상자

출처 : 차종석(2005), '국내 기업 핵심인재 경영의 현황과 개선 방향', 〈임금연구〉, 2005년 봄호, p.10 및 공두환(2014) 재인용

단계로 구분하여 주로 L급과 임원을 핵심인재로 간주하고 있다. 특히 인재를 뽑은 뒤 육성하는 정책에서 핵심직무를 결정한 후 그에 부합한 인재를 선택 및 육성하는 후계자양성프로그램을 강화하고 있다.

SK의 경우 핵심인재를 정의하기 위해 SK그룹의 경영원리인 SKMS와 SUPEX, 비전 및 사업전략, 변화관리 방향 등을 고려하고 있다. 핵심인재를 정의하는 구성요소로는 ① 구성원의 전문성 및 기본 자질 제고, ② SKMS 실천과 SUPEX 추구, ③ 중장기적인 Total Corporate Value의 극대화이다.

이처럼 핵심인재에 대한 정의는 각 조직의 상황이나 사업 영역에 따라 서로 다르게 적용되지만 일반적으로 핵심인재에 대한 정의는 주로 매니저급 이상의 책임자급을 의미하고 있으며, 후계자 양성프로그램과 연계되어 조직의 목적에 따라 HPI전문가 개념을 사용하여 인재를 구분하고 있다.[10]

2) 핵심인재(High Potential Individual)의 특징

핵심인재는 조직의 경영목표와 중장기 비전을 달성하는 데 핵심적인 역할을 수행하는 조직 구성원들이다. 이들은 조직이 지속적으로 성장할 수 있도록 변화와 혁신의 실행을 주도할 수 있는 능력과 역량을 구비해야 하며, 조직 구성원들이 조직 경영목표에 부합되도록 리드할 수 있는 역량을 갖추어야 한다. 조직 내에서 핵심인재들에게 요구되는 조건으로 업무 측면에서는 전문적인 역량과 경영환경 변화에 능동적으로 반응하여 조직에 새로운 가치를 창출할 수 있는 추진역량이 요구된다. 인성과 관련된 측면에서는 조직의 경영목표에 맞게 조직 구성원들을 리드할 수 있는 올바른 윤리관, 가치관, 도덕성 및 인간미가 구비되어야 하며 〈표 4-5〉, [그림 4-3]과 같이 나타낼 수 있다.

〈표 4-5〉 핵심인재의 요건

구분	자질 측면	실천 측면
업무 (Work)	• 전문능력 – 제품·기술·시장 관련 전문지식 보유	• 변화 주도 – 조직의 관성 타파 – 열정·에너지로 신가치 창출
인성 (Personality)	• 도덕성 – 올바른 가치관 확립 – 조직·고객에 대한 사명감	• 인간미 – 사람과 '운'이 따르는 인재

출처 : 김은환(2002), '핵심인재 확보·양성 전략', 〈CEO Information〉, 삼성경제연구소

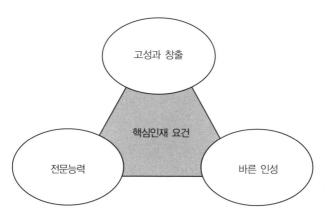

출처 : 유영근(2002), '은행의 핵심인재 유형과 요인', p.16에서 재인용

[그림 4-3] 핵심인재의 요건

[그림 4-3]과 같이 핵심인재는 조직의 경영목표를 달성하고 고성과를 창출할 수 있는 전문지식뿐만 아니라 조직을 경영할 수 있는 바른 인성을 가지고 있어야 한다. 그리고 인성과 도덕성, 올바른 가치관은 조직 내의 좋은 근무여건과 신뢰문화를 형성하고, 조직 구성원을 일치 단결시켜 결집력이 강한 조직

으로 만드는 것이다. 더욱이 핵심인재의 가치관은 조직이 지향하는 가치와 동일할 때 조직 구성원들은 조직에 몰입하여 목표 성과를 이룰 수 있음에 따라 무엇보다도 전문능력과 바른 인성이 조직의 경영목표와 부합되는 인재를 찾는 것이 중요하다.[11]

핵심인재란 다양한 분야에서 좋은 성과를 보이는 사람들로서 평범한 조직 구성원들에 비해 차별적인 역량을 갖추고 조직과 자신의 직무에 대해 헌신적인 태도를 가지고 있으며, 고위 경영층스타일이라는 인상을 주는 조직 구성원들이다. 이에 맥킨지 컨설팅은 지난 2000년 미국 내 연간 10억 달러 이상의 매출액을 가진 대기업들과 1억 달러에서 10억 달러 미만의 매출액을 갖고 있는 중견기업 총 54개의 중간 관리자급 이상을 대상으로 설문조사를 실시하여 핵심인재들의 특성을 〈표 4-6〉과 같이 규명하였다. 〈표 4-6〉에 나타난 바와 같이 핵심인재들은 첫째, 재미있고 도전적인 일에 관심을 가지며, 자기가 열정을 가진 일에 흥미를 느낀다. 이들은 조직에서 비전으로 세운 업무에서 영감받기를 원하며, 자신의 역량 및 경력을 확장할 기회를 제공할 수 있는 직위에서 업무하기를 희망한다. 둘째, 이런 인재들은 경영이 잘되는 훌륭한 회사에서 일하기를 원하는데, 이들은 뛰어난 리더에 의해 경영이 잘 이루어지는 조직에 들어가길 바라고, 자신의 능력과 역량을 인정받길 원하므로 성과를 중요시하는 조직문화와 투명하고 서로 신뢰하는 환경을 희망한다. 셋째, 이들은 자신들의 부를 구축해 나갈 기회를 스스로 찾으면서 조직에 대한 개인적인 공헌이 그들의 보상과 연계되어 보상받길 바란다. 보상은 그들에게 실제 금액보다는 심리적인 만족과 연결시켜주는 항목이다. 넷째, 핵심인재들은 조직 내의 업무 및 교육프로그램을 통해 그들의 능력과 경력을 개발하는 데 도움을 받고 싶어 한다. 따라서 이들은 지속적인 교육훈련을 중시하고, 자기개발과 경력개발을 위한 기회 제공을 중요하게 생각하고 있다.

　결국 핵심인재는 조직의 상황과 시기를 감안하여 자신의 능력을 운용할 줄 아는 지혜와 실천력을 갖추고 있어야 한다. 아무리 우수한 자질을 갖고 있더라도 이를 조직 내에서 실제적인 가치창출과 연결시키지 못한다면 의미가 없다.

〈표 4-6〉 McKinsey 'The War for Talent' 핵심인재 특성

각 항목이 입사와 근속 결정에 중요하다고 대답한 응답자의 비율(%)	
흥미 있는 일	훌륭한 회사
재미있고 도전적인 일 : 59% 내가 열정을 가진 일 : 45% 나의 주장이 반영됨 : 41% 주도권을 가지고 성공을 소유 : 40% 조직 내에서의 영향력 : 35% 자율과 자치 : 31% 전략 방향 설정에 참여 : 22% 혁신을 격려 받음 : 22%	경영이 잘 되는 회사 : 48% 상사와의 돈독한 관계 : 43% 마음에 드는 조직문화와 가치 : 39% 경영진에 대한 신뢰 : 38% 관료주의의 폐단이 없음 : 30% 존경하는 상사 : 26% 흥미있고 재미있는 산업 : 24% 성장 가능성 있는 산업 : 22%
자기개발	뛰어난 제품 : 21% 경쟁력 있는 회사 : 21% 경쟁력 있는 직원 : 19% 회사에 대한 평판 : 17% 동료 의식 : 13% 재무성과 이외의 공헌 : 9% 다양한 배경의 구성원 : 8% 사회에 대한 긍정적인 영향력 : 22%
경력개발의 기회 : 37% 나를 향한 장기적인 기여도 : 35% 경력을 개설할 스킬을 개발함 : 35% 상급 관리자의 관심 : 30% 성과에 따른 승진 : 28% 빈번한 피드백 : 17% 유용한 멘토링을 받음 : 16% 지속적인 교육훈련 : 14%	
생활양식	부(富)와 보상
개인 가족생활의 요구 충족 : 51% 마음에 드는 지역에서의 생활 : 34% 충분한 업무 공간 : 11% 업무 시간 및 장소의 유연성 : 9%	개인적인 공헌에 대한 보상 : 39% 상당한 부를 창출할 기회 : 36% 고성과에 대한 추가적인 보상 : 31% 매년 높은 현금 보상 : 26%

출처 : 최동식·김성수(옮김), '인재전쟁', 세종서적(주)(19쇄, 2012), pp.90-93

　핵심인재의 요건에 대해 좀 더 자세히 살펴보면 첫째, 전문능력은 향후 회사의 수종 사업을 주도할 인재로서 기존의 업무 관련 노하우나 지식으로는

불충분하며, 신산업과 시장을 창출함으로써 조직의 수종 사업을 주도할 수 있어야 하고, 조직 내부뿐만 아니라 산업 전체의 리더로서 산업의 흐름과 맥을 짚는 것이 필요하다. 단기적으로 기존 제품의 원가절감과 시장점유율 확대 등이 중요하지만 장기적으로는 경쟁의 틀 자체를 바꾸는 전략적인 역량이 필요하다. 둘째, 변화주도 역량은 변화와 혁신을 주도하는 인재로서 조직 내에 고착된 관행과 고정관념을 혁파하고 혁신적인 아이디어를 관철시키는 추진력을 가지고 있어야 한다. 셋째, 도덕성은 투철한 가치관과 조직관을 갖춘 인재로서 조직 및 고객과의 일체감을 통해서 조직충성과 고객만족을 구현할 수 있어야 한다. 이러한 근본 에너지로서 핵심인재의 수준 높은 도덕성이 조직의 장기 비전을 제시하고 고객 및 사회와의 공존공영을 주도할 수 있는 기반이 된다. 넷째, 인간미는 사람과 '운'이 따르는 인재로서 항상 주변에 사람이 모이고, 어려울 때 도움을 받을 수 있어야 한다. 사회가 복잡해질수록 '독불장군식(Stand-alone)' 역량으로는 한계가 있다.[12]

3. 경력개발제도
(Career Development Program ; CDP)

1) 경력개발제도(Career Development Program)의 개념

경력개발(Career Development)은 경력(Career)과 개발(Development)이 더해져 구성된 개념으로서 "개인이 평생 동안 일련의 직무와 직업 활동에서 얻게 되는 태도와 행동의 연속"으로[13] 경영학적 관점에서 "한 개인이 입사로부터 퇴직에 이르기까지의 경력경로(Career Path)를 개인과 조직이 함께 계획하고 관리하여 개인 욕구와 조직목표를 달성해 가는 총체적 과정"이다.[14]

경력개발은 조직 구성원이 조직에서 제공하는 경력 기회에 부합하는 경력목표를 설정하고 현재 및 미래의 직무를 잘 수행할 수 있도록 준비하는 과정으로, 개인 차원이 경력개발과 조직 차원이 경력개발로 구분할 수 있다. 개인차원의 경력개발은 개인이 삶 속에서 자신의 특성에 맞게 그것이 어떠한 단계이든 어떤 내용이든 주도적인 역할을 함으로써 경력개발이 이루어진다. 그 과정은 자신이 원하는 삶을 추구하는 자아실현의 과정이고, 조직 차원의 경력개발은 체계적인 학습 기회를 제공하여 조직 구성원의 지식과 기술, 능력을

향상시키고 태도 변화를 통해 조직의 인적자본을 극대화시키고자 하는 목적을 갖고 있다.[15]

경력개발에 대한 일반적인 공통사항으로는 일과 학습, 삶, 일생이라는 단어들로, 이들 세 단어는 같은 의미라고 생각할 수 있다. 즉, 일상의 모든 삶이 배움의 장이요 학습과정이라 할 수 있는데, 일이란 개념이 경제적인 수익을 내는 직업만을 의미하기보다는 자신이 추구하는 삶을 살아가기 위해 행하는 모든 사고와 행동이 일이 될 수 있기 때문이다. 그렇기 때문에 경력개발은 조직 구성원들이 조직 안에서 이루어지는 승진이나 보수와 같이 눈에 보이는 물질적인 보상과 성공으로부터 보다 다양한 측면과 함께 조직에 속하지 않는 독립적인 삶을 살아가며, 자신의 삶을 디자인하고 방향을 정하면서 살아가는 자체가 경력개발의 과정이다.

경력개발의 개념 정의는 〈표 4-7〉과 같이 알아볼 수 있으며, 〈표 4-8〉은 최근 경력개발의 개념 특성과 한계점을 확인할 수 있다.

〈4-7〉 경력개발의 개념 정의

구분	주요 개념 정의
Super & Hall(1978)	개인이 가진 경력목표를 달성할 수 있도록 개인과 조직이 상호 노력해가는 과정
Guttridge & Otte(1983)	개인의 경력계획 활동과 조직의 경력관리 활동의 조합으로부터 나오는 산출물
Hall(1984)	한 개인이 일생에 걸쳐 일과 관련하여 얻게 되는 경험
Nadler & Nadler(1989)	고용주 또는 조직이 근로자에게 조직의 목적에 따라 직무능력과 개인적인 성장 가능성을 위해 일정기간 내에 제공하는 조직화된 학습경험
김흥국(2001)	한 개인이 직장생활에서 일을 통해 거쳐 가는 길
Gilley, Eggland & Gilley(2002)	조직원과 조직 간의 상호적인 경력구상 노력을 야기하는 구조화된 활동 또는 과정으로 이루어진 조직화되고 계획된 노력의 활동
Mathis & Jackson(2004)	구성원이 조직에서 제공하는 경력 기회에 부합하는 경력목표를 설정하고 현재 및 미래의 직무를 잘 수행할 수 있도록 준비하는 과정
Cascio(2006)	조직 구성원의 일생에 걸친 태도, 가치 및 능력 향상 과정
송병식(2008)	개인의 경력목표를 설정하고 이를 달성하기 위한 경력계획을 수립하여 조직 욕구와 개인 욕구가 합치될 수 있도록 각 개인이 경력을 개발하는 활동

<표 4-8> 최근 경력개발 개념과 특성

구분	개념	한계
무경계 경력 (Boundaryless Career) Arthur & Rousseau (1996)	경력 이동과 유연성을 근간으로 직종간의 경계, 조직 간의 경계, 고용관계와 네트워크의 관계, 역할 내외에서의 경계를 초월하여 다양한 환경에서 경험을 쌓는 경력	경력의 유연성을 근간으로, 고용의 가능성을 중시하는 경력으로 개인의 다양한 경력 동기에 대한 설명이 부족
주관적 경력 (Subjective Career) Collin(1990)	자신의 경력에 대하여 생애 전체를 관찰하며 태도와 행동, 결과들의 의미를 자신의 관점에서 해석하는 경력에 대한 개인의 주관적인 이해방식	경력에 대한 개인의 이해방식으로 경력 형성을 위한 구체적인 경력 행동에 대한 설명이 부족
어센틱 경력 (Authentic Career) Svejenova(2005)	자아 정체성(Self-Identity)과 관련된 진실성(Authenticity)을 기반으로 의미 있는 경력을 달성하기 위한 'True-to-Self' 전략을 이용하는 경력	진실성을 바탕으로 한 경력의 형성을 설명하고 있으나, 다양한 경력 상황을 설명하는 데 한계가 있음.
만화경경력 (Kaleidoscope Career) Maniero & Sullivan(2005)	만화경의 메커니즘과 유사하게 역량과 관계성, 기회의 조합이 최상이 되도록 경력을 선택하고, 자신의 삶의 다른 측면을 빠르게 변화시켜 나타나는 경력	삶 전체에서 경력 선택을 통해 경력이 형성되는 측면을 설명하고 있으나, 개인의 성장을 위한 경력 행동에 대한 논의가 부족함.
프로티언 경력 (Protean Career) Hall(1996)	개인에 의한 경력관리인 지속적인 학습과 정체성의 변화를 중심으로 자신의 욕구 충족을 위한 자신의 업무조직, 직종 등을 변화시키는 경력	경력 정체성과 관련된 개인의 가치를 바탕으로 지속적인 학습과 경력 선택 등 경력 과정에 초점을 둠. 다양한 경력 형태가 존재하여 일관적인 개념 정의가 어려움.

출처 : 김정희(2013), '장기간 타 문화를 경험한 기독교 선교사들의 한국 사회 재정착 과정 : 평생학습과 개인 경력개발 중심으로', 박사학위 논문, p.31

경력개발제도(Career Development Program)는 경력개발프로그램, 경력개발시스템과 같은 의미로 혼용되는 경우가 많다. 여기에서 경력개발제도란 경력개발의 개념을 조직의 인재육성을 위해 제도화시켜 놓은 것이다. 개인이 입사로부터 퇴직까지의 경력경로를 개인과 조직이 함께 설계하고 장기적인 관점에서 관리해 나가는 종합적인 인적자원개발시스템이다.[14]

또한 조직 구성원 개인에 대해서 조직의 인재 필요성과 본인의 희망을 조화시켜 장기적인 경력계획을 만들고, 이 계획과 결부시켜 직무로테이션(승진, 전속, 직무변경) 및 교육훈련을 행하는 종합적인 프로그램이다. 이는 조직이 장래에 필요로 하는 인재 확보를 위하여 직원의 경력을 조직에 있어서 적극적으로 활용·발전시킴으로써 인재의 유효한 활용을 도모함과 더불어 그것을 촉진하기 위한 종합적인 학습계획이다.[16]

경력개발제도(Career Development Program ; CDP)는 개인이 입사부터 퇴직까지의 경력경로를 개인과 조직이 함께 설계하고 장기적인 관점에서 관리해 나가는 종합적인 인적자원개발시스템을 의미한다. 나아가 경력개발제도의 궁극적인 목표를 명확히 표현하면 개인의 욕구를 충족하고 동시에 조직의 인적자원개발을 극대화시켜 개인 욕구와 조직의 욕구를 한 방향으로 정렬시키는 데 있다.[17] 또한 각각의 조직 구성원에 대한 조직 욕구와 개인 희망을 조화시켜 장기적인 경력계획을 만들고, 이 계획과 결부시켜 직무순환 및 교육훈련을 행하는 종합적인 프로그램을 의미하기도 한다. 즉, 조직의 입장에서 경력경로는 경력 요건 등을 설정해주고, 종업원은 자신이 고려한 가장 적합한 경로를 선택하여 자신의 경력목표 달성을 위해 역량개발을 시도하도록 유도하는 제도인 것이다.[16]

경력개발제도는 적용범위에 따라 협의와 광의로 나누어 설명할 수 있다(중앙인사위원회, 2006). 협의의 경력개발제도는 개인이 하나의 조직 내에서 거치게 되는 보직경로를 합리적으로 설정·관리해 주는 인사관리제도를 의미한다. 이런 의미의 경력개발제도는 개인이 도달하고자 하는 경력목표의 설정과 이를 달성하기 위한 경력경로의 구체적인 선택 및 그 경로에 따른 보직관리를 해주는 제도를 뜻한다. 광의의 경력개발제도는 조직 구성원의 자기발전욕구를 충족시켜 주면서 조직에 필요한 인재를 육성하고, 이것이 조직의 목표 달성으로 이어지도록 하는 광범위한 인사관리활동을 포괄하는 제도를 의미한다. 인사관리 활동 측면에는 조직 구성원의 적성과 희망, 전문 분야에 알맞은 보직경로 설정, 직무수행에 필요한 역량의 발견과 그 개발 지원 및 직무수행에 필요한 역량요소를 발견하기 위한 직무분석 및 그 직무에 관한 정보의 제공과 직원이 보직에 따른 직무수행을 원활히 하는지에 대한 성과 평가 등이다.

〈표 4-9〉는 경력개발제도의 의미를 협의와 광의로 구분하여 나타낼 수 있다.

〈표 4-9〉 경력개발제도의 의의

구분	경력개발제도의 의의
협의	개인이 하나의 조직 내에서 거치게 되는 보직 경로를 합리적으로 설정·관리해 주는 인사관리제도 – 개인이 도달하고자 하는 경력목표의 설정 – 경력목표를 달성하기 위한 경력경로의 구체적인 선택 – 경력경로에 따른 보직관리
광의	조직 구성원의 자기개발 욕구를 충족시켜 주면서 조직에 필요한 인재를 육성하고, 이것이 조직의 목표 달성으로 이어지도록 하는 광범위한 인사관리 활동을 포괄하는 제도 – 조직 구성원의 적성, 희망, 전문 분야에 알맞은 보직 경로 설정 – 직무수행에 필요한 역량의 발견 및 그 개발 지원 – 직무수행에 필요한 역량요소를 발견하기 위한 직무분석 및 그 직무에 관한 정보의 제공 – 직원이 보직에 따른 직무수행을 원활히 하는지에 대한 성과평가

또한 경력개발제도의 목적[18]은 첫째, 능력 있는 조직 구성원을 성장시킬 수 있는 프로그램을 설계하여 개인과 조직의 유효성을 성취할 수 있도록 하는 데 있다. 둘째, 부적절한 경력계획과 경력개발에 기인한 훈련·개발의 부족과 동기부여 부족으로 발생하는 인적자원의 진부화를 방지하는 데 있다. 셋째, 기업이 소식 구성원의 경력을 계획하도록 도와줄 때보다 낮은 이직률과 관리비용을 최소화하여 이익을 볼 수 있게 하는 데 있다. 넷째, 현재에 존재하지 않는 직무가 미래에 생길 수 있으며, 직무의 전문화가 가속될 것이므로 이들을 보다 포괄적으로 관리하기 위하여 인적자원의 경력개발이 필요하게 된다. 다섯째, 향후 기술은 전문화와 정보화가 가속되며, 그 수준도 높아지기 때문

에 조직은 인적자원을 보다 효율적인 활용이 요청되며, 경력개발과 결합될 때 그 가능성이 높아진다. 마지막으로 경력개발이 갖는 장기적·계획적인 속성 때문에 조직 내에 훈련된 전문 스텝 개발의 체계를 구축할 필요성이 높아진다는 데 있다.

경력개발제도는 그 개념 자체에 개인과 조직의 이해가 동시에 존재하기 때문에 조직 차원의 경력개발을 논의할 때에 개인과 조직의 공동 작업을 전제로 한다. 따라서 개인 입장에서 조직 성장과 발전에 기여하여 조직 구성원의 희망과 적성에 맞는 직무를 통해 능력을 발휘하여야 한다. 또한 대내외적으로 인정받고 존중받으며, 자아실현을 하고 싶다는 욕구에 대한 제도적인 접근이라는 측면에서 중요하다. 반면에 조직 입장에서 경영자원인 조직 구성원 하나 하나의 능력과 자질을 조직의 필요성과 최적의 적합성을 추구함으로써 조직의 유효성을 제고하고 장기적인 '맨파워'를 향상하여 조직을 활성화시켜 나가는 중요한 수단이다.[19] 특히 시대 흐름에 따라 인적자원관리는 패러다임의 변화에 의해 경력개발제도의 패러다임도 변화하고 있다.[20] 이와 같은 변화는 외부적인 환경 변화와 내부적인 환경 변화에 의해 가속화된다. 외부적인 환경 변화로는 기업 간의 경쟁력 심화와 개인주의적인 가치관으로의 변화 그리고 사회적인 가치관의 변화 등을 들 수 있다.

조직 간의 경쟁력 심화에 따른 경쟁력의 핵심요인인 인적자원은 그 중요성을 인식하고 있어도 조직 관점에서 접근하고 있을 뿐 조직 구성원의 잠재력을 극대화하기 위한 노력이 절대적이다. 즉, 경력개발을 통해 핵심인력을 내부에서 양성하고자 하는 노력은 상대적으로 부족한 편이었다. 특히 업종별 경쟁의 심화와 국가 간 무역자유화, 자본자유화 그리고 전자상거래의 폭발적인 증가 등은 지금 시대가 일명 무한경쟁의 시대임을 알려주고 있는데, 이러한 환경에서 살아남기 위한 조직 경쟁력 제고방안의 핵심은 인적자원의 개발이다. 조직 경쟁력의 극대화는 조직 구성원의 잠재력 극대화를 통해 이루어질 수 있다. 경력개발제도는 그 중요성이 개인주의적인 가치관으로의 변화와 관련해 과거와는 달리 조직 구성원들이 개인의 요구 표현에 적극적이고 개성이 중시되면서 기존의 동일한 가치와 동일한 경력 추구 현상이 줄어들고 있다. 조직 구성원들이 자신들의 개발과 자율성 및 의미 있는 직무경험 등을 더 기대하는 추세이다. 따라서 경력개발제도는 직장생활의 질 향상을 기대하는 조직 구성원에게 동기부여 방법으로 연계시키는 것을 고려할 가치가 충분히 있다.

사회적 가치관의 변화와 관련해서 상시적인 구조조정으로 조직 구성원들의 직업관이 평생직장에서 평생직업으로 변화되면서 조직에 대한 충성도가 낮아지고 있다. 과거에 비해 개인들은 일터에서 자율성을 얻고자 하며, 가족과 여가 및 자기개발에 대한 전방위 라이프 스타일에 대한 관심이 높아지고 있는 추세이다.

사회 구성원의 이러한 가치관의 변화는 조직으로 하여금 대응논리를 개발하도록 요구하고 있다. 한국에서의 인적자원관리와 인적자원개발은 개인의 욕구와 능력에 개별적으로 대응하는 방식보다 조직 구성원을 채용, 배치, 교육하여 연공서열로 동일하게 대우하는 방식을 대체로 고수해 왔다. 현재 그 대안으로 개인의 욕구를 적극 수렴하는 개인 중시의 인적자원관리와 인적자원개발을 상징할 수밖에 없는 상황이 되었다. 이것이 개인의 경력을 조직과 개인이 함께 계획하고 관리하는 경력개발제도의 가치가 중시되는 이유이다.

내부적인 환경 변화로 인해 나타나는 현상으로는 전문 인력의 양성과 체계적인 인력관리시스템의 구축, 직무환경의 변화 등을 들 수 있다. 전문 인력의 양성 및 체계적인 인력관리시스템 구축과 관리, 직무순환제도나 전통적인 인사관리 기법을 통해 조직 구성원의 직무만족도와 몰입도를 높이는 방식은 한계를 보이고 있고, 특히 IT기술의 발달과 경쟁의 심화 등으로 인해 변화하는 환경에서 생존할 수 있는 전문성이 요구되고 있는 상황이다. 이에 따라 조직의 각 분야에 걸친 전문성을 갖춘 전문 인력의 양성이 필요하게 되고, 전문 인력의 양성을 뒷받침하기 위한 체계적이고 장기적인 인력관리시스템으로서의 경력개발제도가 요구된다.

직무환경의 변화와 관련하여 사회전반의 민주화와 탈권위화의 흐름에 따라 조직 내부에서도 분권적이고 개인 참여를 중시하는 방향으로 전환되고 있는데 사회 각 분야에서 여성인력의 증가에 따라 각 조직 내에 여성인력의 참여가 양적, 질적으로 크게 늘어나고 있다. 이에 따라 경력계획에 본인의 참여를 중시하고, 남성과 여성이 동등하게 전문능력을 장기적으로 개발하는 제도적인 접근방법의 하나인 경력개발제도가 필요하게 된다.[21]

한편, 조직 내에서 경력개발제도의 필요성을 정리하면 다음과 같다.

첫째, 인적자원개발과 전문 인력의 육성 및 활용에 있는데, 이는 조직의 입사시점부터 퇴직까지 조직 구성원들의 경력경로를 설계한다. 초기에 설정된 경력계획을 실제 직무수행 평가 결과에 따라 지속적으로 조정, 관리함으로써 조직이 원하는 인재를 개발하고 전문 인력으로서의 전문성 함양에 기여할 수 있다. 둘째, 개인의 성장 욕구 충족이다. 조직 내 관료주의와 연공서열 위주의 근무관행으로 인해 조직 구성원의 전문성이 결여되고 직무만족도가 저하되지 않도록 유도하여야 한다. 전문직의 중요성이 더욱 더 부각되는 현시대에 적응하기 위해서 개인의 역량과 능력발전이 필수적이므로 개인 관점에 대한 이해의 폭을 넓히고 그에 맞는 경력개발제도를 도입하는 것이 필요하다.

셋째, 조직 일체감 향상으로 조직경쟁력 강화이다. 경력개발제도의 도입을 통해 개인의 희망 경력을 조직이 수용할 가능성이 높을 경우 조직과의 일체감을 향상시키게 된다. 개인의 조직에 대한 몰입, 조직과의 일체감 향상은 업무 효율성과 생산성에 기여하고, 이것은 조직 경쟁력 강화에 이바지하게 된다.

2) 경력경로의 유형

유형(類型)은 사전적으로는 "성질이나 특징 따위가 공통적인 것끼리 묶은 틀에 속하는 것"(국립국어원, 2014)을 뜻하며, 경력경로 유형은 개인이 거치는 직위와 직무의 변화 및 그 거치는 과정의 특성이나 유사성에 따라서 분류한 것을 의미한다.

한편, 경력경로는 그것이 형성되는 공간에 따라 조직 내 경력경로와 조직 간 경력경로로 구분된다. 조직 내 경력경로는 개인의 생애 전반에 걸친 경력경로가 공간(조직 내) 및 기간(입사에서 퇴사)면에서 한정된 것으로 볼 수 있으며, 입사에서 퇴사까지 한 조직 내에서 개인이 경험하였거나 앞으로 경험할 직무와 직위의 연속으로 정의된다. 조직 간 경력경로는 조직 내 경력경로와 대별되어 한 사람이 중도에 소속 조직을 바꾸거나 직업 또는 직종 자체의 이동까지 포함하는 경력경로를 의미한다. 조직 내 경력경로는 조직의 직무 및 직위 구조와 인사정책에 영향을 받으며 보직발령을 통해 확성되지만, 소식 산 경력경로는 개인의 선택에 따라 조직 또는 직업 자체가 다양하게 바뀔 수 있으므로 그 유형이 상당히 다르게 나타난다. 우선, 조직 내 경력경로 유형은 시간에 따른 직무와 직위의 연속적인 변화를 조사하여 공통점을 토대로 유형을 분류하고 있다. 유형 분류의 분석단위는 직위의 변화로만 분류한 것과 직무의 변화로만 분류한 것, 직무와 직위를 모두 고려하여 분류한 것으로 나누어 볼 수 있다. 둘째, 조직 간 경력경로는 조직 내 경력경로에 비해 이동범위도 넓고 대상도 광범위하여 조직 간 경력경로는 주로 전문직·관리직에서 동일 직업·직종 내에서 소속 조직만 변화하는 경력경로와 직업·직종 변화까지 포괄한 경력경로로 구분된다.

경력개발제도를 구성하는 유형모형에 대한 핵심적인 두 가지 구성요소는 개인이 설정하는 경력목표(Career Goal)와 조직이 설계하는 경력경로(Career Path)이다. 경력개발제도[22]는 개인의 요구로서 경력목표와 조직의 수요로서 경력경로가 접합된 결과물이다. 경력개발이 제대로 이루어지기 위해서는 경력개발 계획을 위한 경력목표 설정과 설정된 목표를 수행할 수 있도록 경력개발 활동에 대한 제도적인 지원과 이에 근간이 되는 경력경로의 설정이 필수적이다. 경력경로의 설정은 수평적 경력경로(Career Field Design)와 수직적 경력경로(Career Level Design)로 나누어진다. 수평적 경력경로의 설정은 직무 성격과 특성을 고려하여 직무분류체계 확인, 직렬별 역량 확인, 전입전출직무 확인을 통해 크게 기본경력경로와 특수경력경로, 전략경력경로로 나누어 볼 수 있다. 기본경력경로는 경영지원직군, 즉 재무회계, 인사, 총무 등과 같은 조직 경영 및 운영관리에 필요한 기본적인 경영지원직군에 관한 경력경로를 의미한다. 특수경력경로는 IT, 엔지니어 등 전문기술서비스를 위한 특별한 자격기준이 요구되는 경력경로를 말한다. 전략경력경로는 기획, 전략, 마케팅 등 업무숙달과 전문성 수준이 고려되고 중장기적인 전사전략에 따라 이동되는 경력경로를 말한다. 기본경력경로의 모형은 많은 조직에서 통상적인 모형으로 이용하는 Generalist Path 모형과 Professionalist Path 모형, Job Extension Path 모형의 세 가지로 나누어 설명할 수 있다.

이 세 가지 모형은 [그림 4-4]와 같이 개인 경력목표와 조직 상황에 따라 적합한 모형을 선정하여 운영하는 것이 바람직하다.

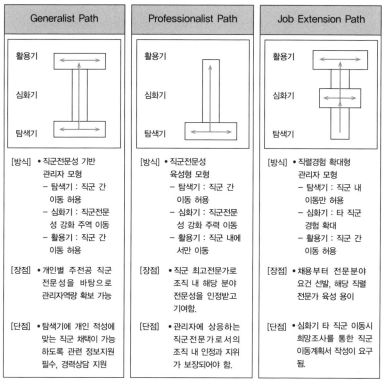

[그림 4-4] 기본경력경로 설정 유형(모형)

특수경력경로 모형은 해당업무 전문성을 인정하고 이들의 전문성을 살리도록 모형을 살려야 한다. 조직 내 타 업무에 대한 이해와 중장기적인 경력 확대를 지원할 수 있도록 하는 복수전문성 지원형, 타 직군 이해 전문가형, 울트라 전문가형으로 분류된다. 기본경력경로 모형과 마찬가지로 적합한 모형은 각 개인의 경력목표와 조직의 상황 및 활용에 따라 적합한 모형이 선정되도록 해야 한다.

특수경력경로 설정 유형(모형)은 [그림 4-5]와 같이 나타낼 수 있다.

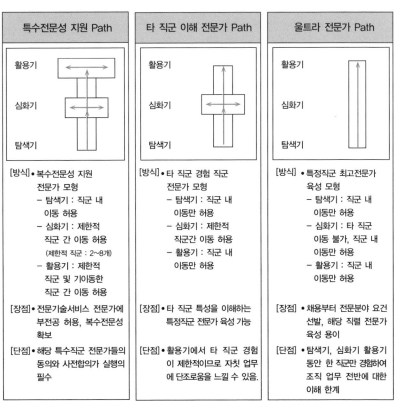

특수전문성 지원 Path	타 직군 이해 전문가 Path	울트라 전문가 Path
[방식]• 복수전문성 지원 전문가 모형 – 탐색기 : 직군 내 이동 허용 – 심화기 : 제한적 직군 간 이동 허용 (제한적 직군 : 2~8개) – 활용기 : 제한적 직군 및 기이동한 직군 간 이동 허용	[방식]• 타 직군 경험 직군 전문가 모형 – 탐색기 : 직군 내 이동만 허용 – 심화기 : 제한적 직군간 이동 허용 – 활용기 : 직군 내 이동만 허용	[방식]• 특정직군 최고전문가 육성 모형 – 탐색기 : 직군 내 이동만 허용 – 심화기 : 타 직군 이동 불가, 직군 내 이동만 허용 – 활용기 : 직군 내 이동만 허용
[장점]• 전문기술서비스 전문가에 부전공 허용, 복수전문성 확보	[장점]• 타 직군 특성을 이해하는 특정직군 전문가 육성 가능	[장점]• 채용부터 전문분야 요건 선발, 해당 직렬 전문가 육성 용이
[단점]• 해당 특수직군 전문가들의 동의와 사전합의가 실행의 필수	[단점]• 활용기에서 타 직군 경험이 제한적이므로 자칫 업무에 단조로움을 느낄 수 있음.	[단점]• 탐색기, 심화기 활용기 동안 한 직군만 경험하여 조직 업무 전반에 대한 이해 한계

[그림 4-5] 특수경력경로 설정 유형(모형)

전략경력경로 모형에서는 중장기적인 관점에서 조직의 전문성을 극대화하고 미래역량을 준비할 수 있도록 직무공모제를 통해 직렬전문 희망자를 선발하고 육성할 수 있도록 지원하는 것이 바람직하다.

전략경력경로 모형은 직렬전문가와 우수인재, 특정직렬 관리자 경로의 세 가지로 [그림 4-6]과 같이 구분된다.

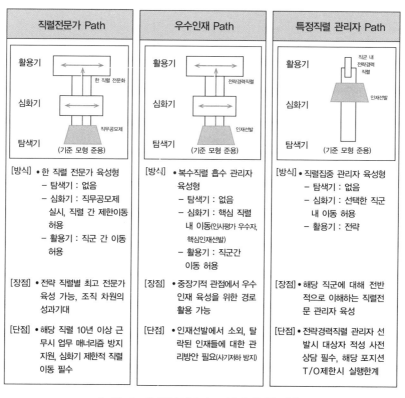

직렬전문가 Path

활용기 — 한 직렬 전문화
심화기 — 직무공모제
탐색기 — (기준 모형 준용)

[방식] • 한 직렬 전문가 육성형
  – 탐색기 : 없음
  – 심화기 : 직무공모제 실시, 직렬 간 제한이동 허용
  – 활용기 : 직군 간 이동 허용

[장점] • 전략 직렬별 최고 전문가 육성 가능, 조직 차원의 성과기대

[단점] • 해당 직렬 10년 이상 근무시 업무 매너리즘 방지 지원, 심화기 제한적 직렬 이동 필수

우수인재 Path

활용기 — 전략경력직렬
심화기 — 인재선발
탐색기 — (기준 모형 준용)

[방식] • 복수직렬 흡수 관리자 육성형
  – 탐색기 : 없음
  – 심화기 : 핵심 직렬 내 이동(인사평가 우수자, 핵심인재선발)
  – 활용기 : 직군간 이동 허용

[장점] • 중장기적 관점에서 우수 인재 육성을 위한 경로 활용 가능

[단점] • 인재선발에서 소외, 탈락된 인재들에 대한 관리방안 필요(사기저하 방지)

특정직렬 관리자 Path

활용기 — 직군 내 전략경력 직렬
심화기 — 인재선발
탐색기 — (기준 모형 준용)

[방식] • 직렬집중 관리자 육성형
  – 탐색기 : 없음
  – 심화기 : 선택한 직군 내 이동 허용
  – 활용기 : 전략

[장점] • 해당 직군에 대해 전반적으로 이해하는 직렬전문 관리자 육성

[단점] • 전략경력직렬 관리자 선발시 대상자 적성 사전 상담 필수, 해당 포지션 T/O제한시 실행한계

[그림 4-6] 전략경력경로 설정 유형(모형)

또한 [그림 4-7]과 같이 수직적 경력단계의 설정은 조직 내 직책과 조직 구성원의 생애주기를 고려하여 탐색기 – 심화기 – 활용기의 3단계 모형을 설정, 단계별 정의를 명확히 하고 소요기간을 설정할 수 있다.[23]

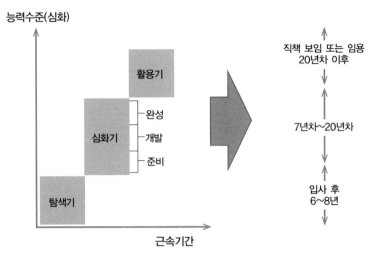

〈그림 4-7〉수직적 경력단계의 설정 유형(모형)

　개인의 경력경로는 수평적 경력경로와 수직적 경력경로가 개인의 경력목표와 조직의 적재적소 원칙이 실행될 수 있도록 결합되어야 한다. 경력개발은 조직 입장에서 개인의 경력목표를 달성할 수 있도록 지원하여야 하고, 개인은 조직이 경력개발을 통해 추구하는 목적인 '적재적소의 인력배치 및 운영'이라는 원칙을 받아들이는 것이 필요하다. 수평적 경력경로와 수직적 경력경로의 조합에는 여러 가지 변수에 따라 다양한 조합이 있을 수 있지만, 일반적인 경력경로 모형은 Generalist Path, Professionalist Path, Multi Expert Path, Strategic Job Leader Path의 4가지로 나누어 살펴볼 수 있다. 수평적 경력경로와 수직적 경력경로의 조합은 직군 및 직무의 특성과 조직의 상황, 조직의 직책 및 직위 구조, 환경의 변화, 전문성 등 다양한 특성과 변수를 고려해야 한다. 여기에서 개인의 경력목표와 조직의 적재적소 원칙에 부합될 수 있도록 적절한 모형을 선택하여 조직과 개인의 상황에 맞도록 해야 한다.

수평적 경력경로와 수직적 경력경로의 조합 유형(모형)은 [그림 4-8]과 같이 설계하여야 한다.

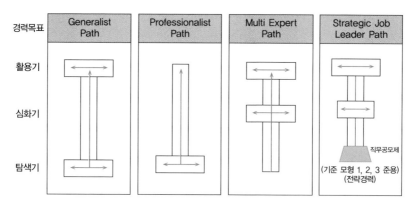

[그림 4-8] 수평적 경력경로와 수직적 경력경로의 조합 유형(모형)

3) 경력개발제도의 구성요소

경력개발제도를 구성하는 핵심적인 두 가지 구성요소는 조직 구성원 개인이 설정하는 '경력목표(Career Goal)'와 조직이 설계하는 '경력경로(Career Path)'이다. 그리고 효과적인 경력개발제도의 수립과 운영을 위해서 경력개발제도가 갖추어야 하는 요소가 무엇인지 알아야 한다.

한편, 경력경로와 개인의 욕구인 경력목표가 섭합된 결합물은 나음과 같이 표현할 수 있다.

첫째, 경력목표란 개인의 적성과 관심 소질을 고려하여 개인이 설정한 직무와 직업상의 지표라 할 수 있다. 협의로 규정하자면 조직 구성원이 도달하려고 하는 목표 직위인 셈이다.[24] 둘째, 이에 반해 경력경로란 목표 직위에 도달하기까지 옮겨 다녀야 할 직위의 순차적인 배열이다. 조직 구성원들이 재직 기간 동안 개인에 의해 설정된 직위의 배열(a Sequence of Positions Occupied by a Person During the Course of Life Time in an Organization)이라 할 수 있다. 이는 조직의 효율성과 목표 달성을 극대화하며, 비전의 일부로서 조직이 제시한 인력의 순환과 성장의 경로이다.[25] 그런가 하면 경력경로의 부재는 전문성의 파괴로 이어진다. 따라서 입사에서 부터 퇴직까지 조직 구성원의 경력경로(Career Path)를 본인의 희망과 적성을 고려하여 설계하고 이를 장기적으로 관리해 나가는 것이다. 셋째, 경력개발을 위한 최소 임기제는 조직 내에서 조직 구성원의 수평적 보직 순환과 수직적 적정성을 확보하기 위해 필요한 요소이다. 경력개발제도를 통해 조직 구성원의 전공, 특기 및 적성 등을 고려하여 경력경로를 설정하고, 업무에 집중할 수 있도록 적정한 보직 기간을 확보 하여야 한다. 넷째, 교육훈련 역시 경력개발제도를 위해 필수불가결한 요소이다. 조직의 경력발전 활동으로 가장 중요한 것은 조직 구성원에게 적절한 능력의 발전 기회를 제공하는 것이다. 특히 인사관리 부서는 경력목표를 설정한 조직 구성원 개개인들의 수요를 정확하게 파악한 후 수요에 맞는 교육훈련프로그램을 개발, 이를 전문 분야와 연계시켜야 한다.[26] 그리고 조직의 입장에서는 조직 구성원의 역량이 최대한 발휘되어질 높은 서비스를 제공할 수 있게 하고, 개인의 입장에서는 자기능력 개발 및 전문성의 축적을 통해 자신의 가치를 높여 다양한 교육훈련 수요에 조직 자체가 직접적으로 대응성을 확보하기 어려울 경우에는 '학비 환불제'를 도입하는 등 다양한 서비스를 제공하여야 한다. 학비 환불제는 개인 스스로 자신의 경력개발에 필요한 교육기관을 선택하고 사후에 비용을 환불받는 것이다.[27] 다섯째, CDP에 상담센터의 설치 및 운영이다. 조직 내 구성원들의 경력개발을 위한 정보 상담자료 등을 제공한 센터의 운영이 필요하다. 이는 개인적인 관계망을 보유하지 못한 조직 구성원은 경력개발을 위한 적절한 정보나 자료를 획득하기 어려운 경우가 있을 수 있다. 이들을 위해 능력개발과 경력발전을 위한 상담을 제공하고 필요한 경력개발 워크숍 등을 주도할 소규모 센터가 운영될 필요가 있다.[28] 여기에는 세계화·전문화의 요청에 부응하여 직무전문성을 강화하기 위한 것으로 능력개발을 위해 직능자격제도나 전문관(Master), 기능장 같은 명예제도가 있다.

한편, 경력개발제도가 갖추어야 할 구성요소를 조직 구성원에게 유용한 정보, 조직에 유용한 정보, 각종 정보의 획득·교환·유지수단, 정보유통에 필요한 조직 분위기의 네 가지로 구분한다. 이와 함께 경력 기회와 공정성, 부하의 경력개발에 대한 상사의 관심, 경력 기회에 대한 조직 구성원의 인식, 경력개발에 대한 조직 구성원 스스로의 관심, 경력 만족의 다섯 가지 구성요소로 제시할 수 있다. 그러나 일반적으로 경력개발이나 경력개발제도와 관련된 이론들은 크게 개인 차원의 경력개발과 조직 차원의 경력개발의 두 가지 관점으로 구분할 수 있다.

〈표 4-10〉을 보면 경력개발을 조직 차원과 개인 차원으로 구분하였다. 여기에서는 조직 차원에서 인적자원계획에 대한 예측정보가 정확하고 풍부하여야 하며, 합리적인 경력경로를 설정하는 것이 중요한 문제가 된다고 하였다. 그리고 개인 차원에서는 정확한 자기평가와 직절한 목표설정이 중요히디고 하였으며, 개인의 성장환경과 능력, 가치관, 일에 대한 태도, 성격 등이 중요한 변수가 된다고 하였다.

<표 4-10> 경력개발제도의 차원

구분	조직 차원 경력개발	개인 차원 경력개발
Burak (1979)	– 미래의 욕구 – 경력사다리 – 경력의 잠재력 평가 – 조직 욕구 및 조직 기회와 개인 욕구 결합 – 경력시스템의 조정 및 감사	– 자기인식 : 능력과 관심 – 목표설정 : 생활과 일 – 목표 달성을 위한 계획 – 조직 내외적 대체안 선택 – 조직 내외의 경력사다리
Luthans (1998)	– 조직목표 중심 – 긍정적인 조치의 확보 – 경력계획 및 개발을 위한 자료 제공 – 경력계획 및 개발을 위한 제도 확립 – 경력에 대한 전문직 상담 제고 – 조직개발과 직무 재설계 – 경력 욕구 충족을 위한 혁신적인 프로그램 설립 – 작업계획의 수정	– 개인목표 중심 – 소신 및 여성 경력 이동 – 생애단계의 확립 – 자기 평가 – 경력목표의 수립 – 경력경로의 개발

4) 경력관리행동

최근 들어 경력에 대한 패러다임의 변화로 인해 기존의 경력개발 모형에서 제시된 바와 같이 개인의 경력계획 노력은 조직의 경력관리와 조화를 이루는 방향으로만 진행되지는 않고 있는 것이 현실이다. 특히 오늘날에는 개인 경력이 하나의 조직에만 국한되지 않고 여러 조직의 경계를 뛰어넘어 확대될 수 있기에 개인의 경력계획 노력은 하나의 조직에만 국한되어 나타나지 않는다. 즉, 무경계 경력(Boundaryless Career)의 개념이 등장하게 되면서[29] 개인의 경력계획은 조직 내뿐 아니라, 조직 외 이동성 역시 고려하는 형태로 나타나고 있다.

또한 경력개발에 있어 비교적 수동적인 역할을 수행하였던 개인은 과거에 비해 경력개발에 있어 그 역할이 강조되고, 경력개발의 핵심 주체가 되면서 경력개발에 있어 개인의 경력계획은 더욱 더 중요한 요소가 되었다. 이는 기존의 경력계획이라는 용어 사용에 있어서도 경력계획 수립뿐 아니라, 계획 이후 실행과 관리에 대한 부분까지 개인의 역할이 확대되면서 경력관리란 용어가 개인의 경력개발활동을 의미하는 용어로 사용되고 있다(Strurge et al., 2002).

경력관리행동은 개인 경력관리(Individual Career Management)와 경력계획 실천행동(Career Planning Practical Behavior), 주도적인 경력행동(Proactive Career Behavior), 경력역량(Career Competencies) 등 다양한 용어로 사용되었다(King, 2004 ; Kuijpers et al., 2006 ; Strurges et al., 2002).

비록 경력관리행동은 〈표 4-11〉과 같이 조금씩 다르게 정의되고 있으나, 기본적으로 자신의 경력과 관련하여 자신과 주변 환경을 탐색하고, 경력목표 설정 및 경력목표 달성을 위한 계획을 수립하였다. 이를 위한 전략개발 및 실천행동 그리고 경력목표와 계획, 수행과정을 지속적으로 점검하고 조정하는 평가행동들을 포함하는 개념으로 이해할 수 있다. 즉, 경력관리행동은 개인이 자신과 주변 환경을 탐색하여, 경력목표 설정 및 경력목표 달성을 위한 계획을 수립하고, 경력전략들을 실행하며, 이를 지속적으로 평가하는 활동 과정이라 할 수 있다. 이와 같이 경력관리행동은 개인 스스로 자신과 자신을 둘러싼 경력 환경 탐색, 경력목표 설정과 목표 달성을 위한 계획 수립 및 실천행동과 평가행동에 이르기까지 일련의 과정적(Process) 행동이며 개인이 행동의 주체로서 적극적으로 경력을 형성하고 관리하며 개발하는 행위이나.

한편, 경력관리행동의 구성요소는 연구목적과 대상에 따라 연구자별로 상이한 모습을 보이고 있으나 크게 다음과 같이 나타낸다. 경력과 관련한 자기탐색과 자신을 둘러싼 경력 기회, 대안 등의 환경을 탐색하는 ① 경력탐색과 실제적인 경력목표 설정 및 경력목표 달성을 위한 계획을 수립, ② 경력계획

<표 4-11> 경력관리행동의 주요 개념

연구자	내용	강조 요소			
		경력탐색	경력계획	경력전략실행	경력평가
Goutd (1978)	경력탐색과 자기인식, 목표설정, 전략개발 및 실행을 포함하는 일종의 목표설정 과정	●	●	●	
Greenhaus (1987)	개인이 자신의 가치, 흥미, 강약점에 대한 정보를 탐색하여, 경력목표를 설정하고, 경력목표 달성을 위한 경력전략들을 실천하는 과정	●	●	●	
Orpen (1994)	자신의 경력으로부터 원하는 바를 파악하고, 개인의 목표와 관련하여 각자의 강약점을 평가하며, 강약점에 비추어 보아 자신의 목표를 실현시키기 위해 필요한 어떤 단계들을 결정하는 과정	●	●		
Schein (1996)	개인이 주체가 되어 자신의 경력목표를 설정하고, 설정된 목표를 성취하기 위해 수립하는 행동과정이나 수단		●	●	
Kossek et al(1998)	경력 문제해결과 경력 의사결정을 위해 정기적으로 정보를 수집하고 계획을 수립하는 과정	●	●		●
Greenhaus, Callanan & Godshalk (2000/2002)	경력목표를 설정하고 이를 달성하기 위한 계획을 수립하고 실행하며 점검하는 활동 과정		●	●	●
Green et al. (2000)	경력에 관한 자신의 능력과 경력의 기회에 대한 정보를 직접 수집하고, 이를 토대로 경력목표를 설정하고 달성하기 위해 노력하는 과정	●	●	●	
De vos & Soens (2008)	현재 존재하는 또는 향후 가능한 경력 기회에 대한 정보를 수집하고, 자신의 성과 및 역량에 대한 피드백을 추구하며, 새로운 경력 기회를 만들어내는 과정	●		●	●
이동하 탁진국 (2008)	한 개인이 목표를 설정하고, 설정된 목표를 성취하기 위해 수립하는 행동과정이나 수단		●	●	
신영숙 (2010)	스스로의 경력에 대한 목표를 설정하는 활동과 더불어 이를 달성하기 위해 계획적으로 조직하는 일련의 노력 활동		●	●	
심미영 (2011)	개인이 경력목표를 달성하기 위하여 외부 환경 요소를 인식하고, 지속적인 학습과 경력 개입에 의한 적극적인 활동 과정	●		●	
문재승 최석봉 (2012)	자신의 경력목표를 설정하고, 이를 달성하기 위한 다양한 전술을 개발하고 실천하는 것		●	●	

출처 : 조영아(2015), '대기업 사무직 근로자의 경력관리행동과 핵심 자기 평가, 지각된 규범, 결과 기대 및 실행 의지의 구조적 관계', 서울대학교, 박사학위 논문, p.20

그리고 경력목표 달성 및 경력계획의 성공적인 실행을 위한 일련의 전략적인 활동들을 수행, ③ 경력전략 실행 그리고 경력에 대한 지속적인 점검 및 수정, ④ 경력평가 영역으로 구분할 수 있다. 그러나 경력관리행동 측정에 있어 대표적인 하나의 측정도구를 사용하기보다 수정하여 사용하고 있는 경우가 많다. 특히 경력관리행동의 개념이 초기에는 경력계획에만 국한되어 사용되어 오다가 이후 경력목표 달성 및 경력계획의 성공적인 수행을 위한 경력전략 실행에 대한 의미를 포괄하는 개념으로 확장되었는데, 경력관리행동의 개념은 기존의 경력계획 측정도구와 경력전략 실행 측정도구를 재구성하여 사용하는 것들이 대부분이다.[30]

부록 1 : 인재경영에 대한 설문지 현황

인재경영(Talent Management)이란 조직에서의 개인, 즉 인적자원을 대상으로 개인이 자신은 물론 조직에서 바라는 바람직한 인재로 성장할 수 있도록 개인과 조직 모두가 노력하는 활동입니다. 즉, 인재경영에 관한 질문으로 첫째, 인재경영과 경영전략과의 일치 정도란 기업경영전략 수립 시 인재경영과의 연계성과 일치성 정도를 측정하기 위해 5문항(1~5번)으로 구성하였습니다. 둘째, 교육훈련체계(환경) 구축 정도란 인재경영에 따른 교육훈련체계(환경) 구축 정도를 말하며, 인간의 태도와 행동의 변화, 학습에 관여한다는 것과 학습이론이 적용되는 것으로서 실제적으로 조직 구성원들이 자사의 교육훈련 실시에 따른 인식의 정도를 분석함으로써 교육훈련체계(환경) 구축 정도를 측정하기 위해 11문항(6~16번)으로 구성했습니다. 셋째, 개인개발은 한 개인이 현재 직무와 연관된 수행 증진과 개선이 일어나게 하는 새로운 지식과 기술 그리고 개선된 행동의 개발로서 개인의 지식과 기술 및 태도 변화 정도를 위해 5문항(17~21)으로 구성하였습니다. 넷째, 조직개발 분위기 정도란 조직의 구조와 문화, 절차, 전략 사이의 일치 정도를 증진시켜 수행문제에 대한 새롭고 창의적인 조직 해결책을 개발하는 것을 지칭하는 것으로서 조직 구성원들이 느끼는 조직의 변화와 갈등을 처리할 수 있는 분위기를 알아보고, 조직 활성화 정도를 측정하기 위해 6문항(22~27번)으로 구성하였습니다. 다섯째, 경력개발 방법의 활용 정도란 경력개발은 한 개인이 미래에 수행할 직무에 필요한 기술을 개발할 수 있도록 개인적인 관심과 업무수행능력과 활동, 배치가 어떠한가를 확인하기 위한 필수적인 분석을 제공하는 것으로서 현재 기업에서 운용 중인 경력개발 관리 방법들의 활용 정도를 측정하기 위해 8문항(28~35번)으로 하였습니다. 이에 여러분들의 회사에서 이러한 활동이 얼마나 잘 실행되고 있는지를 묻는 문항에 대해 귀하의 생각을 가장 잘 반영한 곳에 ∨

체크하여 활용해 주시기 바랍니다.

Q1. 다음 항목은 귀하가 인지하고 있는 인재경영에 대한 지문입니다. 각 지문에 대해 현재 귀하가 인지하고 있는 해당 항목에 ∨표시를 해주십시오.

NO	설문 항목	전혀 그렇지 않다	그렇지 않다	보통	그렇다	매우 그렇다
1	중장기 전략적인 관점에서 내부 직원에 대한 체계적인 인재 개발을 하고 있다.	①	②	③	④	⑤
2	개인 니즈와 조직 니즈를 연계하여 인재개발 전략을 수립하고 있다.	①	②	③	④	⑤
3	교육훈련 방향은 조직 비전과 전사 전략에 따라 결정한다.	①	②	③	④	⑤
4	경영 전략과 유기적으로 연계되어 실시한다.	①	②	③	④	⑤
5	경영이념, 장기계획, 목표(품질, 생산, 매출 등)를 사원들에게 알게 한다.	①	②	③	④	⑤
6	중장기 관점에서 체계적으로 인력 육성을 하고 있다.	①	②	③	④	⑤
7	우리 조직에 적합한 교육프로그램을 개발하고 있다.	①	②	③	④	⑤
8	교육성과를 분석하여 차후 교육계획에 반영하고 있다.	①	②	③	④	⑤
9	실무훈련과 인적자원개발이 조화를 이루며 실행된다.	①	②	③	④	⑤
10	최고경영자는 교육훈련과 인적자원개발의 필요성을 인식하고 있다.	①	②	③	④	⑤
11	교육훈련의 시설 및 환경이 잘 구축되어 있다.	①	②	③	④	⑤
12	교육훈련 결과를 합리적으로 인사에 반영한다.	①	②	③	④	⑤
13	우리 조직은 직원을 대상으로 하는 가족 친화적인 프로그램이 잘 실행되고 있다.	①	②	③	④	⑤
14	우리 조직은 핵심인재 관리시스템이 필요하다고 생각한다.	①	②	③	④	⑤
15	우리 조직은 내부 직원을 대상으로 하는 핵심인재 개발시스템을 갖추고 있나.	①	②	③	④	⑤
16	우리 조직은 소수의 우수한 직원들을 핵심인재 또는 다른 명칭을 사용하여 특별히 관리하고 있다.	①	②	③	④	⑤
17	조직에서 제공하는 교육프로그램이 개인의 능력개발에 많은 도움이 되고 있다.	①	②	③	④	⑤
18	개인의 업무지식을 향상시켜주고 있다.	①	②	③	④	⑤
19	개인의 업무기술을 향상시켜주고 있다.	①	②	③	④	⑤

20	개인의 태도 변화에 기여하고 있다.	①	②	③	④	⑤
21	개인의 전문성을 향상시켜주고 있다.	①	②	③	④	⑤
22	조직 변화에 동료와 선·후배의 참여가 이루어진다.	①	②	③	④	⑤
23	조직 내 효과적인 의사소통이 이루어지고 있다.	①	②	③	④	⑤
24	조직 구성원들의 행동 변화와 조직문화가 개선되었다.	①	②	③	④	⑤
25	직무 개선과 조직구조 조정이 상시적으로 이루어진다.	①	②	③	④	⑤
26	변화 압력에 대한 조직의 저항이 감소되었다.	①	②	③	④	⑤
27	조직 내 문제 및 갈등을 해결하는 프로그램 및 분위기가 잘 조성되어 있다.	①	②	③	④	⑤
28	조직 구성원 이력관리를 적절하게 수행하고 있다.	①	②	③	④	⑤
29	교육훈련 이력관리를 적절하게 수행하고 있다.	①	②	③	④	⑤
30	직무순환제도를 적절하게 수행하고 있다.	①	②	③	④	⑤
31	인사고과제도를 적절하게 수행하고 있다.	①	②	③	④	⑤
32	사내공모제도를 적절하게 수행하고 있다.	①	②	③	④	⑤
33	경력상담제도를 적절하게 수행하고 있다.	①	②	③	④	⑤
34	자기신고제도를 적절하게 수행하고 있다.	①	②	③	④	⑤
35	직능자격제도를 적절하게 수행하고 있다.	①	②	③	④	⑤

부록 2 : 핵심인재에 대한 설문지 현황

핵심인재(High Potential Individual)란 탁월한 성과를 내고 있는 인재와 경영자, 리더로서 성장 잠재력을 가지고 있는 인재, 리더십역량이 뛰어난 인재, 회사의 미래 비전과 전략 실현의 핵심이 될 수 있는 인재, 혁신의식을 가지고 변화에 능동적으로 대응할 수 있는 인재, 핵심포스트(임원 등) 후보로서 즉시 승진하여 업무 수행이 가능한 인재라고 할 수 있습니다. 핵심인재 관리에 대한 현황을 진단하기 위해 핵심인재 확보와 핵심인재 유지로 구분하여 진단을 하며, 이를 위해 Barney(1991), Becker & Gerhart(1996), Bae & Rowley(2003), 이경묵 등(2007)을 기반으로 한 핵심인재 확보관리 제고(1~6번), 핵심인재 유지관리 제도(7~13번)로 구성하였습니다.

Q1. 다음 항목은 귀하가 인지하고 있는 핵심인재제도에 대한 지문입니다. 각 지문에 대해 현재 귀하가 인지하고 있는 해당 항목에 ∨표시를 해주십시오.

NO	설문 항목	전혀 그렇지 않다	그렇지 않다	보통	그렇다	매우 그렇다
1	우리 조직은 내부 육성을 통한 핵심인재를 확보하고 있다.	①	②	③	④	⑤
2	우리 조직의 핵심인재 확보는 헤드헌트를 활용한다.	①	②	③	④	⑤
3	우리 조직은 별도의 채용팀을 구성하여 핵심인재를 확보한다.	①	②	③	④	⑤
4	우리 조직은 외부인재 데이터베이스를 구축 및 활용한다.	①	②	③	④	⑤
5	우리 조직은 핵심인재 채용시 보너스를 제공한다.	①	②	③	④	⑤
6	우리 조직은 핵심인재를 경력 채용시 급여를 우대한다.	①	②	③	④	⑤
7	우리 조직은 핵심인재풀을 별도로 관리하고 있다.	①	②	③	④	⑤
8	우리 조직은 핵심인재를 위해 체계적인 교육훈련을 실시하고 있다.	①	②	③	④	⑤

9	우리 조직은 핵심인재를 도전적인 직무에 배치하고 있다.	①	②	③	④	⑤
10	우리 조직은 핵심인재에 대한 인센티브를 제공한다.	①	②	③	④	⑤
11	우리 조직은 핵심인재에 대해 경영진의 특별한 관심과 배려가 있다.	①	②	③	④	⑤
12	우리 조직은 우수한 인재를 우대하는 편이다.	①	②	③	④	⑤
13	우리 조직은 최근 3년간 발탁 승진한 직원이 다양하게 있다.	①	②	③	④	⑤

부록 3 : 경력개발제도에 대한 설문지 현황 _ 1

경력개발제도는 개인이 입사 시부터 퇴사까지의 경력경로를 개인과 조직이 함께 설계하고, 장기적인 관점에서 관리해 나가는 종합적인 인적자원개발시스템으로 조직 차원의 경력개발제도와 개인 차원의 경력개발제도로 구분하였습니다. 조직 차원은 경력개발제도에 대한 전략적인 체계성과 운영적인 체계성에 대한 종업원의 인식수준으로 정의하였고, 개인 차원은 경력개발제도에 대한 종업원 개개인이 느끼는 경력 성장 욕구와 경력개발 기회의 공정성에 대한 인식 수준으로 조직적으로 정의하여 리커트 5점 척도로 측정합니다. 경력개발제도에 대한 측정은 Gutteridegeet et al.(1993), 한창모(2010)의 지문을 기반으로 한 조직 차원의 경력개발제도(1~7번)와 개인 차원의 경력개발제도로 구분하여 다음과 같은 설문으로 진단합니다.

Q1. 다음 항목은 귀하가 인지하고 있는 경력개발제도에 대한 지문입니다. 각 지문에 대해 현재 귀하가 인지하고 있는 해당 항목에 ∨표시를 해주십시오.

NO	설문 항목	전혀 그렇지 않다	그렇지 않다	보통	그렇다	매우 그렇다
1	우리 조직의 CEO는 기업 구성원들의 경력개발 지원을 위한 조직 분위기를 조성한다.	①	②	③	④	⑤
2	우리 조직은 인재상 및 핵심인재의 육성 등 인적자원관리의 방향성이 명확하다.	①	②	③	④	⑤
3	우리 조직은 조직 구성원의 경력계획 수립, 경력 상담, 경력 지원 등 경력개발제도가 잘 마련되어 있다.	①	②	③	④	⑤
4	우리 조직의 경력개발에 대한 목적과 나의 목표가 일치한다고 생각한다.	①	②	③	④	⑤
5	우리 조직은 경력개발을 지원하는 교육훈련제도가 체계적으로 수립되어 있다.	①	②	③	④	⑤
6	우리 조직은 조직 구성원의 경력개발을 위해 필요한 정보를 적절히 제공한다.	①	②	③	④	⑤
7	우리 조직은 성과에 따른 승진 및 보상에 대한 기회가 공정하게 보장되어 있다.	①	②	③	④	⑤

8	나는 직무수행능력 향상을 위해 개인적인 목표를 가지고 있다.	①	②	③	④	⑤
9	나는 내가 하고 있는 일에 열정적이며 적극적이다.	①	②	③	④	⑤
10	나는 조직에서 제공하는 경력개발프로그램이나 교육훈련프로그램을 적절히 활용하고 있다.	①	②	③	④	⑤
11	나는 우리 조직이 승진에 대한 명확한 제도가 확립되어 있다고 생각한다.	①	②	③	④	⑤
12	나는 우리 조직이 직원채용 및 승진 시 추가적인 교육이 필요하다고 생각한다.	①	②	③	④	⑤
13	나는 우리 조직의 경력개발제도가 조직 구성원 누구에게나 개방되어 있다고 생각한다.	①	②	③	④	⑤
14	나는 나의 희망과 의사대로 경력을 관리할 수 있다고 생각한다.	①	②	③	④	⑤

부록 4 : 경력개발제도에 대한 설문지 현황 _ 2

경력개발제도는 경력개발제도의 특성 요인에 대한 질문으로서 Rothenbach(1982)
와 Sonnenfeld(1985)의 연구를 바탕으로 하였습니다. 첫째, 운영적인 체계성인 경
력개발제도 운영을 위한 조직의 체계가 어느 정도 만족스럽게 구축되어 있다고 생각
하는 정도를 측정하기 위해 3개의 문항(1~3번)을 이용하였고, 둘째, 성장욕구인 새
로운 일에 대한 도전감과 성취감, 창의력이 요구되는 일, 자율적인 업무처리 등의 개
인적인 선호 욕구를 측정하기 위해 성장 욕구와 관련된 내용을 파악하기 위해 3개의
문항(4~6번)을 이용하였습니다. 그리고 셋째, 경력 기회의 공정성인 경력개발과 관련
된 승진제도와 직무순환배치, 성과측정, 보상 등의 제도가 조직에서 어느 정도 공정
하게 운영되고 있는지를 인식하는 조직 구성원의 의식 정도를 위해 경력 기회의 4개
의 문항(7~10)을 이용하였습니다.

Q1. 다음 항목은 귀하가 인지하고 있는 경력개발에 대한 지문입니다. 각 지문에 대해 현재
귀하가 인지하고 있는 해당 항목에 ∨표시를 해주십시오.

NO	설문 항목	전혀 그렇지 않다	그렇지 않다	보통	그렇다	매우 그렇다
1	우리 조직은 교육훈련이 체계적으로 수립되어 있다.	①	②	③	④	⑤
2	우리 조직은 경력개발을 위한 적절한 정보가 제공되어 있다.	①	②	③	④	⑤
3	우리 조직은 승진 및 보상에 대한 기회가 공평하게 보장되어 있다.	①	②	③	④	⑤
4	나는 직무수행능력 향상을 위한 개인적인 목표가 있다.	①	②	③	④	⑤
5	나의 직무수행에 대한 열정은 적극적이다.	①	②	③	④	⑤
6	나는 교육기관에서 내 직무(업무)에 대한 전문교육을 받고 싶다.	①	②	③	④	⑤

7	우리 조직은 승진에 대한 명백한 제도가 마련되어 있다.	①	②	③	④	⑤
8	우리 조직은 직원채용과 승진 시 필요한 교육이 마련되어 있다.	①	②	③	④	⑤
9	우리 조직은 누구에게나 경력개발을 위한 제도(Program)가 개방되어 있다.	①	②	③	④	⑤
10	우리 조직은 자신의 희망과 의사대로 경력관리를 할 수 있다.	①	②	③	④	⑤

부록 5 : 경력관리행동에 대한 설문지 현황

경력관리행동(Career Management Behavior)은 자신과 주변 환경을 탐색하여 경력목표를 설정하고, 경력목표 달성을 위한 계획을 수립하며, 네트워킹과 지식 및 기술개발을 위한 학습 등의 다양한 경력전략들을 실행하고, 이를 지속적으로 점검·조정하는 활동 과정(Process)을 의미합니다. ① 경력탐색 행동(1~6번), ② 경력계획 행동(7~10번), ③ 경력전략 실행행동(11~17번), ④ 경력평가 행동(18~21번)으로 Croker & Algina(1986)와 Walsh & Betz(1995), 조영아(2015)의 설문을 적용하였습니다.

Q1. 다음 항목은 귀하가 인지하고 있는 경영관리행동에 대한 지문입니다. 각 지문에 대해 현재 귀하가 인지하고 있는 해당 항목에 ∨표시를 해주십시오.

NO	설문 항목	전혀 그렇지 않다	그렇지 않다	보통	그렇다	매우 그렇다
1	나는 나의 특성(직업가치, 적성 등)과 현재의 역량(지식, 스킬, 태도 등)을 검토한다.	①	②	③	④	⑤
2	나는 내가 원하는 경력과 관련하여 현재 무엇을 갖추고 있고, 무엇이 부족한지 분석한다.	①	②	③	④	⑤
3	나는 내가 쌓아온 경력이 나의 미래의 경력과 어떻게 연결될 수 있을지 탐색한다.	①	②	③	④	⑤
4	나는 나의 경력 분야의 고용 환경과 경력 기회에 대한 정보를 수집한다.	①	②	③	④	⑤
5	나는 나에게 주어진 현실적인 경력 대안들이 무엇이 있는지 검토한다.	①	②	③	④	⑤
6	나는 나의 경력목표 달성을 위해 이용 가능한 자원(사람, 시간, 돈, 회사 제도 등)들이 무엇이 있는지 탐색한다.	①	②	③	④	⑤
7	나는 전 생애에 걸친 경력목표를 설정한다.	①	②	③	④	⑤

8	나는 명확한 경력목표를 설정한다.	①	②	③	④	⑤
9	나는 나의 경력에 대한 구체적인 계획을 수립한다.	①	②	③	④	⑤
10	나는 경력목표 달성을 위한 실질적인 전략들을 수립한다.	①	②	③	④	⑤
11	나는 조직 내에서 나의 경력개발에 도움을 줄 수 있는 사람들과 친분을 쌓는다.	①	②	③	④	⑤
12	나는 나의 경력개발을 위해 조직 외부의 다양한 사람들과 친분을 쌓는다.	①	②	③	④	⑤
13	나는 내가 원하는 업무 및 나의 경력목표에 대해 상사와 이야기한다.	①	②	③	④	⑤
14	나는 내 상사가 나의 업무성과를 알 수 있도록 한다.	①	②	③	④	⑤
15	나는 나의 경력개발을 위해 다양한 업무 및 경험을 시도한다.	①	②	③	④	⑤
16	나는 나의 지식과 기술을 향상시키기 위해 도전적인 업무를 시도한다.	①	②	③	④	⑤
17	나는 필요한 능력을 향상시키기 위해 조직의 의무적인 교육 외에 개인적으로 학습을 하거나 교육프로그램을 신청·참가한다.	①	②	③	④	⑤
18	나는 나의 경력과 관련된 성과들을 기록하고 관리한다.	①	②	③	④	⑤
19	나는 지속적으로 경력목표와 실행계획을 점검하고 평가한다.	①	②	③	④	⑤
20	나는 경력개발 실행 과정을 점검하고 평가한다.	①	②	③	④	⑤
21	나는 평가 결과를 반영하여 경력목표와 실행계획을 수정한다.	①	②	③	④	⑤

부록 6 : GE의 리더십 커리큘럼

인재경영

목표 : 사업목표 달성을 지원하는 일터 성과의 최적화

고용	선발 온보딩	개발	성과 관리	보상	경력 및 성공계획

출처 : '인재경영의 통합적 접근'(Robinson, 2008)

부록 7 : 인재경영 핵심전략

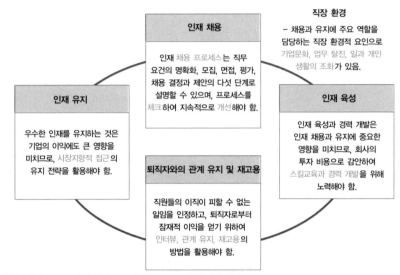

직장 환경

– 채용과 유지에 주요 역할을 담당하는 직장 환경적 요인으로 기업문화, 업무 탈진, 일과 개인 생활의 조화가 있음.

인재 채용

인재 채용 프로세스는 직무 요건의 명확화, 모집, 면접, 평가, 채용 결정과 제안의 다섯 단계로 설명할 수 있으며, 프로세스를 체크하여 지속적으로 개선해야 함.

인재 유지

우수한 인재를 유지하는 것은 기업의 이익에도 큰 영향을 미치므로, 시장지향적 접근의 유지 전략을 활용해야 함.

인재 육성

인재 육성과 경력 개발은 인재 채용과 유지에 중요한 영향을 미치므로, 회사의 투자 비용으로 감안하여 스킬교육과 경력 개발을 위해 노력해야 함.

퇴직자와의 관계 유지 및 재고용

직원들의 이직이 피할 수 없는 일임을 인정하고, 퇴직자로부터 잠재적 이익을 얻기 위하여 인터뷰, 관계 유지, 재고용의 방법을 활용해야 함.

출처 : 한양대학교 박사과정(2012년) 중 SHRD 수업 발표 자료

부록 8 : GE, 소니, 도요타 인재경영 비교

업체	인재상	인재발굴 및 관리프로그램
GE	- 경영프로, 차세대 리더, 창조적이며 높은 성과를 내는 인재 중 상위 10-20% - 4E 모델 : 열정과 에너지(Energy), 동기부여능력(Energize), 최고지향과 결단력(Edge), 실행력(Execution)	- '열정'을 가진 핵심인재 육성 - 크로튼빌 연수원 운영
소니	- 일과 사물에 대한 호기심 / - 깔끔한 마무리 - 사고의 유연성 / - 낙관적인 사고방식 / - 위기관리	- 디지털 드림 키즈(Digital Dream Kids) 추구 - 사내 대학과 경영인적자원위원회 운영
도요타	- 프로 정신으로 무장한 글로벌 인재 추구 - 전문 능력, 스스로 과제를 만들고 해결 - 사업 추진 능력, 세계 무대에서의 활약 - 연간 1천만 엔 이상 가치 창출	- 변화를 주도하는 '체인지 리더' 양성 - 도요타 인스티튜트 운영

출처 : 한양대학교 박사과정(2012년) 중 SHRD 수업 발표 자료

제5장

인재육성전략 실행방안
(Human Resources Development Strategy Implementation Plan)

1. 조직문화 활성성화 방안
2. 학습조직화 구축 방안
3. 교육과정 개발
4. 교육훈련 효과성 측정
5. 제5장 부록

1. 조직문화 활성화 방안
(Organizational Culture Activation Plan)

1) 조직문화(Organizational Culture)란

조직문화(Organizational Culture)란 기업 내 조직 구성원이 모두 공유하고 있는 학습의 축적된 결과로 행동하는 패턴과 생각하는 사고방식 및 행동양식을 도출하는 상호 공유된 행동, 규범 가치, 관습, 신념의 체계 등을 포함한 조직의 제반 행동에 관한 방향과 지표이다.[1] 최근 다수의 기업은 경영환경에 대한 새로운 생존 방안으로 조직문화에 대한 관심이 급격히 증가되고 있다. 조직문화는 조직 구성원의 조직 활동 형태 변화를 통한 활성화 방안으로, 효율적인 조직관리 향상과 조직과 부서 및 개인성과를 향상 하기 위한 수단으로 경쟁가치 접근법(Competing Value Approach)을 활용하여 집단문화, 개발문화, 위계문화, 합리문화로 조직문화 유형을 구분하고 있다.[2]

CVOC(Competing Value Organizational Culture)는 각기 독립적으로 개발되어 왔던 조직성과 향상을 위해 효과성에 관한 하나의 조직문화 활성화 분석 방법으로 최근 다양한 기업과 조직에 활용되고 있다. 특히 조직경쟁력 향상은 얼마나 내실 있는 문화를 보유하고 실행하느냐가 곧 글로벌 기업에서 요구되는 새로운 가치라 할 수 있다. 조직성과 달성을 위해 요구되는 조직문화 활성화 방안에 대한 조직 관리는 본질적으로 내재하는 고유한 모순과 긴장 관계에 주목하고, 서로 양립하기 어려운 것으로 여겨져 왔던 다양한 경쟁적 가치들과 목표들을 역동적으로 조화시킬 수 있는 하나의 통합적 모형이 제시된 것이다.[3]

최근 조직 내에서 HRD 담당자의 다양한 역할과 그 역할 수행을 위한 역량 특성에 따라 HRD 담당자의 실천역량을 조직 내 실제적으로 적용과 활용하기 위해 CVOC은 더욱 더 중요한 활동으로 작용하고 있다. 이러한 CVOC는 두 가지 수직과 수평 차원을 기준으로 구분하여 네 가지의 영역으로 이루어져 있다.

첫째, 수직차원은 '유연성(Flexibility)'과 '통제·질서(Control)'라는 두 개의 서로 다른 모순이 보이는 가치로 구성되어 있다. 여기에서 유연성을 강조하는 조직은 조직 구성원이 자발적이며 자유로운 의사결정을 강조하면서 조직의 권위는 조직원들에게 권한위임을 통해 상당 정도 분권화되어 있다. 반면에 통제·질서를 강조하는 조직은 예측가능성, 확실성, 안정성 등을 가장 우선적으로 추구해야 할 가치로 조직의 통합과 집권화를 조직관리의 최우선적인 원칙으로 한다. 둘째, 수평적 차원은 '외부지향성'과 '내부지향성'의 상반되는 두 가지의 가치로 구분한다. 외부지향적 가치는 조직이 당면하는 외부환경에 대한 적응과 경쟁을 강조하는 것이며, 내부지향적 가치는 조직 내부의 조정과 균형을 강조하는 가치이다.

Quinn(1988)에 따른 두 차원을 축으로 한 네 가지의 개념(Ideal Type)적인 조직문화 유형을 [그림 5-1]과 같이 나타낼 수 있다.

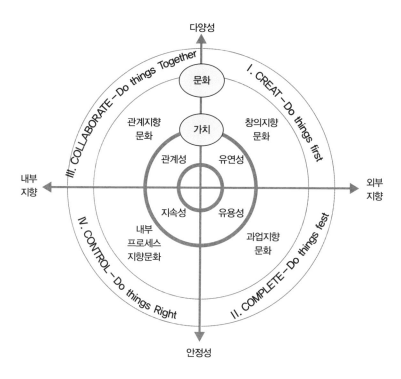

[그림 5-1] CVOC(Competing Value Organizational Culture)

(1) 관계지향문화(Human Relation Model)

관계지향문화유형은 인간관계모형(Human Relation Model), 집단문화 (Group Culture)라고도 하며, 무엇보다 조직 내 가족적인 인간관계 유지에 역점을 둔다. 그리고 조직 구성원들 간의 소속감과 상호신뢰, 참여가 핵심가 치가 된다. 관계지향문화는 다른 조직문화유형에 비해 조직 구성원에 대한 배려와 관심도가 높으며 단결과 협동의 가치와 팀 워크를 중시한다. 관계지향문화유형은 불확실성에 대해 민감하지 못하고 구성원들 간의 관계성이 동기부여의 주된 요인이 되며 인적자원개발과 조직 몰입 증진이 조직성과의 주된 기준이 된다.[4] 관계지향문화유형이 발달한 조직은 개인 발전, 팀워크, 조직 구성원의 참여 등이 강조되며, 조직 성장과 발전을 위한 활성화 방안은 이러한 요소들에서 달성될 수 있다. 이와 같은 조직문화 유형에서 리더는 조직 구성원들에게 권한을 위임하고, 이들의 참여와 헌신, 충성심을 촉진시키는 역할을 한다. 이 유형의 조직은 가족조직과 유사하여 가치와 목표의 공유, 응집력, 참여, 개인성, 우리에 대한 의식이 조직에 스며들어 있다. 즉, 대가족처럼 관계지향문화유형을 가지고 있는 조직은 팀워크, 조직 구성원의 참여 프로그램, 조직 구성원의 헌신 등이 전형적인 특징으로 나타낸다. 조직문화 환경은 팀워크와 조직 구성원의 발전을 통해 가장 잘 관리될 수 있다고 가정되며, 고객은 파트너로서 생각된다. 조직의 리더는 마치 후견인 또는 부모와 같다. 조직을 하나로 묶는 응집기제는 충성심과 전통이며, 조직 구성원의 조직몰입도가 매우 높다. 조직 구성원 개개인의 장기적인 발전과 사기, 응집력에 강조를 두어, 성공은 조직 구성원에 대한 관심과 내부 분위기 측면에서 정의된다. 관계지향문화유형은 과업지향문화유형과 정반대되는 문화유형으로 서로 다른 속성과 가치를 내포하고 있다. 이 유형은 배려하고 참여적이며, 팀워크를 통한 상호작용의 촉진자로서의 리더 역할이 매우 강조된다. 특히 조직의 효과성과 조직 활성화를 가늠하는 기준으로서 인적자원의 개발과 조직몰입의 증진에 초점을 두고 있다.

(2) 창의지향문화(Open Systems Model)

창의지향문화유형은 혁신지향문화(Adhocracy Culture), 개방체계모형

(Open System Model), 발전문화(Developmental Culture)이라고도 하며, 유연성 있는 조직구조를 지향하고 내부적 문제보다는 신축성과 재량을 강조하면서 조직의 외부환경 적응에 초점을 두고 있다. 따라서 조직 적응과 성장을 지원할 수 있는 적절한 자원의 획득을 중시하고, 조직 구성원들의 모험정신, 창의성과 기업가 정신에 가치를 둔다. 이 유형은 적극적인 변화창출, 혁신, 창의성, 변화추구를 높이 평가하는 조직문화를 의미한다. 조직의 성장과 혁신의 수행과 새로운 자원의 획득 여부에 의해 조직 효과가 좌우되며, 과업이 완성되면 곧바로 해체되는 단위이다. 창의지향문화유형은 내부 프로세스지향문화유형과 정반대되는 문화유형으로 서로 상반되는 가치와 속성을 가지고 있다.[4] 특히 조직이 당면하는 외부환경의 적응성에 큰 강조를 둔다. 이 문화 유형은 적응과 조직 성장을 뒷받침할 수 있는 적절한 자원획득이 중요해지고, 조직 구성원의 창의성과 기업가 정신(Entrepreneurship)이 중심 가치로 여겨진다. 따라서 이 유형은 혁신가로서 어느 정도 위험감수를 할 수 있는 스타일이 요구된다. 조직 활성화 방안은 주로 조직 성장과 혁신의 수행 정도, 새로운 자원의 획득 여부에 따라 판단된다.

(3) 과업지향문화(Rational Goal Model)

과업지향문화유형은 합리적 목적모형(Rational Goal Model), 시장문화, 합리문화라고도 한다. 조직의 명확한 비선설성을 통해 목표 달성에 가지를 부여한다. 그 목적을 달성하기 위하여 조직의 성과 달성과 과업수행에 있어 외부지향성, 생산성, 성과 등을 강조하는 문화유형이다. 그리고 이 유형은 안정적 통제 중심의 조직구조를 지향하고, 내부에 대한 관심보다 외부환경 변화에 초점을 맞춘다.[5] 과업지향문화는 조직 내 명확한 목표설정과 조직 구성원들의 경쟁이 주된 자극제가 되며, 시장 점유율을 높이고 경쟁에서 이기는 것과 명확한 목표설정, 과업, 성취에 가치를 둔다. 과업지향문화가 발달한 조직의 핵심가치는 생산성과 경쟁력이며, 리더는 생산성을 향상시키기 위해서 매우 열성적으로 부하들을 독려하고 조직을 결속시키기 위해서 경쟁에서 승리할 것을 강조한다.[6] 과업지향의 유형은 그 지향점이 내부적 관심사보다는 외부환경에 있어 이 유형의 문화를 가지고 있는 조직의 공급자, 고객, 계약자, 허가인, 규제자 등 주로 외부적 관계당사자와의 거래에 초점을 둔다. 여기에서 외부환경은 자애로운 것이 아니라 적대적이며, 고객은 까다롭고, 관리자의 주요과업은 조직을 생산성과 결과, 이윤으로 추동시키는 것이라고 가정한다. 따라서 조직을 결속시키는 것은 승리에 대한 강조이며, 경쟁에서 이기는 것이 중요하다.[4] 따라서 조직 내 명확한 목표설정과 그에 따른 조직 구성원들 간의 경쟁이 주요한 자극제로 작용하게 된다. 그리고 바람직한 리더 상(像)은 목표지향적이고 기능적이며, 성과독려적인 스타일이며, 조직 효과성의 기준에 있어서는 무엇보다 엄밀한 사전계획 하에서의 성과 달성 정도와 생산성 등이다.

(4) 내부 프로세스지향문화(Internal Process Model)

내부 프로세스지향문화유형은 위계지향문화(Hierarchy Culture), 내부과정모형(Internal Process Model), 합리문화(Rational Culture)라고도 하며, 조직의 통제와 내부지향성을 강조한다. 이 유형은 안정성과 통제에 대한 필요성과 함께 조직 내부적 유지와 통합에 초점을 둔다. 통제위주의 조직구조를 지향하고, 내부적 문제에 관심을 기울이며 공식적 명령과 규칙, 집권적 통제와 안전성을 강조하는 관료제의 규범을 반영한다. 이러한 조직문화

유형를 가지고 있는 조직은 목표를 달성하기 위한 방법으로 전통 관행, 규정과 규칙을 중요시한다.[7] 이 문화 유형은 Max Weber의 관료제 이론으로부터 출발하였으며, 관료제의 핵심은 능률적으로 목적을 달성하는 것이다. 이를 조직문화에 적용하면 능률적, 안정적이며 예측 가능한 성과를 만드는 것을 의미하게 된다. 그리고 위계지향문화는 명령, 규칙, 규제 등 통제와 능률을 중시하고 예측 가능성에 가치를 둔다. 위계지향문화가 발달한 조직은 규정, 규제, 질서를 강조하고, 원만한 조직 운영을 위해서는 통제와 조직내부의 효율성 증진 등이 강조된다. 따라서 규칙에 의한 규제와 질서의 강조가 중심 가치이고, 리더에 있어서도 안정지향의 관리자, 조정자로서의 역할이 중요해진다. 또한 무리 없는 조직운영을 위한 통제와 예측성, 조직내부 효율성의 증진이 가장 중요한 조직 효과성의 기준이 된다.

2) 조직문화(Organizational Culture) 활성화 구축 프로세스

조직문화 활성화 구축을 위한 프로세스는 조직 특성에 따라 일반적으로 4단계를 통하여 진행을 된다. 1단계는 포커스 그룹을 대상으로 한 인터뷰와 내부 주요 진행 자료 분석이며, 2단계는 조직 구성원 의식 진단 서베이(Survey)이다. 3단계는 이슈분석으로 조직(개인, 팀, 전사) 내 내제된 이슈와 그에 대한 개선방안을 도출하는 내용이다. 4단계는 소식문화 활성화 실행방안에 대한 개선방안으로, 이는 곧 내재화와 고도화 방안이라 할 수 있다. 각 단계별 주요 내용은 [그리 5-2]와 같다. 조직문화 활성화 방안 정립에 대한 조직문화 진단을 위해 실행되는 인터뷰 영역은 Driver, System and Management, Results의 3대 축으로 구분하여 체계적으로 진행을 한다. Driver의 주요 내용은 조직 업의 역할과 기능에 대한 인식과 조직의 경영목표와 방향성에 대한 인식 및 조직 구성원 모두가 공유하는 조직 가치와 원칙에 대한 내용이다. System and Management는 조직 리더(보직자)의 위상과 역할 및 개선사항, 조직의 소통을 저해하는 요인과 실태, 조직문화 측면의 관리제도 상 문제점과 개선 사항에 대한 내용을 포함한다. Results의 영역은 조직 구성원들이 조직에서 느끼는 로열티 정도와 조직의 강점과 약점에 대한 내용을 종합한다.

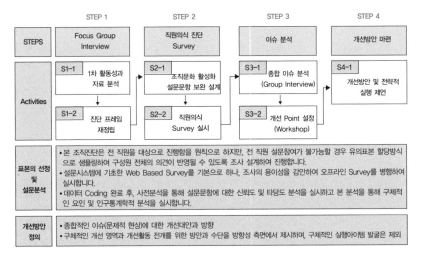

[그림 5-2] 조직문화 활성화 방안 진단 프레임워크(Framework) 사례

3) 조직문화(Organizational Culture) 활성화 구축 주요 결과

조직문화 활성화 방안 구축을 위한 조직문화 유형에 대한 진단의 구성 영역은 [그림 5-3]과 같이 4가지 영역으로 나타낼 수 있으며, 각 부문의 결과

사례는 [그림 5-4]와 같다. 더불어 조직문화 활성화 실행전략과 로드맵은 [그림 5-5]와 같이 나타낼 수 있다.

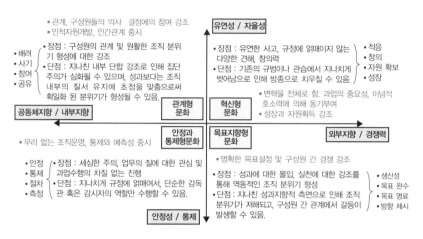

[그림 5-3] 조직문화 유형 진단의 4가지 구성 영역

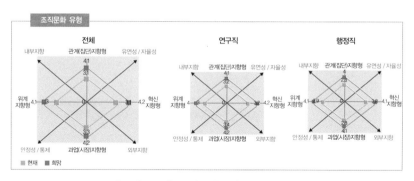

[그림 5-4] 조직문화 유형 진단 사례

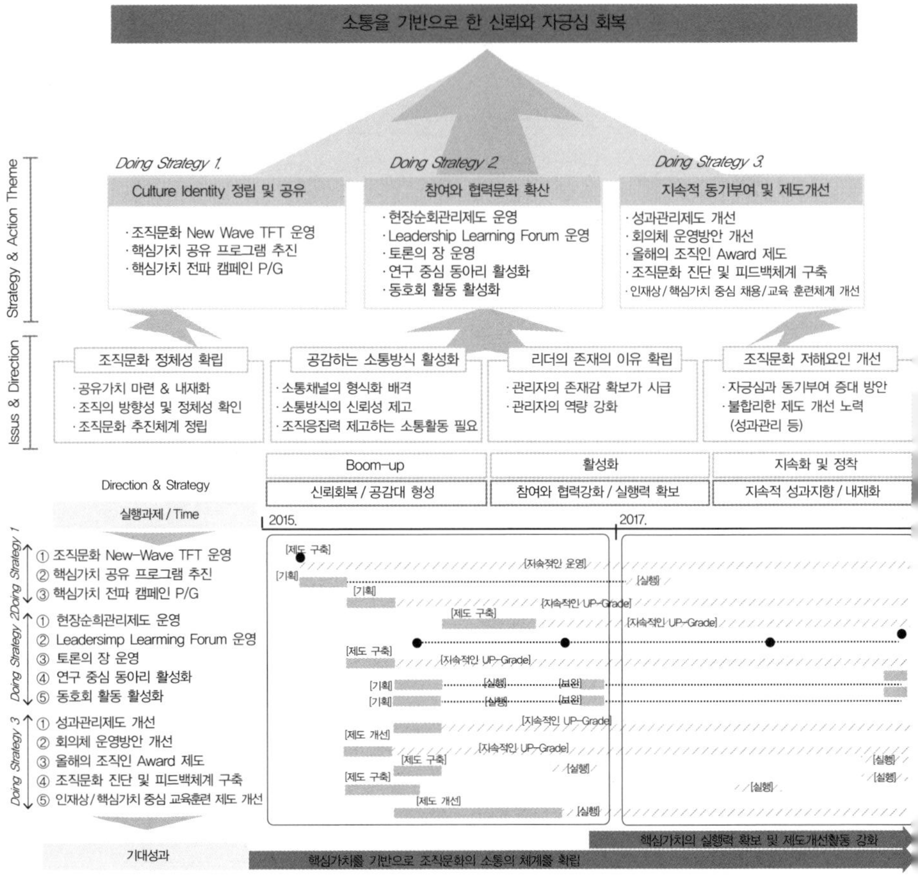
소통을 기반으로 한 신뢰와 자긍심 회복
Strategy & Action Theme
Doing Strategy 1.
Culture Identity 정립 및 공유
·조직문화 New Wave TFT 운영
·핵심가치 공유 프로그램 추진
·핵심가치 전파 캠페인 P/G
Doing Strategy 2.
참여와 협력문화 확산
·현장순회관리제도 운영
·Leadership Learning Forum 운영
·토론의 장 운영
·연구 중심 동아리 활성화
·동호회 활동 활성화
Doing Strategy 3.
지속적 동기부여 및 제도개선
·성과관리제도 개선
·회의체 운영방안 개선
·올해의 조직인 Award 제도
·조직문화 진단 및 피드백체계 구축
·인재상/핵심가치 중심 채용/교육 훈련체계 개선
Issus & Direction
조직문화 정체성 확립
·공유가치 마련 & 내재화
·조직의 방향성 및 정체성 확인
·조직문화 추진체계 정립
공감하는 소통방식 활성화
·소통채널의 형식화 배격
·소통방식의 신뢰성 제고
·조직응집력 제고하는 소통활동 필요
리더의 존재의 이유 확립
·관리자의 존재감 확보가 시급
·관리자의 역량 강화
조직문화 저해요인 개선
·자긍심과 동기부여 증대 방안
·불합리한 제도 개선 노력
(성과관리 등)
Direction & Strategy
Boom-up
신뢰회복 / 공감대 형성
활성화
참여와 협력강화 / 실행력 확보
지속화 및 정착
지속적 성과지향 / 내재화
실행과제 / Time
2015.
2017.
Doing Strategy 1
① 조직문화 New-Wave TFT 운영
② 핵심가치 공유 프로그램 추진
③ 핵심가치 전파 캠페인 P/G
Doing Strategy 2
① 현장순회관리제도 운영
② Leadersimp Learming Forum 운영
③ 토론의 장 운영
④ 연구 중심 동아리 활성화
⑤ 동호회 활동 활성화
Doing Strategy 3
① 성과관리제도 개선
② 회의체 운영방안 개선
③ 올해의 조직인 Award 제도
④ 조직문화 진단 및 피드백체계 구축
⑤ 인재상/핵심가치 중심 교육훈련 제도 개선
[제도 구축]
[지속적인 운영]
[기획]
[실행]
[기획]
[지속적인 UP-Grade]
[제도 구축]
[지속적인 UP-Grade]
[제도 구축]
[지속적인 UP-Grade]
[기획]
[실행]
[보완]
[기획]
[실행]
[보완]
[지속적인 UP-Grade]
[제도 개선]
[지속적인 UP-Grade]
[제도 구축]
[실행]
[제도 구축]
[실행]
[실행]
[실행]
[제도 개선]
[실행]
기대성과
핵심가치의 실행력 확보 및 제도개선활동 강화
핵심가치를 기반으로 조직문화의 소통의 체계를 확립

[그림 5-5] 조직문화 활성화 실행 전략체계 추진 로드맵 사례

2. 학습조직화 구축 방안

1) 학습조직(Learning Organization)의 개념

학습조직(Learning Organization)에 대한 논의는 1990년대 초반 조직의 변화하는 시대에 생존력과 경쟁력을 의미하는 것으로, 자율적으로 문제를 발견하고, 해결을 위한 목표를 세우고, 자기 주도적으로 학습능력과 협업을 통해 실제 문제를 해결해 나가는 조직을 의미한다. 학습조직은 정보화와 지식 기반 사회의 도래, 외부환경의 급격한 변화, 조직 경영전략의 미래지향적인 전환에 조직의 관점으로 조직 내부뿐만 아니라 고객소비자의 요구를 반영하기 위해 고객과 시장의 전환으로 학습조직이 등장했다. 또한 Learning Organization으로 조직이 중심적인 의미를 지니고 있음에 따라 학습조직은 조직의 일종으로서 학습에 중심을 두는 조직이라는 의미를 지니고 있다. 즉, 학습조직은 조직이 학습이라는 목적을 지니고 활동하는 시스템으로 이해가 가능하다.

이와 같이 학습조직에 대한 논의는 크게 네 가지로 시스템관점, 학습 지향

적 관점, 전략적 관점, 통합적 관점으로 이루어졌다.[8]

첫째, 시스템관점은 '적응하는 능력뿐 아니라 대안적인 미래를 만들어낼 수 있는 능력을 가진 조직'이라고 하면서 학습조직을 구현하기 위한 5가지 훈련법(Discipline)을 제시하였다. 둘째, 학습 지향적 관점에서 학습조직이란 '조직원들의 학습을 가능케 하고 전략적 목표를 향해 스스로를 지속적으로 변화시켜 나가는 조직'이라고 하였다.[9] 특히 학습조직을 구축하기 위해 갖추어야 할 특성으로 전략에 대한 학습적 접근, 참여 지향적 정책결정, 정보공유의 촉진, 촉진적 회계와 관리, 사내 커뮤니케이션 촉진, 보상구조의 융통성, 유연한 조직구조, 정보채널의 구축, 기업간 상호 학습, 학습풍토 조성, 자기개발 기회의 확대를 포함한 11개 영역을 규명하면서 학습 지향적 관점은 조직 내 모든 계층에의 학습을 총체적인 관점에서 설명하였다는 장점에도 불구하고 그 의미를 쉽게 이해할 수 있는 틀을 제시하지 못한다는 한계점을 지닌다.[8] 셋째, 전략적 관점에서는 학습조직을 '학습을 통해 획득한 새로운 지식과 통찰력을 조직 변화를 위한 전략적인 동인으로 활용할 수 있는 조직'이라 하였다. 조직의 전략적 내부 동인들을 이해하고 그것들을 활용하여 조직 구성원 전체의 실천적 행동 변화를 강조하고 하였으나, 전략적 관점의 입장은 거시적 차원에 초점을 맞춤으로서 개인학습이나 지속적 학습과 같은 개인적인 차원을 소홀히 하였다.[10] 넷째, 학습 지향적 관점과 전략적 관점의 근본적인 한계를 극복하기 위해 구조적인 모형을 제시하고 통합적인 관점에서 학습조직을 논의하였다. 통합적 관점에서는 학습조직을 '도전과제에 대한 대응방식을 변화시키기 위해 지식을 획득하고, 공유하며 활용하는 조직'이다. 이를 이루기 위해 적응적 학습보다 생성적 학습을 강조하였던 것과 같은 맥락으로 단편적 학습보다는 전환적 학습을 더 강조하였다.[11]

Senge(1990) 이후 초기의 학습조직 주창자들은 타인에 의한 지시나 강압이 아닌, 조직 구성원 스스로에 의한 학습과 지식의 창출, 혁신과 변화를 수행하는 데 필요한 새로운 형태의 조직풍토와 새로운 행동규범, 사고의 전환 등을 제시함으로써 학습조직을 조직의 새로운 패러다임으로 부각시켰다.

한편, Senge(1990)는 비전 공유(Shared Vision), 사고모형(Mental Model), 자아완성(Personal Mastery), 팀 학습(Team Learning), 시스템 사고(System Thinking)의 5가지 개념을 통해 기업의 학습조직화의 수준을 높일 수 있다고 하였다.

학습조직 모형은 [그림 5-6]과 같이 사람수준과 구조수준으로 구성되어 팀, 개인, 조직수준에서 학습조직을 설명하는 7가지 차원을 포함하며, 각각의 차원은 독립적이지만 상호 연관되어 있다.[12]

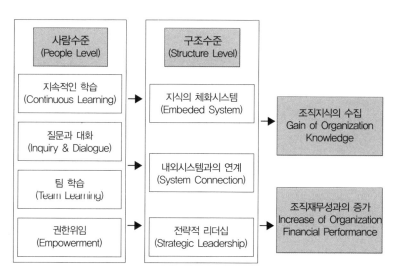

출처 : Yang, Watkins, & Marsick(2004), The Construct of the Learning Organization : Dimensions, Measurement and Validation. Human Resource Development Quarterly, 15(1) : 31-55. p.41

[그림 5-6] Yang, Watkins & Marsick의 학습조직 구축 요인

첫째, 지속적인 학습(Continuous Learning)은 조직이 구성원을 위해 학습 기회를 창조하고 지속적으로 노력하는 것을 말한다. 둘째, 질문과 대화(Inquiry and Dialogue)는 근본 원인에 대해 탐구하고 서로에 대한 솔직한 피드백을 자유롭게 주고받으며, 타인의 의견을 진지하게 경청하는 등의 조직문화를 만드는 조직 노력으로 조직성과는 조직 구성원 서로가 신뢰하고 존중하는 문화가 정착될 때 이루어진다고 할 수 있다. 셋째, 팀 학습(Team Learning)은 새로운 지식의 상호 구축과 조화, 협동의 행동으로써 팀의 효과적인 운영을 가능케 하는 기술이나 팀 정신이 포함된다. 넷째, 임파워먼트(Empowerment)는 비전을 창조·공유하며, 현실과 새로운 비전의 차이를 구성원들로부터 파악하고자 하는 조직 내 프로세스를 의미한다. 다섯째, 지식의 체화시스템(Embeded System)은 조직에서 학습을 공유하고 장려하는 체계를 일컬으며 제안, 시스템, 게시판과 같은 쌍방향 커뮤니케이션을 적극 활용하여 조직 구성원들에게 최신 정보를 제공·공유함으로써 습득한 지식을 더욱 창출될 수 있도록 돕는다. 여섯째, 내외시스템과의 연계(System Connection)는 조직 안팎의 다양한 채널을 통해 환경을 올바르게 인식하고 해당 역할을 찾는 것을 의미한다. 일곱째, 전략적 리더십(Strategic Leadership)은 조직 내에서 변화를 이끌어 내고 조직의 미래에 대한 전략적 판단을 할 수 있도록 학습 환경을 만들어 내는 리더의 역할로 리더들이 변화를 만들고 공유한다. 즉, 조직을 새롭고 올바른 방향으로 이끌어 가는 데 학습조직 활동을 어떻게 활용할 것인지를 전략적으로 판단하고 있는 정도를 말하는 것이다.[12]

한편, 우리나라의 한국산업인력공단에서 학습조직화 지원 사업을 추진하고 있는데 학습조직이란 '학습을 통하여 창출된 지식, 경험, 노하우 등을 체계적으로 축적하여 구성원의 능력이나 기술을 향상시키고 작업현장의 문제를 구성원 스스로 개선하거나 해결하며, 기업 내·외부의 환경을 주도적으로 변화시킬 수 있는 조직'(중소기업 학습조직화 지원 사업 매뉴얼, 2014 : p.1)이라 하였다. 이를 통해 조직 구성원들의 암묵적 지식자원이 체계적으로 축적되고 이를 조직 전체에 개선, 공유함으로써 조직 구성원 스스로 문제를 해결해 가는 변화주도적인 조직을 지향하고 있다.

학습조직에 관한 다양한 정의를 살펴보면 〈표 5-1〉 같다.

〈표 5-1〉 학습조직에 대한 정의

학자	주요 내용
Senge(1990)	조직 구성원들이 자신들이 원하는 것을 창조할 수 있는 역량을 끊임없이 확장해 나갈 수 있고, 새로이 열려진 사고의 유형들이 존중되고 배양되며, 집단적 열망이 표출될 수 있는, 그리고 어떤 것이 학습인가를 지속적으로 함께 배워나가는 조직
Pedler, Burgoyne & Boydell(1992)	모든 구성원들이 학습활동을 촉진시킴으로써 조직 전체에 대한 근본적인 변화를 지속적으로 촉진시키는 조직. 학습조직보다는 학습기업(Learning Company)이라는 용어를 사용하여 동태적이고 역동적인 의미를 강조
Garvin(1993)	학습조직이란 지식의 생성과 공유, 변환 과정을 통해서 얻은 지식과 통찰력을 토대로 조직의 행동을 지속적으로 변화시키는 조직
Watkins & Marsick(1993)	조직 구성원에게 권한과 능력을 부여하고, 직업 생활의 질과 품질의 혁신 운동을 통합시킨다. 또한 학습을 위한 여유를 찾고, 협력과 이익 공유를 조장하고, 질의 및 연구를 촉진시키며, 지속적인 학습 기회들을 창출하는 조직
Marquardt(1994)	기업의 성과를 위해 지식을 보다 잘 수집하고 관리하여 이용할 수 있도록 지속적으로 변화하는 조직
유영만(1994)	격변하는 외부환경에 대처하고 조직의 내적 성장능력을 극대화하기 위하여 조직의 진 팀원이 끊임없이 새로운 지식을 칭조, 습득, 진파하고 이러한 활동 속에서 일정한 노력의 결과를 산출해 내며, 이에 대한 비판적인 분석과 성찰을 통해 조직의 당면 문제 해결과 미래의 비전 및 경영전략을 체계적으로 정립하는 조직
권석균(1996)	개인과 집단, 조직 등 모든 차원에서 새로운 지식 창출이 자유롭게 이루어질 뿐만 아니라 이들 개인과 집단, 조직 수준 간의 다차원적인 지식 이전을 통한 이차원적인 지식창출이 활성화되어 있는 조직
박광량(1996)	새로운 학습을 일상적으로 되풀이함으로써 위기상황이든 아니든 상관없이 자기 변화가 신속하고 효과적으로 일어날 수 있는 상태에까지 이른 조직. 학습조직의 중요한 요소로서 조직학습의 습관화와 지속적인 학습활동을 강조

Wishart, Elan, & Robey (1996)	조직 구성원에게 정신적인 모델, 행동관행, 중요한 사업문제의 핵심적인 가정 등에 대한 지속적인 학습을 통해 이를 조직 구성원이 정신 상태에 의식화 및 잠재화시킴으로써 주기적인 조직운영 쇄신역량과 환경 변화에 대한 대응 역량을 갖춘 조직
권석균(1996)	지식 창출과 지식 이전 활용이 구성원들의 창조 욕구와 주인의식에 의해 지속적으로 이루어지고 그 결과로서 조직 전체 차원에서 총체적인 경쟁역량이 증폭되는 조직으로 조직 구성원들의 강한 공동체의식과 연대감 하에서 끊임없이 변화·발전하는 열린 조직
Robert(1997)	지속적으로 고객의 가치와 욕구를 충족시키기 위하여 학습을 촉진할 뿐만 아니라 환경을 변화시키는 능력을 가진 문화를 소유하고 있는 조직
Robbins & Coulter(1999)	조직 구성원이 직무와 관련된 문제가 무엇인가를 인식하고 이를 해결하는 데 능동적인 역할을 수행하기 위해서 그들의 적응능력과 변화능력을 지속적으로 계발시키는 조직
김희규(2004)	학습을 통한 조직 구성원의 행동 변화를 촉진시키고 학습 결과를 공유할 수 있는 조직의 구조와 시스템을 조성하며, 조직의 학습과정을 통해 지식을 생성하고 축적하여, 조직의 목적 달성을 촉진하는 방향으로 조직 형태를 변화시키는 역동적인 조직
한진환(2006)	개별학습 행위가 조직 내에 확산, 공유되어 조직 전체로 확산될 때 조직학습이 일어나는 것이며 조직학습, 즉 특정의 행위능력이나 새로운 능력들이 습관적으로 조직적인 차원에서 학습이 반복되는 조직
이석열·이미라 (2006)	조직 구성원들이 정보를 공유하고 협력적인 학습활동을 전개함으로써 새로운 지식을 창출하고 이에 따라 변화를 시도하는 조직

출처 : 박찬(2014)[13]을 바탕으로 저자가 내용을 보완하여 재구성함.

2) 학습조직화의 구성요소

학습조직화란 학습이 지속적으로 일어나서 사회 변화와 외부 요구에 효율적으로 대응하여 발전해 나아가는 정도로 학습조직의 구성요소는 연구자에 따라 〈표 5-2〉와 같이 분류될 수 있다. Senge(1990)는 시스템 사고를 토대로 나머지 네 개의 요소를 유기적으로 연결시켰으며, 이들 다섯 가지 하부요소들이 활성화되면 학습조직이 창출되고 조직의 경쟁력이 구비된다고 하면서 학습조직 구축 요인과 상호연관성을 그림으로 나타내면 [그림 5-7]과 같다. 체제적 학습조직모형을 구축하기 위해 학습조직 하부요소로 학습, 조직, 사람, 지식, 기술의 5가지를 제시하였고, 그 하부요소들은 별개로 존재하는 것이 아니라 상호 영향을 미치는 보완적인 관계로 하부요소 중에서 학습은 나머지 4개의 하부요소인 조직, 사람, 지식, 기술 모두에서 발생한다. 그리고 이 5개의 하부요소들은 역동적으로 서로 밀접한 관계를 맺고 있으며, 이는 어떤 하부요소의 기능이 약화된다면 나머지 하부요소 역시 점점 약해지게 되는데 Marquardt는 학습조직 구축 요인을 [그림 5-8]과 같이 나타내고 있다.[14]

〈표 5-2〉 학습조직화의 구성요소

학자	학습조직화의 구성요소
Senge(1990)	개인적인 완성, 정신모델, 비전 공유, 팀 학습, 체계적인 사고
Huber(1991)	지식 획득, 정보 분배, 정보 해석, 조직 차원의 기억
Tobin(1993)	뚜렷한 리더십, 기능적인 문맹의 극복, 기능적인 편협함의 극복, 효과적인 학습 팀의 구성, 촉진자로서의 관리자
Watkins, Marsick (1993)	사람 영역(지속적인 학습 기회 창조, 대화 및 호기심 촉진, 팀 학습 및 협동 작업, 임파워먼트), 구조 영역(시스템 도입, 조직과 환경의 상호연계, 전략적인 학습 리더십)
Nevis, Dibella & Gould(1995)	환경 검색, 업무성과 격차, 측정에 대한 관심, 실험 정신, 개방적인 분위기, 지속적인 교육, 운영의 다양성, 다수의 주창자, 참여적 리더십, 시스템적 관점
Marquardt(1996)	학습, 조직, 사람, 지식, 기술
박광량(1996)	환경 차원, 조직 차원, 업무 차원, 인간 차원
김희규(2004b)	구성원의 행동 특성(구성원의 신념체계, 권한 부여, 비전 공유, 전문성 개발, 체제적 사고), 조직의 시스템(리더십, 조직구조, 의사소통, 정보시스템), 학습의 실천과정(지식 창출, 지식 공유, 지식 저장, 지식 활용)
김경화(2006)	문화, 지식의 전이능력, 팀워크와 협동
이환범, 이수창(2007)	학습조직 구축 요인(개인 차원, 팀 차원, 조직 차원), 학습조직 지원시스템(리더십, 보상시스템, 조직구조)
이석열(2007)	문화, 리더십, 의사소통, 팀 학습 및 수평적인 조직구조
강경석(2013)	연수체제, 지원체제, 구성원체제, 지식체제, 기술체제

출처 : 박찬(2014)을 바탕으로 저자가 내용을 보완하여 재구성함.

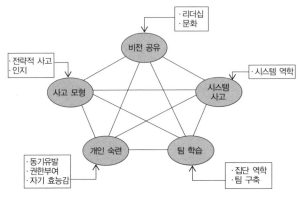

출처 : 박찬(2014)

[그림 5-7] Senge의 학습조직화 구축 요인과 상호 연관성

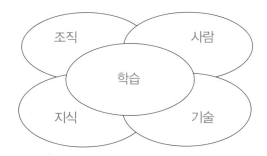

출처 : Marquardt, M.(1996). Building the learning organization. NY : McGraw-Hill, p.21

[그림 5-8] Marquardt의 학습조직화 구축 요인

3. 교육과정 개발

1) 교육요구분석

(1) 요구분석 개념의 필요성

최근 조직 내 인적자원개발은 경영환경 변화에 적극적으로 대응하여 조직의 이윤창출과 생산성 증대를 통한 효과적인 경영성과에 기여할 수 있도록 기대가 요구되고 있다. 이와 같은 기대는 기업교육이 조직의 비전, 경영목표 등과 연계되어 경영성과에 직·간접적으로 기여하는 전략적 파트너로서 중요성이 강조되고 있는 것이다. 그리고 조직의 경영성과에 기여할 수 있는 인적자원개발은 조직 구성원의 역량개발에 초점을 맞추어 역량 중심의 교육을 제공하는가에 관심이 집중되어 있다. 조직 구성원의 요구분석을 통해 조직 내 인재육성 개발이 단지 소비가 아닌 필수적인 투자요인으로 교육훈련이 각인되기 위해서는 조직 구성원들이 수행하는 업무 생산성과 직결된 필요 능력과 역량을 배양하고 갖추게 하여야 한다. 즉, 조직 구성원들이 자신의 현업 수행에 보다 생산적인 활동을 뒷받침함과 함께 기업 가치와 이윤을 극대화할 수 있도록 하여야 한다. 이를 달성하기 위해 교육훈련 프로그램은 현업의 업무수행과 직접적으로 관련이 있는 것이어야 하며, 교육 후 경영성과에 어떠한 결과를 가져다주었는지 규명해야 한다(Robinson & Robinson, 1991). 그리고 인적자원개발은 경영성과를 달성하기 위한 전략적인 요인의 성과 중심적인 교육훈련 프로그램 개발의 출발점으로 교육훈련 요구분석을 통해서 가능하다. 이와 같은 요구분석은 조직 내 구성원들의 능력과 역량 향상을 위해 교육훈련이 필요한 부분을 밝힘으로써 불필요한 부분에 대한 투자를 줄일 수 있다. 또한 학습자와 교육훈련 프로그램의 평가 준거를 제공해 주며, 교육훈련을 통해 달성하고자 하는 목적을 명확히 밝힘으로써 현업의 수행상 차이를 줄일 수 있도록 교육 해결점을 규명하는 데 도움을 제공한다(Hannun & Hansen, 1989). 이와 같은 교육훈련에 대한 조직 구성원들의 요구분석은 교수체제의 설계와 개발에 대한 초기 단계로 필수적인 절차로 활용되고 있으며, 체계적인 교육훈련 프로그램을 위한 교수자료 개발의 첫 단계이다(Burton & Merrill, 1991).

요구분석을 통해 얻을 수 있는 이점을 정리 해보면 다음과 같다.

첫째, 요구분석을 통해 교육훈련이 필요한 부분을 보다 분명히 하여 불필요한 부분에 대한 투자의 낭비를 줄일 수 있다. 둘째, 조직 구성원들이 필요로 하는 교육훈련 요구를 명확히 밝힘으로써 교육을 받는 학습자와 교육훈련 프로그램 자체의 평가 준거를 세울 수 있다. 셋째, 교육훈련을 통해 현업의 요구들은 달성하고자 하는 목표와 수행상의 차이를 줄일 수 있는 해결점들을 보다 정확하게 규명하는 데 도움을 줄 수 있다. 넷째, 요구분석을 통해 밝혀진 결과들은 교육훈련에 대한 과정 설계나 개발 단계에 소요되는 시간을 줄일 수 있다. 다섯째, 교육훈련에 요구되는 교육 대상자들이 실제로 필요로 하는 교육훈련을 제공할 수 있다. 여섯째, 요구분석을 기반으로 개발된 교육훈련 프로그램은 조직의 경영목표를 달성하는 데 기여한다. 일곱째, 요구분석 과정은 조직 구성원 개인과 조직이 공동 목표를 달성할 수 있도록 일체감을 가질 수 있게 하고, 문제해결에 대한 방안을 공유할 수 있도록 한다. 여덟째, 조직 차원에서 체계적으로 계획된 요구분석 과정은 가치 있는 유용한 정보를 제공해 준다. 즉, 수집된 자료들이 체계적으로 정리되고 분류함으로써, 정보의 성격에 따라 조직운영과 교육훈련 프로그램 개발 등에 반영될 수 있다. 이는 조직이 안고 있는 문제를 해결하는 데 직·간접적인 처방이 될 수 있으며, 경영목표 달성과 업무생산성 향상을 강화할 수 있는 첫 단계가 된다. 그리고 요구분석은 그 과정에 참여한 조직 구성원들 간의 의사소통 능력을 향상하는 잠재적인 매개체 역할을 담당하기도 한다.

(2) 교육요구분석 방법

요구분석은 현재의 산출과 기대되는 바람직한 산출 간의 차이를 결정한 후 그런 차이를 우선순위에 따라 위계를 결정해 나가는 과정이다. 이와 같은 교육요구분석은 전통적인 체제적 교수 설계(Instructional Systems Development ; ISD)에 의한 접근과 수행공학(Human Performance Technology ; HPT)적 접근방법으로 교육요구분석을 나눌 수 있다. 진자는 교육훈련 필요점을 파악하는 전통적인 방법으로, 학습자의 지식, 기능, 태도상의 요구를 파악하는 데 초점이 있다. 후자는 수행의 원인과 수준을 파악하는 것으로 직무, 책무, 과제와 연계하거나 성과, 역량, 기능과 연계하는 것에 초점이 맞추어져 있다고 볼 수 있다.

① 전통적 교육요구분석(Needs Analysis in ISD 모델)

기업교육의 전문성은 조직 내 문제점을 극복하기 위해 ISD(Instruction Systems Design & Development) 모델 적용부터 시작된다. ISD는 성공적인 학습활동을 위해서 교육체제의 구성요소들(강사, 교육대상자, 학습내용, 교수방법 및 매체, 학습 환경)이 상호 유기적으로 결합되어 효율적인 수업을 개발하는 체계적인 접근 방법이라 할 수 있다.

이와 같은 점에서 ISD 모델 특징은 첫째, 체제적으로 전체 교수요소 체제들의 상호의존성을 인식, 과정을 구성하여, 둘째, 체계적인 것으로 각 단계들이 주의 깊게 처방되고 논리적 순서에 따르는 것이다. 셋째, 효과성으로 학습자의 학습목표 성취 가능성이 높으며, 넷째, 효율성으로 적은 비용과 시간으로 학습목표 달성이 가능하다. 다섯째, 매력성으로 학습의 장에 흥미를 높일 수 있으며, 여섯째, 관련성으로 습득해야 되는 필수적인 지식과 기능을 습득하도록 한다. 일곱째, 일관성으로 학습목표 및 교수방법, 평가가 상호 유기적인 관련성을 맺고 전개되도록 하는 데 있다(Molenda, Pershing, Peigeluth, 1996).

ISD 모델 특징과 같이 ISD란 조직 구성원의 다양한 문제를 해결하기 위해 교육과 학습에 대한 요구 사항을 체계적이고 체제적인 분석, 설계, 개발, 실행 및 평가의 과정을 통해 교육훈련 프로그램을 개발하는 것이다. ISD의 주요 과정들은 분석(Analysis), 설계(Design), 개발(Development), 실행(Implementation), 평가(Evaluation)로 이루어지기 때문에 ISD의 기본 모형은 이들 단계의 첫 글자를 따서 ADDIE 모형이라 불리어진다.

ISD 모델에 대한 주요 내용은 다음과 같이 다양한 방법으로 구분하여 설명될 수 있다.

② ISD 모델의 전형으로서의 ADDIE 모형

ADDIE 모형은 분석(Analysis), 설계(Design), 개발(Development), 실행(Implementation), 평가(Evaluation)의 첫 글자를 의미한다.

각각 항목에 대한 주요 요인은 다음과 같다. 첫째, 분석(Analysis)의 주요 내용으로는 요구분석, 학습자 분석, 환경분석, 직무 및 과제분석이다. 둘째, 설계(Design)의 주요 내용으로는 수행목표 명료화, 평가도구 개발, 교육내용 계열화, 교수전략 및 매체 선정이 주요 내용이다. 셋째, 개발(Development)의 주요 내용으로는 교수자료 개발, 형성평가 및 수정, 교재개발, 파일럿 테스트 등이 있다. 넷째, 실행(Implementation)의 주요 내용으로는 사용 및 설치, 유지/관리 등이 있다. 다섯째, 평가(Evaluation)의 주요 항목으로는 교육훈련 성과 평가가 있다. 이처럼 ADDIE에서와 같이 각 항목별 특성에 맞게 ISD 모델을 적용하여 각각의 항목이 독자적인 구별에 의한 요구분석이 아닌 상호 관련성을 포함하여 교육요구분석을 실행한다. 이에 대한 개발모형은 〈표 5-3〉과 같으며 개발 사례는 〈표 5-4〉와 같다.

〈표 5-3〉 ISD 모델에 의한 교육프로그램 개발 모형

분석 (Analysis)	설계 (Design)	개발 (Development)	실행 (Implementation)	평가 (Evaluation)
학습내용 정의	교수방법 구체회	교수자료 제작	실제 적용	효과성과 직질성 평가
요구, 학습자, 환경, 과제분석	교수학습목표 수립, 계열화, 평가도구 개발, 교수매체 선정	교수학습자료 개발, 형성평가 및 수정, 제작	현장적용 및 실행	종합평가

| 분석 | 교육관계자 요구분석 | 학습자 특성분석 |
| | 교육과정체계분석 | 교육내용분석 |

| 설계 | 교육목표 설정 → 교육내용 결정 계열화 |
| | 프로그램 및 차시 설계 ← 교육방법 평가방법 결정 |

| 개발 | 교재 및 교안 개발 → 교육프로그램 시행 |
| | 수정 및 보안 ← 형성평가 실시 |

실행

교육프로그램 총 2차수 실행

발령 → 교육프로그램 I(집합교육) → 파견

복귀 ← 교육프로그램 II(거래선 실습) ←

| 평가 | 종합평가 실시 |

방문판매 거래선 담당 영업사원의 현장직무 교육프로그램

수정 및 보완

2) 역량 중심의 교육요구분석(Need Analysis in HPT)

기업교육이 경영성과에 직접적인 영향을 줄 수 있기 위해 경영전반에 관한 이해를 통하여 경영과 교육의 관련성을 총체적인 관점에서 볼 수 있는 수행공학(Human Performance Technology : HPT) 개념의 필요성이 강조되었다(나일주, 1994). 수행(Performance)이란 인간행동의 결과라 할 수 있으며, HPT는 인간이나 조직 행동이 그 작업환경에서 추구되는 가치를 경제적이고 효율적으로 수행하는 데 목적을 두고 있다고 볼 수 있고, HPT의 속성은 다음과 같이 정리할 수 있다(Geis, 1986 : Stolovich, 1992을 윤여순, 1993에서 재인용).

첫째, HPT는 체계적인 방법을 사용하여 조직적이고 측정, 관측이 가능한 방법으로 문제를 분석하고 해결책을 찾으려 한다. 둘째, HPT는 문제의 근원을 밀접한 여러 체제(교육훈련, 피드백, 자원, 경영지원, 보상 등)의 상관관계 가운데에서 찾아내고 해결하려는 체제적 접근을 한다. 셋째, HPT는 과학적이며 경험적인 근거를 토대로 궁극적인 목적에 가치 있는 결과를 가져다 줄 수 있는 방법이나 해결책을 추구한다. 넷째, HPT는 개인과 그 개인이 속해 있는 조직이 추구하는 가치를 충족시킬 수 있는 결과적인 업적을 강조한다.

이와 같은 HPT의 속성에 대한 정의를 근간으로 HPT에 대한 개념 특징을 정리하면 크게 세 가지 관점인 ⓐ 총체적 관점, ⓑ 결과지향적 관점, ⓒ 다양한 해결책의 추구라 할 수 있다.

ⓐ 총체적 관점이란 조직의 가치추구를 위해 절대로 단편적인 해결책을 추구하지 않고 문제발생의 근원을 하부 조직에서부터 끌어내 좀 더 넓은 상황적 맥락에서 해결하고자 하는 것이다. ⓑ 결과 지향적 관점이란 조직의 존재목적이나 추구하는 목표가 명확히 정의되는 사업이나 산업분야 같은 조직과 사회적 조직에서 더 많이 적용되고 있다. ⓒ 다양한 해결책의 추구란 경영이나 업무 수행시의 문제해결을 위한 저방적 자원이 아니라 궁극적으로 추구하는 목적에 맞는 다양한 방법을 모색하는 것이다. 따라서 HPT 개념의 도입으로 교육의 목표를 현업의 문제해결에 최대의 경영 결과를 달성하는 것이다. 이를 위해 조직 내 다양한 해결책 추구로 관심을 전환한 많은 HRD 담당자들은 최근에 기업에서 요구되는 인적자원의 핵심역량을 높이는 데 초점

을 맞추고 있다(윤여순, 1997). 여기에서 핵심역량은 직종이나 직책 또는 비즈니스 성격에 따라 다양하게 구성되어질 수 있으며, 그 유형에 따라 직무역량 모델(Job Specific Competency Model), 우수수행자 모델(High Performer Model), 핵심역량 모델(Core Competency Model), 프로세스 역량 모델(Process Competency Model) 등 다양한 역량모델을 개발할 수 있다(Linkage, 1996).

HRD에서 직무역량 모델은 업무수행에 필요한 역량과 그 수준을 제시해주므로 교육요구분석이나 교육과정, 교육체계 개발의 근거로 삼을 수 있다. 이러한 직무역량 모델을 교육요구분석에 사용한 대표적인 예는 모토로라(Motorola)에서 찾을 수 있다. Motorola에서는 특정한 직무를 탁월한 업무 수행자들의 동의를 얻어 업무와 과제로 정의하여 분석하는 DACUM(Developing a Curriculum) 기법을 1988년 이후부터 사용하였다. 이 기법은 명확한 직무분석을 기반으로 과학적이고 체계적인 방법이다. 교육요구를 분석하여 누구나 정확하고 손쉽게 이용할 수 있도록 하여 교육과정개발과 체계개발에 대한 신속성과 효과성을 높여 주었다. 그러나 1992년부터 포괄적 의미의 업무수행 체계을 위해 요구되는 적절한 학습지원책을 제공해야 된다는 인식에 따라 역량중심의 커리큘럼(Competency-based Curriculum ; CBC) 기법을 개발하게 되었다. DACUM 기법으로 대표되던 전통적 교육요구분석과 CBC 기법으로 대표되는 역량 중심의 교육요구분석의 차이점을 나타냈다. CBC 기법의 가장 기본적인 관점은 특정 업무를 수행할 때 그 기능을 수행함으로써 달성해야 되는 성과나 산출물 혹은 그 기대되는 비즈니스 결과로부터 시작된다는 점이다. 기대되는 결과가 확인되면 그 결과를 수행하기 위해 필요한 역량이 추출되며, 그 필요 역량을 구성하는 지식, 스킬,

가치 등을 규명하게 된다. 이에 따라 조직 구성원들에게 요구되는 지식, 스킬, 가치 등을 교육시키고 지원해 줄 다양한 형태의 학습 지원책으로 구성된 역량 중심의 커리큘럼을 개발하게 되는 것이다.

DACUM 기법과 CBC 기법으로 대표되는 두 접근 방법의 차이는 〈표 5-5〉와 같다.

〈표 5-5〉 체제적 접근과 역량 중심 요구분석의 차이

구분	종래의 ISD 모델 적용	역량 위주 수행체제 모델 적용
목적	개인의 지식 / 스킬 개발	비즈니스 성과 증대
요구	필요한 지식 / 스킬 충족	수행성과 증대
해결책	교육과정 / 체계 개발	다양한 학습지원책 개발
평가기준	직무수행의 충실도	조직 차원의 효율성 제고

출처 : 윤여순(1997), '기업교육과 역량 중심 교육과정'

DACUM 같은 종래의 ISD 모델 적용 체계에서는 개인의 직무 수행에 필요한 지식과 스킬 개발에 목적을 두며, 요구되는 교육과정이나 교육체계를 개발함으로써 단편적이고 단기적인 시도를 한다고 볼 수 있다. 그러나 CBC같은 역량 중심의 수행 체제 모델을 적용할 때 조직 차원의 경영성과 증대를 목적으로 한다. 개인이나 조직이 최고 수준의 조직성과를 달성하기 위한 모든 형태의 학습 지원책을 개발하는 장기적이고 포괄적으로 시도되는 것이다.

이와 같이 CBC방식을 적용함에 따라 발생되는 이점은 다음과 같다.

첫째, 조직과 개인이 지향하는 경영성과를 우선 파악하여 이 방식으로 도출해 낸 결과로 경영성과를 내기 위한 바탕이 된다는 것이다. 즉, 이 과정을 통해 도출해 낸 핵심역량이나 교육요구는 경영성과와 직접 연관된다. 그리고 직무나 직능 자체가 상호 공통적인 성과를 내기 위해 유기적으로 서로 연관됨을 전제로 하는 시스템적 접근방법은 조직 미래의 변화나 요구까지 수용하

는 보다 정확한 직무분석과 직무기술성의 도출이 가능하다. 둘째, HRD부서에서 보면 CBC 과정을 통해 무엇보다 비즈니스가 요구하는 정확한 교육요구를 파악할 수 있다는 것이다. 셋째, CBC 과정에서 도출된 여러 가지 자료들은 조직 구성원들의 경력개발을 위한 도구로 활용이 가능하다는 것이다(조미진, 1995).

3) 역량기반 교육(Competency-Based Training)

역량기반 교육은 업무 성과를 얻기 위해 필요한 지식, 기능, 가치 등에 역량모델을 교육훈련 필요점으로 하여 과정을 개발하고 실시함으로써 차이 역량을 강화하여 업무 성과를 내기 위한 인적자원개발 활동이다. 역량기반 교육은 역량을 종합적으로 발휘할 수 있도록 육성하는 데 그 기반을 두고 있다. Spender & Spender(1993)는 역량기반 교육의 개발 절차로 현재 또는 미래의 직무를 훌륭하게 수행하는 데 필요한 역량모델의 개발과 교육효과가 높은 역량 확인, 역량기반 학습, 개발센터, 자기계발, 원격교육, 업무재배치, 선배의 지도 중에서 가장 효율적인 개발방법의 선택, 평가방법 및 교재개발, 트레이너 양성, 교육실행, 교육결과 평가로 구분하였으며, 역량기반 학습을 평가할 때에는 되도록 현장의 행동 변화 및 정량적 결과에 대한 평가를 포함시켜야 한다고 하였다. Dubois(1993)는 요구분석, 역량모델개발, 커리큘럼, 기획, 학습실행, 평가의 5단계로 역량기반 학습 모델을 제시하였다.

① 1단계 : 요구분석(Front-end Needs Analysis, Assessment, and Planning)

조직 요구는 이미 발생한 내·외부 상황에 대한 사후 반응과 향후 예측되는 상황에 대한 사전 반응이다. 이 단계는 확인된 요구가 조직 전략에 어느 정도 결정적인 영향을 주는가, 원하는 결과를 위한 프로그램에 투자 정도와 가치 여부, 공식적인 학습 외에도 다른 대안이 있는가의 여부이다. 여기서 첫 단계는 거시적인 요구분석이 이루어진다. 성공적인 직무성과를 위해 조직원들이 필요로 하는 지식이나 스킬, 다른 내재적 특성은 상세하게 확인하지 않는다. 미시적 요구분석은 일단 직무역량 모델이나 메뉴를 완성하고 난 뒤, 이를 활용하여 조직성과 향상에 대한 조직 구성원 개개인들의 구체적이고 세분화된 요구를 분석할 수 있다. 학습 기획자가 실제 요구를 반영하는 역량기반의 학습 개발과 계획을 수립하면 이를 학습고객에게 소개하고 의견을 청취하고 내용을 보완한다.

② 2단계 : 역량모델 개발(Competency Model Development)

이 단계는 학습목표 대상자들의 직무역량 요건들을 확인하고 모델을 구성하기 위해 필요한 조사를 계획하고 실시한다. 이 단계는 조직 구성원들의 높은 업무성과를 얻기 위해 필요한 역량을 기록한다. 이 조사 결과는 1단계에서 만들어진 사전 계획과 일관성을 가지고 있어야 한다. 역량모델은 조직 구성원의 역할과 책임, 다른 이들과의 관계 등의 맥락에서 성공적인 업무성과에 필요한 역량을 개략적 수준으로 다룬다. 이러한 역량모델의 요건을 활용하여 학습 대상자의 역량 니즈에 대해 자세히 진단해볼 수 있다. 이러한 자료수집과 분석은 향후 커리큘럼 기획과 학습프로그램 디자인의 기반이 된다. 이 단계에서 수립된 역량모델은 반드시 경영층과 조직 내 학습고객의 승인을 얻어야 한다.

③ 3단계 : 커리큘럼 기획(Curriculum Planning)

이 단계는 직무역량이 거시적(Macro) 수준과 미시적(Micro) 수준의 요구분석과 결합되어 조직 구성원들에게 효과적이고 효율적인 학습기회를 제공하는 일련의 학습활동을 연계해 주는 개념적 구조인 커리큘럼 계획으로 만들어진다. 커리큘럼은 단일 직무 또는 관련된 수많은 직무나 업무를 포함하고 있는 조직을 기반으로 한 인적자원개발 프로그램을 대상으로 광범위하게 설계가 가능하다. 다수의 직무와 조직, 광범위한 통제 영역 등은 역량을 기준으로 분류되며, 이를 바탕으로 성과 향상시스템이 만들어진다. 즉, 서로 관련성 있는 역량끼리 모아지고 명확한 논리와 구체적 순서에 따라 제시될 수 있어야만 본래 의미에 충실한 커리큘럼이 된다. 커리큘럼 계획에는 학습을 운영할 때 어떤 전략과 방법을 사용할 것인지에 대한 결정도 포함된다. 학습전략과 학습방법은 어떤 것을 선택하느냐에 따라 비용의 차이가 있기 때문에 이 단계에서 결정하게 된다.

④ 4단계 : 학습실행(Learning Intervention Design and Development)

이 단계는 역량과 커리큘럼의 계획 요소들이 학습과정으로 구체화된다. 커리큘럼 실행에 활용되는 학습은 교육과정, 세미나, 워크숍, OJT, 개별연구, 독서, 통신프로그램, 컴퓨터 활용 등과 같은 강의 등이 있으며, 개별적으로 또는 서로 결합된 형태로 활용된다. 이 단계에서 얻게 될 학습이나 교수 설계는 대개 강사 중심이기보다는 학습자 중심으로 이루어지기 때문에 조직원들의 적극적인 참여가 필수적이며, 그 책임도 학습자가 져야 한다. 또한 학습실행에 앞서 파일럿 테스트를 가져야 한다. 이 과정을 통해 학습자들의 요구와 필요역량들이 모두 다루어졌는지, 사용한 학습실행 전략이 적절한 것인지를 확인할 수 있기 때문이다.

⑤ 5단계 : 평가(Evaluation)

이 단계는 역량기반 학습시스템이 조직 구성원의 업무성과 요구와 조직의 전략적 요구를 어느 정도 만족시켰는가를 평가하고 그 결과를 활용하게 된다. 여기서는 시스템의 모든 요소들이 평가 대상이 된다. 평가시스템의 설계와 실행방식에 따라 조직 내 활용되는 평가 방법은 다양하게 나올 수 있다. 현재 다루고 있는 실제적인 성과 향상에 대한 요구, 그리고 이 요구를 충족시켰을 때 얻을 수 있는 많은 이점들을 조사하기 위해 조직 내 내재된 다양한 정보 수집이 필요하다. 체계적인 계획을 통해 얻어진 평가 결과 없이는 성과 향상의 원인과 그 효과를 파악, 분석하고 평가하는 것은 매우 어렵다. 특히 평가시스템을 어느 정도 범위와 깊이로 실행할 것인가는 조직의 관심과 지원 정도, 평가 작업에 사용할 수 있는 자원의 양에 따라 결정된다.

이 모델의 기본 논리는 조직원들에게 실시하는 모든 교육이 직무성과 향상에 기여하며, 궁극적으로 조직의 전략적 목표 달성에 도움을 준다는 것이다. 또한 성과 향상과는 무관한 불필요한 능력개발에 시간을 낭비하지 않으며, 조직의 다양한 욕구를 유연하게 충족시켜줄 수 있다고 보았다. 특히 조직원의 직무성과에 필요한 요건들을 구체적으로 다루고 적시에 교육이 시행될 수 있다. 즉, 현장 적용효과가 매우 높으며 조직 구성원의 추상적인 역량을 향상시키기 위한 교육시스템 개발에 특히 유용하다. 일반적인 역량기반 교육은 개인이나 조직이 업무와 역할 수행을 위하여 필요로 하는 핵심역량을 확인하고 자기개발 계획에 따른 인적자원개발 계획의 수립에 있다. 그리고 자기개발을 할 것인지 연수에 참여할 것인지를 설정하고, 프로그램을 실행한 후 이를 평가하여 개인과 조직에 피드백하고, 이를 핵심역량에 반영할 수 있다.

4) 국가직무능력표준(NCS, National Competency Standards) 교육과정 개발

(1) NCS(National Competency Standards) 개요

국가직무능력표준(NCS, National Competency Standards)은 산업현장에서 직무를 성공적으로 수행하기 위해 필요한 능력(지식, 기술, 태도) 등의 내용을 국가가 산업부문별·수준별로 체계화하여 표준화한 것을 의미한다. 이는 직업교육·훈련·자격이 연계되지 않은 상태로 산업현장에서 요구하는 직무수행 능력과 괴리되어 실시됨에 따라 기업이 원하는 교육훈련이 아닌 공급자 위주의 교육훈련으로 인한 높은 재교육비용 부담과 취업에 대한 불안감을 스펙으로 보충하려는 심리로, 스펙취득비용 급증(휴학 일반화 등)과 최초 취업시기 지연에 따른 인적자원개발이 비효율적이라는 비판을 해소하기 위해 NCS를 도입하게 되었다.

NCS에 대한 개념도는 [그림 5-9]와 같이 나타낼 수 있다.

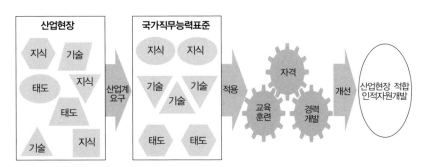

출처 : '국가직무능력표준기반 훈련기준 활용 훈련과정 편성 매뉴얼(2015)', 한국산업인력공단

[그림 5-9] 국가직무능력표준 개념

그리고 NCS 분류체계의 세부 분류기준은 [그림 5-10]과 같이 첫째, 대분류는 한국고용직업분류를 참조하여 직능유형이 유사한 분야로 분류한다. 둘째, 중분류는 대분류 내에서 직능유형이 유사한 분야로 대분류 내에서 산업이 유사한 분야, 대분류 내에서 노동시장이 독립적으로 형성되거나 경력개발경로가 유사한 분야, 중분류 수준에서 산업별 인적자원개발협의체(SC)가 존재하는 분야로 분류한다. 셋째, 소분류는 중분류 내에서 직능유형이 유사한 분야로 소분류 수준에서 산업별 인적자원개발협의체(SC)가 존재하는 분야로 분류한다. 넷째, 세분류는 소분류 내에서 직능유형이 유사한 분야로 한국고용직업분류의 직업 중 대표 직무로 분류한다.

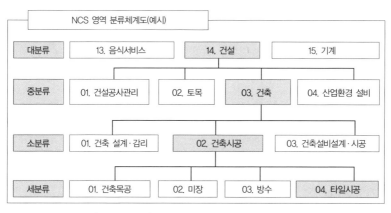

[그림 5-10] NCS 영역 분류체계도(예시)

한편, 직무능력표준은 해당 직업에서 요구되는 직무를 성공적으로 수행하기 위해 모든 능력이 포함되어야 하므로 개인에게 요구되는 지식, 기술 등의 능력뿐 아니라, 이를 응용하여 새로운 환경에 적용할 수 있도록 하는 능력도 직무능력으로서 제시된다.

이와 함께 직무능력표준은 다음과 같은 특징을 가지고 있다.[15]

첫째, 능력의 개념은 작업현장에서 직무 과정보다 직무의 성공적 수행 (Performance-based)에 초점을 둔다. 능력은 조직 구성원이 어떻게 직무를 수행했는지보다는 직무에서 우수한 성과를 도출하기 위하여 어떠한 수행을 해야 하는지에 관심을 갖는다. 둘째, 직무능력표준은 관찰 가능한 행동 (Activity-based)에 초점을 둔다. 단순히 지식, 기술 등을 아는 것이 핵심이 아니라, 직업 현장에서 지식, 기술 등이 우수한 성과를 도출하는 관찰 가능하고 평가 가능한 행동으로 표현되어져야 함을 의미한다. 셋째, 직무 능력 표준은 질 중심(Quality-based)이다. 한 개인이 단순히 얼마나 많은 종류의 능력을 가지고 있는가를 평가하기보다는, 능력의 질이 일정 수준에 도달했는지 여부에 초점을 둔다.

이와 함께 NCS는 다음과 같은 특성을 가지고 있다(고용노동부·한국산업인력공단, 2014).

첫째, NCS는 조직의 구성원이 해당 직업 내에서 소관 업무를 성공적으로 수행하기 위하여 요구되는 실제적인 수행능력을 의미한다. 직무수행능력 평가를 위한 최종 결과의 내용이 반영되어 있고, 최종 결과는 '무엇을 하여야 한다'보다는 '무엇을 할 수 있다'는 형식으로 제시된다. 둘째, NCS는 해당 직무를 수행하기 위한 작업능력(특정업무를 수행하기 위해 요구되는 능력), 작업관리능력(다양한 다른 작업을 계획하고 조직화하는 능력), 돌발 상황 대처능력(일상적인 업무가 마비되거나 예상치 못한 일이 발생했을 때 대처하는 능력), 미래지향적 능력(해당 산업관련 기술적·환경적 변화를 예측하여 상황에 대처하는 능력) 등 모든 종류의 수행능력을 포괄하여 제시된다. 셋째, NCS는 한 직업 내에서 근로자가 수행하는 개별 역할인 직무능력을 능력단위

(Unit)화하여 개발된다. NCS는 여러 개의 능력단위 집합인 모듈(Module)형태로 구성된다. 넷째, NCS는 해당분야 산업별 인적자원개발협의체(SC), 관련단체 등이 참여하여 개발하며, 산업현장에서 우수한 성과를 내고 있는 근로자 또는 전문가가 국가직무능력표준 개발 단계마다 참여하는 산업계 단체가 주도적으로 참여하여 개발된다. 그리고 NCS는 산업현장의 직무수요를 체계적으로 분석하여 제시함으로써 '일-교육·훈련-자격'을 연결하는 고리는 인적자원개발의 핵심 토대로 기능을 한다. 즉, 교육훈련기관의 교육훈련과정과 직업능력개발 훈련기준 및 교재 개발 등에 활용되어 산업별 수요 맞춤형 인력 양성에 기여하거나 기업에서 근로자를 대상으로 경력개발경로 개발, 직무기술서, 채용·배치·승진 체크리스트, 자가진단도구로 활용을 한다.

(2) NCS(National Competency Standards)기반 교육과정 개발

교육훈련분야에 대한 NCS의 활용은 NCS 사업 초기 공공·민간직업교육훈련기관에서 교육훈련과정 개발과 운영에 활용하는 방식이다.

NCS기반 훈련기준을 훈련과정으로 개발하기 위한 원칙은 다음과 같다.[16]

첫째, 산업현장 수요조사를 실시한다. NCS기반 훈련기준의 훈련교과에 반영할 과정·과목은 기업체의 수요조사(교육훈련 요구분석)를 통해 선정하여 직업능력개발훈련의 효율성과 효과성을 제고하여야 하며, 양성훈련과정은 훈련생의 취업목표에 맞게 기업체를 대상으로 수요조사를 실시하여, 기업에서 요구하는 능력을 훈련생이 충분하게 함양할 수 있도록 편성해야 하고, 향상훈련과정은 기업체 경영전략과 근로자의 경력개발 등을 함께 고려한 수요조사를 실시하여 훈련과정·과목을 선정해야 한다.

둘째, 근로자의 효과적인 직업능력개발을 고려해야 한다. NCS와 활용패키지를 활용하여 제시하는 근로자경력개발 경로모형과 NCS기반 훈련기준에서 제시한 훈련이수체계도를 토대로 일-교육·훈련-자격이 연계되도록 훈련과정을 편성하여야 한다.

셋째, 산업현장 요구를 반영한 NCS기반 훈련기준을 활용한다. NCS기반 훈련기준은 NCS의 능력단위를 모듈형 과목·과정으로 제시하였으며, 이를 활용하여 훈련과정을 편성함에 있어 직무수행에 필요한 능력(지식·기술·태도)과 능력의 평가를 위한 조직화된 내용이 변형되지 않도록 훈련과정을 편성한다. 즉, 훈련과정 편성을 위해 선택한 NCS기반 훈련기준의 과정·과목(능력단위)은 해당 단원(능력단위요소)을 100% 반영해야 한다.

넷째, NCS기반 훈련기준 훈련 이수체계도를 기반으로 훈련 대상자에 맞는 수준별 훈련과정을 편성해야 한다. 신규구직자(양성) 과정은 NCS의 1~4수준으로 훈련과정을 편성해야 하며, 기업체의 요구, 인력양성 목표, 훈련대상자에 선수능력 등을 제시한 경우, 목표수준의 상위 수준 능력단위를 활용하여 훈련과정 편성이 가능하다. 또한 재직자 향상과정은 4수준 이상으로 편성한다. 단, 전직 등 기업의 수요에 따라 필요한 경우 4수준 이하의 훈련과정 편성과 목표수준의 상·하위수준 능력단위를 활용하여 훈련과정 편성이 가능하다.

NCS는 기업의 고용주 입장에서 조직 구성원의 기술을 향상시키고, 새로운 근로자를 채용하여 교육훈련의 효과성을 측정할 수 있다. 교육훈련생의 학업 성취를 제고하기 위한 교육훈련 과정의 개발과 설계를 위하여 교육 훈련 관계자에게 교육훈련의 기초적인 틀과 내용을 제공한다.[16] 즉, 산업계에서 직무에 필요한 능력을 NCS에 종합적으로 표준화하여 제시하고, 해당 NCS의 분야별·수준별 인력이 수행해야 하는 직무능력을 그룹으로 묶어서 자격화한다. 이와 같이 자격으로 제시된 인력을 양성하기 위해 분야별·수준별 훈련

과정을 운영하고 해당 자격을 부여하며, NCS에 기반을 둔 능력 중심의 직업
능력개발이 기업의 인재 채용과 급여 및 승진으로 이어지는 일 → 자격 → 교
육훈련 → 입직의 선순환체계가 구축된다. 이러한 NCS기반의 능력개발에 대
한 선순환체계에서 NCS의 기업 활용은 NCS에 기반을 둔 능력 중심의 직업
능력개발이 가능하게 하는 시작점이며, 변화된 노동시장에 대한 정보를 다시
자격제도와 훈련제도에 제공하는 중요한 수단이라고 할 수 있다.

〈표 5-6〉 NCS기반 교육과정 개발 단계 현황

단계	주요 내용	세부 내용
1단계	환경분석 / 요구분석	- 산업 동향(산업 현황 및 전망), 인력 동향(인력 현황 및 전망), 지역 동향(지역 산업 / 인력 현황 및 전망) 분석 - 부서 및 학과 현황(기존 인력양성 유형, 기존 교육목표, 기존 교육과정, 졸업 후 진로, 취득 가능 자격증 등), 학생 현황(부서 신입생 충원율, 재학생 충원율, 취업률 등), 조직 구성원 및 교원 현황(인력구성 현황, 전임교원 / 비전임교원 현황 및 전공 등) 분석 - 채용 시 산업체에서 요구하는 주요 내용의 분석(자격 및 면허증, 직업 기초능력, 전공능력 등) - 부서 수행 직무에서 요구되는 주요 내용 분석(지식, 기능, 태도 등)
2단계	인력양성 유형 설정 및 교육목표 수립	- 환경분석 및 요구분석을 바탕으로 인력양성 유형 및 교육목표 수립
3단계	직무 정의 및 NCS 분류체계 기술	- 인력양성 유형 및 교육목표에 따른 직업(군)별 직무 정의 - 선정된 직무 관련 NCS 분류체계 기술
4단계	NCS체계에 의한 직무모형 설정	- DACUM 차트 혹은 제시된 표를 활용한 직무모형 설정 - 선정된 직무를 바탕으로 능력단위와 능력단위 요소 기술
5단계	직무모형 검증	- 직무모형에서 도출된 능력단위에 대한 교육의 필요도 및 직무의 중요도 검토 - 능력단위 요소 및 수행준거 검토
6단계	교육과정(교과목) 도출	- 능력단위들의 내용, 크기와 관계 등을 고려한 교과목 도출 - 능력단위별 교과목 편성 방법은 1 ' 1, N ' 1, 1 ' N 등 편성 가능
7단계	교육과정(교과목) 명세서 작성	- 도출된 교과목에서 요구되는 수행준거, 지식, 기술, 태도 등을 종합하여 작성
8단계	NCS와 교육과정(교과목) 연계성 기술	- 분기별로 교육과정(교과목)의 NCS 활용도를 표기 - 도출된 교과목과 능력단위 간 연계성을 표기
9단계	직무별 교육과정 로드맵 작성	- 도출된 교과목에 대하여 직무별 교육과정 로드맵 작성

한편, NCS기반 교육과정 개발 절차는 〈표 5-6〉과 같이 환경분석 및 요구분석에서부터 직무별 교육과정 로드맵 작성의 단계를 통하여 교육과정 개발을 실행한다.

4. 교육훈련 효과성 측정

　기업에서 교육훈련은 조직 구성원들의 지식, 기능, 태도 습득을 통하여 구성원의 업무현장에 적용하고, 조직의 수행성과 성과 향상에 기여하는 것을 목적에 두고 있다. 직업훈련기관에서 구직자들을 대상으로 이루어지고 있는 직업훈련은 그들이 취업할 수 있도록 산업과 직업에서 요구하는 역량을 습득하는 데 그 목적이 있다(정란, 2014).[17]

　교육훈련은 조직 경쟁력 확보·강화의 가장 중요한 요소로, 조직은 교육훈련에 많은 투자를 하며 조직의 경영목표 달성을 위한 다양한 전략을 수립하고 있다. 일반적으로 교육훈련 평가라 함은 교육훈련 목적의 달성도를 평가하는 과정을 말하며, 교육활동의 효율성을 미리 설정된 준거에 의해 평가해 보고 평가를 통해 나타난 결과에 대한 가치를 판별하는 체계적인 과정을 의미한다. 교육훈련 평가에 대한 일반인의 인식은 교육훈련 평가가 단지 교육현장에서 치러지는 월말고사나 기말고사 또는 입학시험과 입사시험에서의 선발이나 분류를 위한 활동 등으로 국한하여 생각하는 경향이 있다. 이는 단지 교육훈련 평가의 개념을 이해함에 있어 일부분에 지나지 않으며 교육훈련 평가는 보다 넓은 의미로 쓰이고 있음을 이해할 필요가 있다. 결국 교육훈련 평가[18]란 피교육자의 행동 변화 및 학습과정에 관한 제반 정보를 수집하고 이용함으로써 교육적 의사결정을 내리는 데 도움을 주거나 한 걸음 더 나아가 의사결정을 내리는 과정이다.

교육훈련의 학습효과는 첫째, 시험은 교육훈련에서 배운 내용이나 이를 활용한 문제분석에 대한 측정이다. 둘째, 설문반응은 교육훈련 내용에 관한 피교육자의 설문응답이다. 셋째, 동료 또는 관리자의 평가는 동료 또는 관리자로부터 피교육자에게 교육훈련을 통해 나타난 변화에 대한 평가 또는 교육훈련의 효과를 측정하는 것이다. 특히 교육훈련의 학습효과는 실무에서 실제로 적용이 되도록 하는 강화작용이 없을 경우 그 효과가 소멸되어 버리기 쉽기 때문에 교육훈련 결과를 실제 현장에 적용되게 하는 데는 실무 관리자들이 교육훈련 프로그램의 개선에 대해 높은 관심을 갖도록 하는 것이 좋은 방법이 될 수 있다. 그러나 교육훈련 투자에 대한 경영성과의 정확한 측정이나 평가가 어렵고 측정 내지 평가된 결과가 교육훈련 참가자 조직의 교육훈련에 관련한 인식이나 지각 조사 등 교육훈련 참가자의 반응을 측정하는 것에 그치기 때문에 그 측정 내지 평가의 정확성에 대한 의문이 생긴다. 조직 내에서 교육훈련 참가자의 행동 변화나 태도 및 의식 변화가 쉽게 드러나지 않기 때문에 그런 부분에 대한 증명이 어려우며 조직의 다양한 활동의 결과가 교육훈련 이외의 여러 요소들의 투입에 따라 결정된다. 즉, 그 효과가 장기간에 걸쳐서 나타나는 경우도 있으므로 투입된 교육훈련비에 대한 결과를 금전적으로 환산하기 쉽지 않다. 이러한 교육훈련이 조직의 경영성과에 기여하였는가를 측정 내지 평가하는 것과 관련된 것을 교육훈련 효과평가라 한다.

교육훈련 효과[19]는 첫째, 조직수준의 효과로 인재육성과 개발을 통해 조직 수익성 향상과 긍정적인 태도를 가질 수 있게 하고, 생산성 향상과 직무만족 및 근로의 질을 개선시킬 수 있다. 둘째, 조직 구성원 개인수준의 효과는 자기개발에 대한 욕구충족으로 성취동기 유발과 개인 의사결정 및 문제를 효과적으로 해결해 주며, 자아발전과 자긍심 및 자신감을 고취시킨다. 셋째, 대인관계에 대한 조직 내 그룹 지원의 실행수준은 원활한 의사소통을 통하여 조직 지원과 협력으로 조직 내 그룹과 개인 간의 대화를 개선시키고, 조직 구성원들의 대인관계 기술을 개선시킨다.

Personal(1982)[20]은 교육훈련을 통해 조직은 다양한 교육훈련 효과를 다음과 같이 얻을 수 있다고 하였다. 첫째, 개인수준의 효과로 자신에게 부여된 직무수행에 있어 필요로 하는 기술과 기능관련 숙련요건들을 발전, 성장시킬 수 있다. 둘째, 직무수준의 효과는 특정 직무에 대한 직무요건에 미흡했던 부분을 개선할 수 있다. 셋째, 조직 수준의 효과는 신규 인력충원 없이도 기존 인력에 대한 교육훈련만으로 조직을 유지하고 조직 문제점을 효과적으로 개선할 수 있다. 교육훈련을 통해 조직의 분위기 쇄신과 바람직한 가치관 정립 등에 이바지할 수 있는 등 다양한 교육훈련 효과를 줄 수 있다. 교육훈련 효과는 교육훈련이 조직성과에 어느 정도 기여하였는가에 대한 것으로 교육훈련의 전체적인 수행과정 수준과 교육훈련을 통하여 기대되는 조직 구성원의 직무능력 개선에 대한 소식의 시원 등과 같은 근본적인 문제에 대한 접근을 다루는 것이다.[21]

Gilley and Eggland(1989)[22]는 교육훈련이 지향하는 목표에 대한 성취도를 판단하고 교육훈련의 장·단점을 파악하여 비용 대비 효과를 알아보기 위해 교육훈련 효과 평가를 실시하는 것으로 교육훈련 담당자와 관련 부서의 효율성을 입증하는 데도 적용하였다.

　Kirkpatrick(1994)[23]은 교육훈련 효과 평가의 목적을 3가지로 제시하였다. 첫째, 교육훈련 담당자와 관련부서가 조직이 지향하는 교육훈련 목표를 달성하는 데 어느 정도 수준으로 어떻게 기여하였는지를 입증함으로써 교육훈련 담당자와 관련부서의 존재 이유를 정당화하기 위해 필요하다. 둘째, 교육훈련을 계속할 것인지 아닌지를 결정하기 위한 의사결정을 위해 필요한데, 비용 대비 효과가 작다면 그 교육훈련은 중단되어지거나 보완·수정되어야 할 것이다. 셋째, 교육훈련 효과평가를 하는 가장 일반적인 이유는 교육훈련을 개선하기 위한 방법과 절차 등에 대한 정보와 자료를 얻기 위한 것으로 교육훈련 방법이나 과정이 개선될 여지가 있는지 교육훈련이 효과적이었는지를 결정할 수 있는 근거가 된다.

　한편, Phillips(1983)[24]는 교육훈련 효과평가의 목적으로 교육훈련이 추구한 조직의 교육훈련 목표가 달성되었는지에 대한 정보들을 조직의 경영진에게 제공한다. 또한 교육훈련 참가자와 교육훈련 실시자에게도 교육훈련의 효과평가에 대한 결과를 피드백하며, 전반적인 교육훈련 프로세스상에서 취약한 부분에 대한 탐색과 개선을 위한 정보 등을 제공하여 향후 교육훈련을 위한 활동과 계획수립에 유용할 수 있도록 지원함에 있다. 즉, 교육훈련에 대한 가치와 효과를 직접적으로 보여주고 교육훈련 투자가에게 설득력 있는 논리적 근거를 제시하여 그를 설득하는 것이다.

　한편, 기업에서 적용되고 있는 교육훈련 효과평가 모형에서 일반적으로 널리 사용되고 있는 것을 Kirkpatrick 4단계 평가모형과 Phillips ROI평가모형인데, 그에 대한 주요 내용을 다음과 같다.

1) Kirkpatrick 4단계 평가모형

Kirkpatrick 4단계 평가모형은 반응(Reaction), 학습(Learning), 행동 (Behavior), 결과(Result)로 이어지는 일련의 교육훈련 효과 평가모형이다. 첫째, 반응평가는 교육훈련 참가자들이 교육훈련에 얼마나 만족했는가와 같 은 질문을 통해 교육훈련에 대한 참가자들의 느낌과 선호도를 측정한다. 둘 째, 학습평가는 교육훈련 참가자들이 어떤 지식과 기술을 배웠고 또는 어떤 태도가 변화되었는가와 같은 질문을 통해 지식·기술·태도 등에 대한 이해와 학습 정도를 측정한다. 셋째, 행동평가는 교육훈련 결과 직무수행 행동에 어 떠한 변화가 일어났는가와 같은 질문을 통해 현업에서의 적용 수준을 측정한 다. 넷째, 결과평가는 교육훈련 종료 후에 질적 향상과 양적인 증가 및 비용 절감 등과 같은 관점에서 어떠한 유형의 결과 향상이 있었는가와 같은 질문 을 통해 교육훈련의 조직성과에 대한 기여도를 측정한다.

한편, Kirkpatrick 4단계 평가모형의 특징은 첫째, 반응평가는 교육훈련 의 설계와 실시에 대하여 교육훈련 참가자 만족도를 평가하는 것이다. 만약 교육훈련 참가자가 교육훈련에 만족하지 않는다면 학습한 내용을 현업에 활 용하지 않을 것이고 다른 사람들에게 그 교육훈련에 참여를 권유하지 않을 것이기 때문에 교육훈련 참가자의 반응평가는 중요한 정보라고 할 수 있다. 둘째, 학습평가는 본질적으로 교육훈련 참가자들이 학습목표를 달성했는가 를 나타내주며, 교육훈련의 질을 확인하는 지표가 된다. 셋째, 행동평가는 교 육훈련에서 학습한 것이 현업에 적용되었는가를 평가할 수 있다. 넷째, 결과 평가는 교육훈련이 경영성과의 유일한 원인이 되는 것은 아니지만, 교육훈련 이 어느 정도 경영성과에 기여하고 있다는 점은 분명하므로 결과평가는 조직에 어느 정도 영향을 주었는지를 측정하는 것이다.

2) Phillips 방법론

Phillips는 Kirkpatrick 4단계 평가모형의 4수준을 경영성과 기여도와 교육훈련 투자 수익률로 분리하여 5수준으로 발전시켰다. ROI(Return On Investment)를 정교화하여 시스템적 접근법을 활용, 현업에서 활용할 수 있는 표준화된 절차모형이다. 최근 Phillips 방법론을 사용하는 조직이 증가하고 있어 교육훈련 효과평가를 중요하게 여기는 많은 조직들이 교육훈련 투자 수익률 평가를 도입하기를 희망하고 있지만, 실제로 교육훈련 투자 수익률 평가를 시행하는 경우는 15~20% 수준으로 매우 낮은 수준에 머물고 있다.[25]

일반적으로 Phillips는 Kirpatrick의 4단계 평가모형에서 마지막 5단계인 ROI를 추가시켜 ROI 방법론을 완성하였다고 알려져 있다. Phillips 방법론이 Kirkpatrick의 4단계 평가모형과 비교하여 단순히 마지막 5단계인 ROI를 추가했다는 점만 차이가 있는 것이 아니라, Phillips 방법론의 경우 ROI 실행의 전제 조건, ROI 평가체계, ROI 평가원칙, The V 모형, ROI 평가 프로세스를 포함하였다. 그리고 교육훈련 효과 평가의 시스템적 접근을 가미한 정교하고 표준화된 절차를 가진 교육훈련 효과 평가의 지속적인 개선이 가능한 시스템이라는 점에서 단순히 Kirkpatrick의 4단계 평가모형의 4단계 수준을 5단계 수준으로 확정한 것이라고만 말할 수 없다.[25]

한편, Phillips 방법론에서 12가지의 ROI 계산 원칙인 운영 기준을 마련하여 적용하도록 제시하고 있다. 이는 최대한 보수적으로 데이터를 측정하고 평가하기 위한 12가지의 ROI 계산 원칙인 운영기준을 따른다. 첫째, 상위 단계의 평가를 진행할 때에는 반드시 하위단계의 자료를 수집, 활용해야 한다. 하위단계의 자료가 상위단계의 결과에 영향을 미치지 않을 수도 있지만 하위단계의 자료가 향후 교육훈련 프로그램의 개선과 보완을 위해 중요한 정보를 제공하기 때문이다. 둘째, 상위단계의 평가를 진행할 때에는 하위단계의 평가에 너무 많은 자원을 소모하지 않는다. 즉, 상위단계의 평가를 수행할 때 반드시 하위단계의 평가를 수행해야만 하는 것은 아니며, 상위단계의 평가에 보다 중점을 두기 위해 하위단계의 평가는 약식으로도 진행할 수도 있다. 셋째, 자료의 출처는 신뢰성을 유지하는 데 매우 중요하므로 가장 신뢰도가 높은 자료 출처로부터 데이터를 측정한다. 넷째, 교육훈련 투자 수익률이 상당히 높게 나올 수 있기 때문에 결과의 신뢰성을 보장하기 위하여 되도록 자료를 분석할 때 가장 보수적인 방법을 택하도록 한다. 다섯째, 교육훈련의 효과를 분리하지 않는 상태에서 교육훈련 투자 수익률을 계산하게 되면 결과의 신뢰성을 보장하기 어려우므로 최소한 한 가지 이상의 교육효과 분리방법을 이용한다. 여섯째, 측정 대상에서 아무런 향상효과가 없다면 전반적으로 아무런 향상이 없었다고 가정해야 한다. 일곱째, 추정치에 대해 반드시 추정의 오류에 대한 신뢰도 수준을 조사하여 적용한다. 여덟째, 극단에 있는 데이터는 사용하지 않는다. 아홉째, 단기적인 교육훈련의 경우 첫 해의 연간 이익만을 계산하고 장기적인 교육훈련은 복수년도의 효과를 측정해야 한다. 열번째, 교육훈련의 기획단계에서부터 평가단계까지 소요된 모든 직접비용과 간접비용을 포함시킨다. 열한 번째, 무형적인 가치에 대한 평가를 반드시 포함시킨다. 열두 번째, 모든 이해 관계자들에게 평가의 과정과 결과를 제공한다.

그리고 Phillips 방법론 프로세스에 따라 반응, 학습, 현업적용, 현업적용

촉진, 투자 수익률, 무형의 효과평가 결과를 도출한다. [그림 5-11]과 같이 Phillips 방법론 프로세스는 평가 계획 단계, 자료 수집 단계, 자료 분석 단계, 보고 단계로 분류할 수 있다.

출처 : Phillips J. J. etc(2013), ROI 방법론 Over view and Objectives Practice, Birmingham, AL : ROI Institute, pp.2-3

[그림 5-11] Phillips 방법론 프로세스

부록 1 : 조직문화에 대한 설문지 현황

조직문화란 경영진과 조직 구성원들이 함께 공유되고 있는 행동, 규범, 조직가치 등에 대하여 동일한 특성을 나타내는 요인 Cameron & Quinn(1999, 2006)의 경쟁가치모형(Competing Values Model) – 변화문화, 관계문화, 과업문화 그리고 위계문화에서 총 20개의 항목으로, 변화문화(1~5번), 관계문화(6~10번), 과업문화(11~15번), 위계문화(16~20번)를 활용하였습니다. 이에 독자 여러분들의 회사에서 이러한 활동이 얼마나 잘 실행되고 있는지를 묻는 문항들 중 귀하의 생각을 가장 잘 반영한 곳에 ∨체크하여 활용해 주시기 바랍니다.

Q1. 다음 항목은 귀하가 인지하고 있는 조직문화에 대한 지문입니다. 각 지문에 대해 현재 귀하가 인지하고 있는 해당 항목에 ∨표시를 해주십시오.

NO	설문 항목	전혀 그렇지 않다	그렇지 않다	보통	그렇다	매우 그렇다
1	우리 조직은 아주 역동적이고 도전정신이 살아있는 곳이다.	①	②	③	④	⑤
2	우리 조직의 분위기는 혁신적이며 위험을 감수하는 편이다.	①	②	③	④	⑤
3	우리 조직에서는 직원들의 혁신과 독창성을 좋게 평가하는 분위기이다.	①	②	③	④	⑤
4	우리 조직에서는 새로운 것에 대한 시도를 바람직하다고 평가하는 분위기이다.	①	②	③	④	⑤
5	우리 조직은 새로운 것에 대한 도전을 좋게 평가하는 분위기이다.	①	②	③	④	⑤
6	우리 조직은 동료 간에 조언하고 배려하는 분위기이다.	①	②	③	④	⑤
7	우리 조직은 상호 신뢰하는 분위기이다.	①	②	③	④	⑤
8	우리 조직은 직원들의 성장과 팀워크에 대한 관심이 많은 편이다.	①	②	③	④	⑤
9	우리 조직의 단체장은 명령, 감독하는 사람이 아니라 친근한 직장선배와 같은 느낌을 준다.	①	②	③	④	⑤

10	우리 조직은 직원들 상호간에 쉽게 어울릴 수 있는 분위기이다.	①	②	③	④	⑤
11	우리 조직은 단기 목표 달성을 강조하는 편이다.	①	②	③	④	⑤
12	우리 조직은 업무적인 효율성을 강조하는 편이다.	①	②	③	④	⑤
13	우리 조직의 주요 관심은 직무수행과 관련이 있다.	①	②	③	④	⑤
14	우리 조직의 직원들은 비교적 경쟁적인 편이다.	①	②	③	④	⑤
15	우리 조직은 다른 조직보다 심사분석 평가에서 앞서는 것을 중시한다.	①	②	③	④	⑤
16	우리 조직은 업무처리절차, 규칙 등의 변경이 용이하지 않은 편이다.	①	②	③	④	⑤
17	우리 조직은 새롭게 시도하는 것보다는 종전에 하던 대로 실수 없이 하는 것을 중요시 하는 편이다.	①	②	③	④	⑤
18	우리 조직의 업무처리는 공식적인 절차를 중시하는 편이다.	①	②	③	④	⑤
19	우리 조직은 직원 간의 위계질서가 엄격한 편이다.	①	②	③	④	⑤
20	정해진 규칙이나 정책이 우리 조직의 직원들을 한데 묶는 응집원이다.	①	②	③	④	⑤

부록 2 : 학습조직화에 대한 설문지 현황

Senge(1990)의 연구를 기초로 비전 공유(1~6번), 사고모형(7~9번), 자아완성(10~14번), 팀 학습(15~19번), 시스템 사고(20번~24번)의 다섯 가지로 구분하였습니다.

Q1. 다음 항목은 귀하가 인지하고 있는 학습조직화에 대한 지문입니다. 각 지문에 대해 현재 귀하가 인지하고 있는 해당 항목에 ∨표시를 해주십시오.

NO	설문 항목	전혀 그렇지 않다	그렇지 않다	보통	그렇다	매우 그렇다
1	나는 우리 회사의 비전이 무엇인지 잘 알고 있다.	①	②	③	④	⑤
2	나는 우리 회사의 비전이 얼마나 가치 있는 것인지 알고 있다.	①	②	③	④	⑤
3	나는 우리 회사의 비전이 목적과 방향이 분명하여 구성원들이 추구해야 할 방향을 제시해 준다고 생각한다.	①	②	③	④	⑤
4	나는 우리 회사의 비전이 달성 가능하다고 생각한다.	①	②	③	④	⑤
5	나는 우리 회사의 비전이 달성될 때 나의 비전 또한 이루어진다고 생각한다.	①	②	③	④	⑤
6	나는 우리 회사의 비전을 달성하기 위해 자발적으로 참여한다.	①	②	③	④	⑤
7	나는 새로운 변화를 위한 노력은 필요하다고 생각한다.	①	②	③	④	⑤
8	나는 사회의 급격한 변화 흐름에 맞춰 우리 회사도 변화해야 한다고 생각한다.	①	②	③	④	⑤
9	나는 회사가 새로운 변화를 시도할 때 구성원의 의견을 충분히 반영해야 한다고 생각한다.	①	②	③	④	⑤
10	나는 내 자신의 부족한 점이 무엇인지 잘 알고 있으며, 이를 개선하기 위해 노력하고 있다.	①	②	③	④	⑤
11	나는 내 업무와 관련한 핵심역량을 개발하기 위해 지속적으로 학습하고 있다.	①	②	③	④	⑤

12	나는 숙련된 업무처리를 위해 꾸준히 자기개발 활동을 하고 있다.	①	②	③	④	⑤
13	나는 내 업무의 전문영역을 확보하기 위해 꾸준히 자기개발 활동을 하고 있다.	①	②	③	④	⑤
14	나는 주어진 상황에 순응하기보다는 힘들어도 도전하는 자세로 환경을 변화시키며 살고 싶다.	①	②	③	④	⑤
15	나는 우리 팀의 운영이 공개적이고, 개방적이어서 모든 구성원들이 자유롭게 의견을 제시할 수 있다고 생각한다.	①	②	③	④	⑤
16	나는 우리 팀에서 의견을 제시할 수 있는 기회가 구성원들에게 균등하게 주어진다고 생각한다.	①	②	③	④	⑤
17	나는 우리 팀에서 교육이나 토론이 자주 일어난다고 생각한다.	①	②	③	④	⑤
18	나는 우리 팀의 구성원들이 서로 도움을 주는 동료로서 인식하고 있다고 생각한다.	①	②	③	④	⑤
19	나는 우리 팀에서 구성원들의 활동의 결과에 대한 피드백이 이루어진다고 생각한다.	①	②	③	④	⑤
20	나는 나의 업무 결과를 평가하여 다음 업무에 반영한다.	①	②	③	④	⑤
21	나는 내 업무가 동료나 우리 팀에 미치는 영향을 알고 있다.	①	②	③	④	⑤
22	나는 동료들과 관련 있는 업무를 처리할 때 동료들과 협의 후 업무를 처리한다.	①	②	③	④	⑤
23	나는 겉으로 드러난 문제들을 시급하게 해결하기보다는 그 문제의 근본적인 원인을 규명하여 해결하려고 노력한다.	①	②	③	④	⑤
24	나는 팀 전체 업무를 파악할 때 각 업무들 간의 상호 관련성을 고려한다.	①	②	③	④	⑤

부록 3 : 교육훈련체계 수립을 위한 역량 추출 프로세스 현황

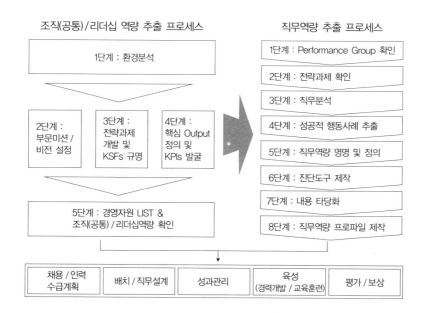

부록 4 : 교육훈련 평가 현황

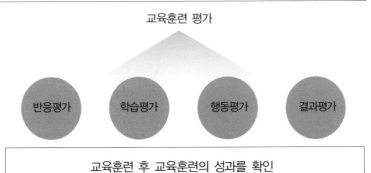

출처 : 이찬(2010), '교육체계 수립을 위한 HRD 글로벌 트렌드 교육자료' 중

부록 5 : 교육훈련 프로그램 효과성 평가 관련 모형

교육훈련 프로그램 효과성과 관련된 평가모형은 접근 방법에 따라 교육훈련 전 과정을 평가하는 과정지향적 모형과, 교육훈련 결과를 평가하는 결과지향적 모형으로 구분한다.

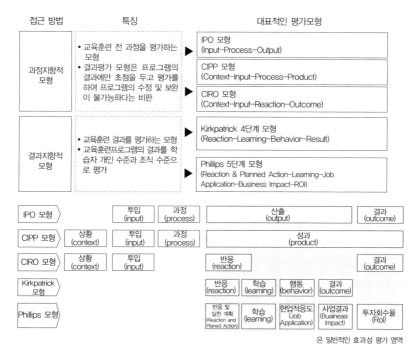

출처 : 최신 교육훈련평가 모형을 활용한 교육 성과 분석 보고서(2012)

부록 6 : 현업적용도 향상 전략

현업 적용도를 향상시키기 위해서는 교육 시기, 즉 교육 전, 중, 후에 이르는 각 시기에 따라 교육훈련 이수자, 교육훈련 담당자, 교육훈련 지원자(스폰서) 등의 협조적인 역할이 중요하게 상호 작용한다.

교육훈련 시기	관계자 역할		
	교육훈련 이수자	교육훈련 담당자	교육훈련 지원자
교육 전	·프로그램 계획시 참여한다. ·무엇이 적용되어야 하는지 명백히 규명해둔다. ·적용하고자 하는 활동(Activity)을 미리 예상한다. ·무엇이 성공적인 현업적용을 가능하게 하는가에 대해 함께 정의한다. ·자신과 다른 사람의 현업적용을 기대한다.	·조직의 경영전략적 계획과 교육과정을 연계시킨다. ·지원자, 이수자와 함께 교육을 계획한다. ·교육훈련생의 참여동기를 파악한다. ·현업적용의 맥락을 이해한다. ·이수자들의 준비도를 키운다. ·프로그램 설계시 현업적용과 관련된 요소를 포함시킨다. ·프로그램과 그 추후 활동에 협동학습 요소를 설계한다. ·성공적인 현업적용의 의미를 토의 또는 협상한다.	·교육목표를 확인한다. ·교육과정에 대한 교육훈련생의 준비를 지원한다. ·프로그램 계획에 교육생을 참여시킨다. ·학습의 현업적용을 상사의 수행 수준으로 높인다. ·긍정적인 교육환경을 제공한다. ·교육훈련생을 신중하게 선택한다.
교육 중	·학습활동에 참여한다. ·지원자 집단을 형성한다. ·교육경험을 자신이 적용할 상황에 연결시켜본다. ·적용되어야 하는 것을 응용하는 능력을 개발한다. ·적용과정을 정밀하게 숙고한다. ·적용과정에 대한 지원과 방해물을 예상한다. ·현업적용 계획을 세운다.	·적용 가능한 목표를 세운다. ·실제 사례에 일반적인 원리를 연결한다. ·적용되어야 하는 것의 관련성, 장점 그리고 실행가능성을 탐구한다. ·현업적용을 강화하는 방법을 사용한다. ·지원자 집단에 기회를 제공한다. ·현업적용에 방해가 되는 것에 대한 계획을 수립한다. ·현업적용을 도울 수 있는 보조물을 제공한다. ·교육훈련 이전으로 다시 돌아가지 않도록 계획하고 실행한다.	·방해물을 예방한다. ·현업적용을 촉진하는 것을 파악한다. ·현업적용 계획의 개발에 참여한다. ·교육훈련 참여를 모니터링한다. ·현업적용의 평가를 계획한다. ·프로그램에 대한 관리적 차원의 지원을 전달한다.
교육 후	·현업적용의 기회를 물색한다. ·교육내용과 학습된 기술을 리뷰한다. ·교육생 간의 모니터링을 실시한다. ·다른 이수생과의 관계를 유지한다. ·현업적용을 위한 지원을 찾는다. ·현업적용과정과 그 효과에 대한 평가 피드백을 제공한다.	·추후 도움을 제공한다. ·평가조사를 하고, 피드백을 제공한다. ·문제해결기간을 제공한다. ·미래계획에 평가 결과를 사용한다.	·새 지식 또는 기술을 연습할 기회를 제공한다. ·업무에 대한 중압감을 덜어준다. ·긍정적인 강화를 제공한다. ·동료에게 이수자들이 교육훈련 내용을 브리핑할 수 있는 시간을 제공한다. ·연습/실습 기간을 배정한다. ·현업적용 계획의 수행을 촉진한다. ·필요한 자원을 제공한다. ·이수자에게 코치와 멘토를 제공한다. ·현업적용의 평가에 참여한다.

부록 7 : ROI 프로세스 모형

교육훈련에 대한 이익평가는 현실적인 측면에서 비용적 가치를 화폐가치로 표현하기 어렵다는 단점을 가지고 있음에도 불구하고 이를 보완하기 위하여 Phillips(1997)는 ROI 산출에 필요한 절차를 단계별로 접근하여, 교육훈련 프로그램의 효과를 측정하는 ROI 프로세스의 세부 내용을 다음과 같이 나타낼 수 있다.

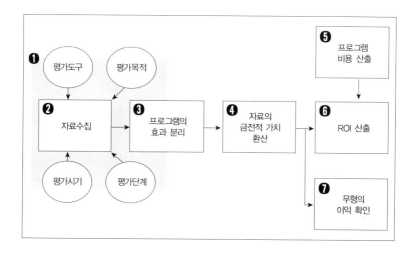

1. 자료 수집 계획 단계

평가목적, 도구, 단계 및 시기 등 주요 4가지 요인을 고려하여 자료 수집 계획 수립 및 빙법 개발

구분	내용
평가목적	·평가 범위 및 도구, 자료 유형 및 수집 방법 등을 결정하는 주요 기준 ·일반적으로 1개 교육훈련에 대해 다수의 평가목적 설정
평가도구	·ROI 산출 초기에 적절한 평가도구 개발 또는 선정 ·조직 풍토 및 평가 환경 고려
평가단계	·ROI는 5단계 평가로서 앞서 반응(1단계), 학습(2단계), 행동(3단계), 결과(4단계) 평가에 영향을 미치게 되는 연쇄과정을 종합적으로 확인

| 평가시기 | ·사전/사후 평가 시기를 고려한 자료수집 시기 결정
·사전 측정 자료를 구할 수 없는 경우, 일정기간 동안 추후 측정 실시 대체로
교육훈련 종료 후 3~6개월로 권장 |

2. 자료 수집 단계

- ROI 평가의 핵심 단계
- Hard Data(비용, 시간, 품질 등)와 Soft Data(작업습관, 분위기, 태도 등)을 모두 수집
- 서베이법, 관찰법, 인터뷰법, 핵심집단 추적법, 교유내용 분석법, 성과모니터링법 등 시행 가능

3. 프로그램 효과 분리 단계

- 대체로 간과되거나 생략되는 단계
- 교육훈련과 직접적으로 관련이 있는 성취를 판단할 수 있는 요인 규명
- 통제집단 이용법, 라인분석법, 예측 기법, 참가자 평가법, 참가자 직속상관 평가법, 부서장 평가법, 전문가 평가법, 고객평가법 등 시행 가능

4. 자료의 금전 가치 환산 단계

- 최고 경영자의 주 관심이 되는 주요한 단계
- 반응, 학습, 행동 및 결과 평가와 수집된 자료를 통해 프로그램의 비용과 비교가 가능하도록 금전적인 환산 시행
- 10가지 전략 활용

  1. 자료의 산출, 2. 품질 개선에 의한 비용 절감, 3. 시간 절감, 4. 역사적 원가, 5. 전문가 의견 청취, 6. 외부연구 의뢰, 7. 참가자 분석, 8. 직속상사 분석,

9. 경영진 분석, 10. 교육 담당자 분석

5. 프로그램 비용 산출 단계

• 프로그램과 관련된 모든 비용 점검 및 계산

• 다음의 사항들을 필수적으로 포함

  1. 프로그램 설계 비용, 2. 프로그램 개발 비용, 3. 교육자료 비용, 4. 강사 비용,
  5. 퍼실리테이터 비용, 6. 시설 사용료, 7. 교육훈련 진행 비용, 8. 교육생 교통비,
  9. 교육생 숙식비, 10. 교육생 급여, 11. 교육생 복리후생비, 12. 교육 관련 관리비,
  13. 각종 간접비 등

6. ROI 산출 단계

• 순이익을 원가로 나누어 ROI 값 산출

$$ROI(\%) = \frac{프로그램이\ 창출한\ 순이익(총\ 이익 - 비용)}{프로그램에\ 투입된\ 비용} \times 100$$

• 일반적으로 ROI는 매우 높게 조사되는 편

  – 대체로 판매 교육, 감독자 교육, 관리자 교육 등에서는 판매실적, 고객만족지수,
    이직률 감소 등 누구나 인정할 수 있는 계량지표의 활용이 가능하여 상대적
    으로 높게 나타남(100% 이상).

  – 단, 기술 및 운영자 교육의 ROI는 상대적으로 낮게 나타남.

7. 무형의 이익 확인

- 대부분의 교육훈련은 금전적 가치와 같은 유형의 효과와 금전적 가치를 밝히기 어려운 무형의 효과를 산출
- 이 단계에서는 금전적 가치로 전환되지 않는 다음의 항목을 규명하여 제시할 수 있도록 함.
  - 업무 만족도 증가, 조직 기여도 증가, 팀워크 향상, 고객서비스 개선, 불평불만 감소, 갈등 감소 등

참고문헌

제1장 HRD란?

1) Eggland, S. A., & Gilley, A. M.(2002), Principles of human resource development(2nd ed.), Cambridge, MA : Preseus Books.

2) Jacobs, R.(1990), Human resource developments an interdisciplinary body of knowledge. Human Resource Development Quarterly, 1(1), pp.65-71

3) 이영구(2012), '인적자원개발과 조직신뢰, 조직 유효성간의 연구 : 한국과 중국의 비교 분석' 공주대학교 대학원 박사학위 논문

4) Nadler, A.(1986), Self Esteem and the Seeking and Receiving of Help : Empirical and Theoretical Perspectives, in Maher, B. & Maher, W.(Ed.) : Progress in Experimental Personality Research(14,115-163), New York : Academic Press.

   - Nadler, L.(1970), Developing human resources : Concepts and models. San Francisco, CA : Jossey-Bass.

   - Nadler, L.(1979), Developing Human Resources(2nd ed), Austin, TX : Learning Concepts.

5) 권대봉(2003), 《인적자원개발의 개념 변천과 이론에 대한 종합적 고찰》, 서울 : 원미사

6) 문영무(2008), 'HRD 조직의 역할인식과 HRD 담당자의 역량에 관한 연구', 중앙대학교 글로벌 인적자원개발 대학원 석사학위 논문

7) Frank, R. H.(1988), Passions within reason : The strategic role of the emotions. WW Norton & Co.

8) 노남섭·박양근(2008), 《인적자원개발론 : 성과 중심의 방법론과 촉진전략》, 서울 : 한올출판사

9) 이희수(2009), '다면적 글로벌화에서의 인적자원개발의 과제', 한국교육논단8(2), pp. 47-66

10) 강경종(2006), '인적자원개발지원 센터의 역할과 향후 과제', The HRD Review, 9(1), pp.114-121

11) Gilley, J. W. and Eggland, S. A.(1989), Principles of Human Resource Development, Cambridge, Mass : Preseus Books.

12) Swanson, R. A., & Holton, E. F.(2001), Foundations of human resource development. Berrett-Koehler Publishers.

13) 김기혁(2006), 《HRD가 경쟁력이다》, 서울 : 북갤러리

14) Hall, D. T.(1976), Careers in Organizations, Pacific Palisades, Calif : Goodyear Publishing Company.
   – Hall, D. T.(1996), Protean Careers of the 21st Century, Academy of Management Executive, 10(4), pp.8-16

15) Alpin, J. C. and Darlene K(1978), Career Development : An Integration of Individual and Organizational Needs, Personnel, Mar-Apr. pp.23-29

16) 김식현(1993), 《인사관리론》, 서울 : 무역경영사

17) Burke, R. and McKeen, C. A(1997), Benefits of Mentoring Relationships among Managerialand Professional Women : A Cautionary Tale, Journal of Vocational Behavior, 51, pp.43-57

18) Beer, M.(1983), What is organizational development? Training and Development Sourcebook. Baird, L. S., Schneier, C. E., Laird, D., eds. Amherst, MA : HRD Press.

19) Nadler, Leonard.(ed) The Handbook of Human resource Development. John Willey & Sons, 1984

20) Kast, F. E. and Rosenzweig, J. E.(1979), Organization and Management : A Systems and Contingency Approach, 3rd ed, NewYork McGraw-Hi.

21) Swanson, R. A., & Holton, E. F.(2009), Foundation of human resource development. San Francisco, CA : Berrett-Koehler Publishers, Inc.

22) McLagan, P. A.(1983), Models for excellence : The conclusions and recommendation of the ASTD Training and Development Competency Study. Washington, DC : ASTD

23) McLagan, P. A.(1989), Model for HRD Practice, Training and Development

Journal, 43(9), pp.49-59

24) 오헌석(2011), 《ASTD 인적자원개발트렌드》, 서울 : 학지사

25) Wilson, J. A., & Elman, N. S.(1990), Organizational benefits of mentoring. The Executive, 4(4), pp.88-94

26) Sugrue, B., O'Driscoll, T., & Blair, D.(2005), What in the world is WLP. T+ D, 59(1), pp.51-52

27) Rothwell, W. J., Sanders, E. S., & Soper, J. G.(1999), ASTD models for wor kplace learning and performance : Roles, competencies, and outputs. American Society for Training and Development.

28) 김영길(2010), 'HRD 컨설턴트의 Workplace Learning and Performance(WLP) 역량에 대한 인식', 숭실대학교 박사학위 논문

29) 배을규(2010), 《인적자원개발론》, 서울 : 학이시습

　- Yorks, L.(2004), Strategic human resource development. Mason, OH : South-Western.

제2장 SHRD란?

1) Gilley, J. W., Eggland, S. A., & Gilley, A. M.(2002), Principles of human resource development. Basic Books.

2) Nickols, F. W.(2005), Why a stakeholder approach to evaluating training. Advances in Developing Human Resources, 7(1), pp.121-134

　- Wilson, J. P.(2012), International human resource development : Learning, educating and training for individuals and organizations(3rd ed.), PA : Kogan Page Publishers.

3) Noe, R. A., Hollenbeck, J. R., Gerhart, B., & Wright P. M.(2003), Human resource management : Gaining a competitive advantage. New York : Mc-Graw-Hill/Irwin.

　- Torraco, R. J., & Swanson, R. A.(1995), The strategic roles of human re source development. Human Resource Planning, 18(4), pp.10-21

4) Chadwick, C., & Cappelli, P.(1999), Alternatives to generic strategy typologies in strategic human resource management. In P. Wright, L. Dyer, J. Boudreau, & G. Milkovich(Eds.), Research in Personnel and Human Resource Management, Supplement, 4(pp.1-29), Greenwich, CT : JAI Press.

5) Walton, J.(1999), Strategic human resource development. Harlow, England : Pearson Education Limited.

6) Beer, M., & Spector, B.(1989), Corporate wide transformations in human resource management. In R. E. Walton, & P. R. Lawrence(Eds.), Human resource management trends and challenges(pp.219-253), Boston, MA : Harvard University School Press.

7) Garavan, T. N.(1991), Strategic human resource development. Journal of European Industrial Training, 15(1), pp.17-30

   - Garavan, T. N.(2007), A strategic perspective on human resource development. Advances in Developing Human Resources, 9(1), pp.11-30

8) Peterson, S. L.(2008), Creating and sustaining a strategic partnership : A model for human resource development. Journal of Leadership Studies, 2(2), pp.83-97

9) 권대봉, 현영섭(2003), '전략적 인적자원개발의 개념과 특성에 기반한 이론적 틀', HRD연구, 5(1), pp.1-37

   - 이찬, 최영준, 박혜선, 정보영, 전동원, 박연정(2012), '전략적 인적자원개발 활동수준 진단준거개발', 기업교육연구, 14(2), pp.155-178

   - 주용국(2010), '전략적 인적자원개발의 구성요소 및 인적자원개발 실행전략의 탐색과 적용', HRD연구, 12(1), pp.207-235

10) 정은정(2012), '기업 내 전략적 인적자원개발의 측정도구 개발', 고려대학교 박사학위논문

11) Rothwell, W. J., & Kazanes, H. C.(1989), Strategic human resource development. Englewood Cliffs, NJ : Prentice Hall.

12) McCracken, M., & Wallace, M.(2000a), Exploring strategic maturity in HRD-rhetoric, aspiration or reality? Journal of European Industrial

Training, 24(8), pp.425-426

- McCracken, M., & Wallace, M.(2000b), Toward a redefinition of strategic HRD. Journal of European Industrial Training, 24(5), pp.281-290
13) Greives, J.(2003), Strategic Human Resource Development. London : SAGE Publication Ltd.
14) Gilley, J. W., Eggland, S. A., & Gilley, A. M.(2002), Principles of human resource development. Basic Books.

- Gilley, J. W., Maycunich, A., & Quatro, S.(2002), Comparing the roles, responsibilities, and activities of transactional and transformational HRD professional. Performance Improvement Quarterly, 15(4), pp.23-44

- Gilley, J. W., & Maycunich, A.(2000), Organizational learning, performance, change : An introduction to strategic human resource development. New York, NY : Basic Book.

- Gilley, J. W., & Gilley, A. M.(1998), Strategically integrated HRD : Partnering to maximize organizational performance. Reading, MA : Addison-Wesley.

15) Guest, D. E., & Peccei, R.(1994), The nature and causes of effective human resource management. British Journal of Industrial Relations, 32(2), pp.219-242

16) Alagaraja, M.(2013), Mobilizing organizational alignment through strategic human resource development. Human Resource Development International, 16(1), pp.74-93

17) Golden, K. A., & Ramanujam, V.(1985), Between a dream and a night mare : On the integration of the human resource management and strategic business planning processes. Human Resource Management, 24(4), pp.429-452

18) Wilson, J. P.(2012), International human resource development : Learning, educating and training for individuals and organizations(3rd ed.), PA : Kogan Page Publishers.

19) Holbeche, L.(1999), Aligning human resources and business strategy. Ox-

ford, UK : Butterworth Heinemann.

20) 한준상, 김소영, 김민영.(2008), '수행 중심 패러다임으로의 변화에 따른 기업 인적자원개발 담당자의 역할과 역량에 대한 인식 조사 연구', 직업교육연구, 27(2), pp.137-159

21) Becker, B., Huselid, M., & Ulrich, D.(2001), HR as a strategic partner : The measurement challenge. The HR scorecard : Linking people, strategy, and practice, pp.1-26

22) Kearns, P.(2004), How strategic are you? The six 'killer' questions. Strategic HR Review, 13(3), pp.20-23

23) Yang, Z.(2006), A model of strategic human resource development. In A. Barton, & J. Lean(Eds.), Politics and Law Postgraduate Symposium 2006 (pp.5-18), UK : University of Plymouth.

24) Walton ,J.(1999), Strategic human resource development. Harlow, England : Pearson Education Limited.

25) Senge, P. M.(1990), The fifth discipline : The art and practice of the learning organization. New York : Currency Doubleday.

26) Burgoyne, J. G.(1988), Management development for the individual and the organization. Personnel Management, 67(6), pp.40-44

27) Lee, R.(1996), The pay forward view of training, People Management, 2(3), pp.30-32

제3장 HRD 담당자의 역할과 역량

1) Nadler, L., & Nadler, Z.(1989), Developing human resources(3rd ed.), San-Francisco, CA : Jossey-Bass.

2) McLagan, P. A.(1983), Models for excellence : The conclusions and recommendation of the ASTD Training and Development Competency Study. Washington, DC : ASTD.

3) McLagan, P. A., Suhadolnik, E.(1989), Models for HRD practice : The Re-

search Report. Alexandria, VA : ASTD.

4) Gilley, J. W., & Eggland, S. A.(1989), Principles of Human Resource Development. Reading, MA : Addison-Wesley.

5) Gilley, J. W., Eggland, S. A., & Gilley, A. M.(2002), Principles of human resource development(2nd ed.), Cambridge, MA : Perseus Books.

6) Piskurich, G. M., & Sanders, E. S.(1998), ASTD Models of Learning Technologies. Alexandra, VA : American Society for Training and Development.

7) Robinson, D. G., & Robinson, J. C.(1996), Performance consulting : Moving Beyond Training. San Francisco, CA : Berrett-Koehler Publishers.

8) Rothwell, W., Sanders, E. S., & Soper, J. G.(1999), ASTD model for workplace learning and performance. Alexandria, VA : ASTD.

9) Bernthal, P. P. et al.(2004), 2004 ASTD Competency Model : Mapping the Future. ASTD Press.

10) 유영만(1998), 《한국기업 교육의 경쟁력 강화방안》, 서울 : 엘테크

11) 정용진(2003), '글로벌 지식·정보화 시대의 국내 기업 HRD 담당자들의 역할과 역량에 관한 비교분석 연구', 산업교육연구 9, pp.113-161

12) Jeong, J.(2004), Analysis of the factors and the roles of HRD in organizational learning styles as identified by key informants at selected corporations in the Republic of Korea. Unpublished doctoral dissertation, Texas A&M University. College Station, TX.

13) Swanson, R. A., & Holton, E. F.(2009), Foundation of human resource development. SanFrancisco, CA : Berrett-Koehler Publishers, Inc.

14) Walkin, L.(1991), The Assessment of Performance and Competence. Cheltenham, UK : Stanley Thornes.

15) Gilley, J. W. & Maycunich, A.(1998), Strategically integrated HRD : Partnering to maximize organizational performance. Cambridge, MA : Perseus.

16) Gilley, J. W. & Coffern, A. J.(1994), Internal consulting for HRD professinals : Tools, techniques, and strategies for improving organizational performance. New York, NY : McGraw-Hill.

17) 최용범(2008), '기업의 조직전략과 최고 경영자의 리더십이 전략적 인적자원개발 업무

수행에 미치는 영향', 숭실대학교 박사학위 논문

18) 허연(2006), '기업의 전략적 인적자원개발이 학습조직 발전에 미치는 영향에 관한 연구', 경희대학교 박사학위 논문

제4장 인재경영

1) CCL(2008), Center for Creative Learning [인터넷 자료] http://www.ccl.org에서 검색

2) Tansley, C., Harris, L., Stewart, J. & Turner, P.(2007), Talent Management : Strategies, Policies and Practices. London : Chartered Institute of Personnel and Development.

3) Edward G. M., 'The War for Talent', Harvard Business School Press. 2001

4) LG Business Insight 2010 5. 5, Weekly 포커스. pp.17-25

5) Armstrong, M., & Taylor, S.(2014), Armstrong's handbook of human resource management practice. Kogan Page Publishers.

6) Tarique, I. & Schuler, R. S.(2010), Global talent management : Literature review, integrative framework, and suggestions for further research. Journal of world business, 45(2), pp.122-133

7) Wahyuningtyas, R.(2015), An Integrated Talent Management System : Challenges for Competitive Advantage. International Business Management, 9(4), pp.384-390

8) Rothwell. W, Effective Succession Planning, NEW YORK : AMACOM, 2001.

9) 신유근(1997), 《인간존중의 경영》, 다산출판사

10) 차종석(2003), '전문가 및 핵심인력 관리에 관한 탐색적 연구 : 국내 금융기관의 사례를 중심으로', 한성대학교 사회과학논집, 17(1), pp.131-151

차종석(2005), '국내 기업 핵심인재 경영의 현황과 개선방향', 임금연구, 2005년 봄호

11) 공두완(2014), '핵심인재의 전략적 관리(기업과 공군 사례비교)', 한서대학교 석사학위 논문

12) 김기진(2006), '人材經營이 經營成果에 미치는 影響에 관한 研究', 중앙대학교 석사 학위 논문

13) Hall, D. T.(1976), Carrers Organization, Santa Monica, California : Publishing Co.

14) 김흥국(2000), 《경력개발의 이론과 실재》, 다산출판사, p.37

15) 차종석·박오원·이병헌(2011), '출연의 경력개발제도(CDP)와 경력정체성의 관계', 기술 혁신연구, 19(2), pp.1-23

16) Gutteridge, T. G. A. B. Leibowitz & J. E. Shore(1993), 'A new look at Organizational Career Development', Human Resource Planning, 16(2), pp.71-84

17) 한창모(2010), '글로벌기업의 경력개발제도가 조직 유효성 및 조직 신뢰도에 미치는 영 향 연구', 경희대학교 대학원 박사학위 논문

18) 김성수(1998), 《신인사관리론》, 법경사

19) 박경문·이용탁(1999), '경력개발을 통한 인적자원개발에 관한 연구', 경상대학교 논문 집, 20(2), pp.147-150

20) 박희동(2013), '경력개발제도와 종업원의 경력계획, 경력성과와의 관계에 관한 연구', 동명대학교대학원 박사학위 논문

21) 박성민(2010), 《직업과 경력개발》, 서현사

22) 박병만(2011), '경력개발제도(CDP)를 통한 공무원 전문성 제고방안', 서울시립대학교 석사학위 논문

23) Biemann, T., & Wolf, J.(2009), Career patterns of top management team members in five countries : An optimal matching analysis. International Journal of Human Resource Management, 20(5), pp.975-991.

24) 유민봉(1997), 《인사행정론》, 서울 : 문영사

25) Cscio, W. F.(2002), Managing Human Resources. New York : MeGraw-Hill, Inc.

26) 강성철·김판석·이종수·최근열·하태권(2008), 《새인사 행정론》, 대영문화사

27) 김광동(2008), '공무원 경력개발제도 활성화 방안에 관한 연구', 서울시립대학교 석 사학위 논문

28) Hays, Steven W.& Kearney Richard C.(2001), Anticipated Changes in Human Resource Management : Views from the Field. Public Administration

Review, 61(5) : pp.585-597

29) Arthur, M. B. & rOUSSEAU, d. m.(1996), The boundaryless career : A new employment principle for a new organizational era. New York, NY : Oxford University Press.

30) 조영아(2015), '대기업 사무직 근로자의 경력관리행동과 핵심자기평가, 지각된 규범, 결과기대 및 실행의지의 구조적 관계', 서울대학교 박사학위 논문

제5장 인재육성전략 실행방안

1) Denison, D. R.(1990), 'Corporate Culture and Organizational Effectiveness', New York, Wiley.

2) Quinn, R .E. & McGrath, M. R.(1985), 'The transformation of organizational culture : A competing value perspective', in P. J. Forost et al.(Eds), Organizational Culture, Beverly Hills, CA : Sage, pp.315-334

3) Quinn, R. E.(1988), Beyond rational management. San Francisco, CA : Jossey-Bass.

4) 안경섭(2008), '공공부문의 조직문화가 조직성과에 미치는 영향', 한국정책과학학회보, 12(4), pp.103-131

5) 송영선·이희수(2009), '조직문화 유형과 학습조직 수준 및 조직효과성 관계', HRD연구, 11(2), pp.115-151

6) Cameron, K, S. & Quinn, R. E.(1999), Diagnosing and changing organizational culture : Based on the competing values framework, New York. NY, Addison Wesley.

7) 이광수(2012), '조직문화가 변혁적 리더십과 조직효과성에 미치는 영향 : 성남시 행정기관을 중심으로', 경원대학교 대학원 박사학위 논문

8) Yang, B., Watkins, K. E., & Marsck, V. J.(2004), 'The construct of the learning organization : Dimensions, measurement, and validation', Human Resources Development Quarterly, 15, 1, pp.31-55

9) Pedler, J., & Lawler, J.(1991), 'The learning company : A strategy for sustainable development', London : Mcgraw-Hil.

10) Garvin, D. A.(1993), 'Building a learning organization', Harvard Business Review, July-August, pp.78-91

11) Senge, P. M.(1990), The fifth discipline : The art and practice of the learning organization, New York : Doubleday, pp.39-301

12) 구경회·송준호(2011), '중소기업 학습조직화 지원사업의 개선방향에 관한 연구', 복지행정연구, 제27집 pp.81-104

13) 박찬(2014), '학교조직에서의 분산적 리더십이 교사효능감과 학습조직화에 미치는 영향', 인하대학교 대학원 박사학위 논문

14) Marquardt, M.(1996), Building the learning organization. NY : McGraw-Hill.

15) 장봉기(2011), '국가직무능력 표준을 활용한 기술 분야 교육과정이 교육성과에 미치는 영향에 관한 연구', 호서대학교 벤처전문대학원 박사학위 논문

16) 나승일 외(2009), '직업능력표준 활용 패키지 매뉴얼 개발', 한국산업인력공단

17) 정란(2014), '직업훈련의 성과 영향 요인에 관한 다층분석', 이화여자대학교 대학원 박사학위 논문

18) 박도순(1996), '교육개혁 구현을 위한 평가 역할의 재조명', 전국교육평가심포지엄 보고서 제3집 3, 국립교육평가원, pp.123-130

19) 이성석(2003), '호텔 기업서비스 교육성과의 영향 변인에 관한 연구', 동아대학교 박사학위 논문

20) Personal, G. W.(1982), A Diagnostic Approach,(3rd ed.), Plano : Business Publications Inc.

21) 박경규(2010), 《(신)인사관리》, 서울 : 홍문사

22) Gilley,J.W.,& Eggland,S.A.(1989), Principles of human resource development. New York : Addition-Wesley Publishing Co.

23) Kirkpatrick, D. L.(1994), Evaluating Training Programs. San Francisco : Berrett-Koehler Publishers.

24) Phillips, J. J.(1983), Handbook of Training Evaluation and Measurement Method, Houston : Gulf.

25) Phillips, J. J.(2007), The value of learning : How Organizations capture

Value and ROI and translate it into Support, Improvement, and Funds, San Francisco : Pfeiffer.